KB252487

사이버 에로스

탈산업 시대의 육체와 욕망

클라우디아 스프링거 지음
정준영 옮김

사이버 에로스: 탈산업 시대의 육체와 욕망

지은이 / 클라우디아 스프링거
옮긴이 / 정준영
펴낸이 / 한기철
책임 편집 / 이리라 · 편집 및 제작 / 이수정 · 편집 / 이소영

1998년 4월 15일 1판 1쇄 박음
1998년 4월 25일 1판 1쇄 펴냄
2001년 11월 10일 1판 2쇄 펴냄

펴낸 곳 / 도서 출판 한나래
등록 / 1991. 2. 25. 제22 − 80호
주소 / 서울시 마포구 신수동 448 − 6
전화 / 02) 701 − 7385 · 팩스 / 02) 701 − 8475 · e-mail / hanbook2chollian.net
www.hannarae.net

필름 출력 / DTP HOUSE · 인쇄 / 상지사 · 제책 / 성용제책
공급처 / 한국출판협동조합 [전화: 02) 716 − 5616, 팩스: 02) 716 − 2995]

Electronic Eros: Bodies and Desire in the Postindustrial Age
by Claudia Springer

Originally published in 1996 as *Electronic Eros* by Claudia Springer,
Copyright ⓒ 1996 by the University of Texas Press
Korean Translation Copyright ⓒ 1998 by Han-narae Publishing Co.
All rights reserved.
This edition published by arrangement with the original publisher,
the University of Texas Press, Austin through DRT International, Seoul.

사이버 에로스: 탈산업 시대의 육체와 욕망 / 클라우디아 스프링거 지음;
정준영 옮김. — 서울: 한나래, 1998.
220p.: 23cm(한나래 패러다임 총서)

원제: *Electronic Eros: Bodies and Desire in the Postindustrial Age*
ISBN: 89−85367−62−5 94330
DDC: 302.23
KDC: 331.54

1. Mass media and technology. 2. Cyborgs in mass media. 3. Sex in
mass media. 4. Erotica. I. Springer, Claudia, 1956∼. II. 정준영.
III. Title — *Electronic Eros: Bodies and Desire in the Postindustrial Age.*

차례

· 한글 표기를 원칙으로 하되, 필요에 따라 외국어와 한자를 병기하였다.

· 한글 맞춤법은 '한글 맞춤법' 및 '표준어 규정'(1988), '표준어 모음'(1990)을 적용하였으나 혼란이 있는 경우는 출판사의 원칙을 따랐다.

· 외래어의 우리말 표기는 개정된 '외래어 표기법'(1986)을 원칙으로 하되, 그 중 일부는 현지 발음에 따랐다.

· 사용된 기호는 다음과 같다.

　　영화, 텔레비전 드라마, 논문 등: 〈　　〉

　　책이름: 《　　》

　　옮긴이 주: [　　]

사이버 에로스

지난 수 년간 우리 주변에는 정보 사회의 환상들이 어지럽게 떠다녔다. 2005년의 회사원 김모씨, 2010년의 가정 주부 이모씨, 학생 박모양 등의 일상 생활을 묘사하면서 컴퓨터 네트워크와 정보가 기반이 되는 미래 사회를 보여 주는 수많은 환상들 말이다. 그런 환상들 속에서 우리는 이제 막 생겨나는 테크놀로지나 앞으로 개발될 것으로 보이는 새로운 테크놀로지들이 우리의 일상 생활을 얼마나 자유롭고 편리하게 만들어 줄 수 있을지를 본다. 때로는 그런 환경에 재빠르게 적응하지 못할 때 자신이 처하게 될 처지를 상상하며 위기 의식을 느꼈던 사람들도 적지 않으리라.

지금 그 환상이 설정하는 시간은 점점 다가오지만 우리 삶의 현실은 과연 얼마나 거기에 가까이 다가갔을까? 인터넷을 통해 다양한 정보들을 언제라도 손쉽게 접촉하고, 컴퓨터 통신을 이용해 누구와도 자유롭게 대화를 주고받을 수 있게 되었지만 그런 정보들이 진정 우리를 자유롭게 해 주는 것일까? 지금 우리가 살고 있는 현실과 정보 사회의 환상 속에서 등장하는 2005년 또는 2010년의 생활 사이에는 도대체 어떤 관계가 있을까?

　　정보 사회의 환상을 포함해서 우리가 접할 수 있는 미래 사회에 대한 수많은 환상들(또는 꿈이라고 해도 좋겠다)을 보며 간과하기 쉬운 것은 그런 환상들에 포함되어 있는 인간 의지의 측면이다. 당연하게도 미래 사회란 단지 테크놀로지에 의해서만 만들어지는 것이 아니라 특정 테크놀로지를 발전시키고 나아가 그 테크놀로지가 지닌 잠재력을 특정한 방향으로 발현시키는 데 간여하는 인간의 주체적인 의지의 산물이기도 하다. 덧붙여 그런 의지는 현실의 삶의 조건에 대한 특정한 해석에 입각한 것이며, 개개인이 접하는 삶의 조건이 다양한 만큼 그에 대한 해석 역시 각양 각색으로 나타날 수밖에 없다. 현실 사회의 구성원들이 다양한 사회적 조건 속에서 살아가듯이 그들이 진단하는 현실의 문제와 그 해결책도 이 사회적 조건에 따라 달라지게 된다는 것이다. 환상을 바로 이 해결책과 등치시키기는 어렵겠지만 최소한 그것은 해결책에 대한 바람잡이 역할을 한다. 그렇다면 환상을 보면서 우리는 그것이 단지 환상에 불과할 뿐이라거나 순진한 사고의 산물이라고 웃어 넘기는 데서 그치고 말 것이 아니라 환상을 통해 환상의 창조자가 구현하려고 하는 의지가 무엇이며 그것은 어떤 현실 인식에 기반하는 것인지를 냉정하게 (또 심각하게) 살펴보아야 할 필요가 있다. 겉보기에 순진하게 보이는 환상이 나도 모르게 미래를 바라보는 우리의 시각의 틀을 짓고 그와 함께 우리의 현실 인식까지 특정한 방향으로 이끌어 가도록 쉽게 놓아 두지 않기를 바란다면 말이다.

　　이 책은 클리우디아 스프링거Claudia Springer 의 *"Electronic Eros: Bodies and Desire in the Postindustrial Age*(University of Texas Press, 1996)를 완역한 것이다. 이 책에서 스프링거는 환상과 의지, 현실 인식 사이의 복잡한 관계를 구체적인 자료를 통해 세심하게 분석한다. 그녀는 흔히 하찮은 것으로 생각하기 쉬운 대중 영화, SF 소설, TV 드라마, 만화 등에 나타나는 미래 사회에 대한 환상을 자료로 삼아 이들 환상들이 어떤 의지의 산물인지, 다시 말해 이들 환상을 통해 환상의 창조자들이(물론 이 때 환상의 창조자를 특정 개인으로만 생각할 필요는 없다. 즉, 환상은 특정 사회의 집합 의식의 산물일 수도 있다) 새로이 발전하는 극소화된 전자 테크놀로지와 포스트모던적 삶의 조건들이 가져온 (또는 가져오는) 변화의 잠재력을 어떤 방향으로 끌고 가려 하는지를 따져 본다. 그녀가 주로 사멸해 가는 가부장제의 움직임에 초점을 맞추고 있고, 논의의 기반이 되는 이론과 방법론에 대해 체계적인 서술을 충분히 개진하지 않은 채 바로 구체적인 분석으로 들어가기 때문에 이 주제에 대해 좀더 포괄적인 논의를 기대하는 전문 연구자에게는 다소 미흡하게 느껴질지도 모르겠다. 하지만 이제 문화 연구의 길에 접어들기 시작한 학생들이나 문화 연구의 풍부한 영역에 매력을 느끼는 다수의 일반인들에게는 이런 점이 오히려 장점이 될 수도 있을 것이다. 특히, 그녀가 <로보캅>이나 <터미네이터>처럼 우리에게도 매우 친숙한 작품들을 분석 사례로 들고 서술에 있어서도 가능한 한 대중적인 스타일을 견지하고자 노력하는 점은 이 책의 매력을 더욱 높여 주는 부분이라고 할 수 있다. 문화 연구에 관심이 있는 독자라면 (설사 그가 가부장제에 깊은 이해 관계를 가진다고 느끼는 사람일지라도) 모두 재미있게 읽을 수 있는 책이라고 생각된다. 이 책을 통해 많은 독자들이 환상과 현실 사이의 관계에 대해 새로운 사고를 해 볼 기회를 가질 수 있게 되기를 기대한다.

항상 그렇듯이 번역을 하는 과정에서 여러 가지로 어려움이 적지 않았다. 특히, 저자가 미국의 대중 문화 산물을 주로 사례로 들고 있기 때문에 필자가 접하기 어려웠던 몇몇 작품들의 분석 부분을 번역할 때 이런 어려움이 가중되었다. 가능한 한 오역을 줄이는 데 최선을 다했지만 뜻하지 않게 잘못 번역된 부분이 없지 않으리라 생각된다. 널리 양해를 바랄 뿐이다. 어려운 시기에도 양서의 출간을 위해 노력을 아끼지 않는 한나래 출판사와 편집진들의 노고에 감사드리며…….

1998년 3월 옮긴이

감사의 말

처음 이 프로젝트를 시작할 수 있도록 영감을 주었던 만화 애호가들에게 감사드린다. 이 책이 나오기까지 몇 년 동안 많은 사람들이 큰 기여와 지원을 해 주었다. 초고에 대해 세심한 비평을 써 주었던 사람들, 그 자료들을 출판할 수 있도록 모양을 갖추는 데 도움을 주었던 사람들, 빠뜨릴 뻔했던 중요 텍스트들을 지적해 주었던 여러분들에게 감사드린다. 또 나에게 정열적인 지지를 보내 주었던 친구, 동료, 학생 들에게도 고마움을 표하고 싶다. 아네트 쿤 Annette Kuhn, 클라우디아 고브먼 Claudia Gorbman, 새럴 라이드 Sarelle Reid, 미요시 배로시 Miyoshi Barosh, 릭 버그 Rick Berg, 척 클라인한스 Chuck Kleinhans, 토머스 포스터 Thomas Foster, 스콧 부캣먼 Scott Bukatman, 제임스 D. 허드널 James D. Hudnall, 스펜서 홀 Spencer Hall, 저스딘 홀 Justin Hall, 데이비드 리플리 David Ripley, 게리 화이트헤드 Gary Whitehead, 조지 애덤스 George Adams, 바바라 샤피로 Barbara Schapiro, 린 레이튼 Lynne Layton, 조운 데이글 Joan Dagle, 캐드린 캘리낙 Kathryn Kalinak, 버지니아 켈러 Virginia Keller, 리처드 와이너 Richard Weiner, 해리엇 브리슨 Harriet Brisson, 캐시 캘버트 Cathy Calbert, 바바라 모티머 Barbara Mortimer, 크리스 스트래이어 Chris Straayer 에게 감사드린다.

비비안 소브첵 Vivian Sobchack 과 마크 더리 Mark Dery 에게 특별한 감사를 표하고 싶다. 그들은 교정 과정에서 상세한 조언을 해 주는 등 맡은 것보다 훨씬 더 많이 나를 도와 주었다.

텍사스 대학 출판부의 조안나 히치콕 Joanna Hitchcock, 타이론 톨리 커터 Tayron Tolley Cutter, 레슬리 틴글 Leslie Tingle, 브루스 베셀 Bruce Bethell 등의 집중력과 효율성에도 감사를 표한다.

부모와 형제들 — 조지, 안느마리, 레니, 조엘 스프링거 — 은 책을 쓰는 동안 나를 편안하게 해 주었을 뿐 아니라 적합한 텍스트에 대한 정보를 주고 출판된 논문을 먼저 읽은 후 적절한 조언을 해 주기도 했다.

무엇보다도 나는 제프 애덤스 Geoff Adams 의 친절과 인내, 지성, 유머 감각 등에 감사하고 싶다. 그 덕분에 나는 어려운 순간을 견딜 수 있었고 저술 작업도 무한히 더 즐거울 수 있었다.

서론: 테크노 에로티시즘

테크놀로지와 에로티시즘의 교차로에 테크노 에로티시즘 *techno-eroticism* 이 있다. 테크노 에로티시즘이란 욕망의 테크놀로지 대상을 열광적으로 찬양하는 것을 말한다. 20세기 초 이래 테크놀로지가 예술화하면서 종종 테크노 에로틱한 충동이 표현되었다. 예를 들어 이탈리아 미래파는 1909년부터 산업 기계의 속도와 강력한 힘을 물화했다. 그런 경향은 1차 세계 대전으로 테크놀로지가 거대한 파괴력을 지님이 드러나고 그로 인해 미래주의 예술가들 다수가 목숨을 잃었던 1914년까지 계속되었다. 사회 평론가들은 20세기 서구 문화에서 테크노 에로티시즘이 강력하게 작동함을 감지해 왔다. 영화학자 K. C. 달레상드로 K. C. D'Alessandro 는 다음과 같이 쓴다.

기관차, 자동차, 피스톤, 터빈 등을 묘사하면서 성적 은유를 사용하는 것. 기계 숭배와 미래주의 운동, <카메라를 든 사나이 *The Man with a Movie Camera*>, <스코피오 라이징 *Scorpio Rising*>. 이런 것들이 테크놀로지 애호가 *technophiliac* 들이 테크놀로지에 대한 열정을 표현한 몇 가지 방식들이다. 테크놀로지 애호가들에게 테크놀로지는 에로틱한 스릴을 제공해 준다. 타인들을 통제하는 데 사용할 수 있는 거대한 힘을 통제하는 스릴을……. 이들 기계의 물리적 현현 — 크기, 무게, 형태, 찌르고 정지하고 다시 압박하는 움직임 — 은 거대한 규모에서의 인간의 성적 반응을 재현한다. 산업 시대의 테크놀로지 속에는 존경스러운 점이 많이 있다.[1]

산업 시대의 테크노 에로티시즘이 특히 초점을 맞췄던 것은 자동차이다. 자동차는 여러 세대에 걸쳐 사람들을 매혹시킨 대상이었다. 엔진과 기어, 바퀴, 크롬 등을 멋진 유선형 몸체 속에 짜 맞춘 채 인간의 신체를 확장하고 변형시켜 속도와 힘의 상쾌한 폭발을 경험할 수 있도록 해 주는 차는 산업 테크놀로지의 정점을 표상한다. 산업 테크놀로지는 아직도 우리 주위를 에워싼다. 하지만 20세기 말이 되면서 그 자리에 대신 복잡한 극소 전자 회로가 들어선다. 이제 가솔린 엔진 차는 전 시대의 유물처럼 시대에 뒤떨어진 듯한 분위기를 지닌다. 대신 오늘날의 산업이 도달한 정상에는 컴퓨터가 자리잡았다. 에로틱한 매혹의 대상으로서 전자 테크놀로지는 자동차가 대표하는 산업 테크놀로지와 다른 질서를 지닌다. 산업 테크놀로지가 강력한 물질적 외양을 지니고 가시적으로 공간을 움직인다면, 컴퓨터를 비롯한 여타 전자 기구들은 플라스틱통으로 포장되어 불투명한 화면 뒤에 감춰진 채 움직인다. 덧붙여서 산업 테크놀로지의 영광은 힘과 결합된 막대함이었다. 산업 테크놀로지에 열광했던 사람들의

---

1) K. C. D'Alessandro, "Technophilia: Cyberpunk and Cinema," paper delivered at the Society for Cinema Studies conference, Bozeman, Montana, July 1988, p.1.

눈은 거대하고 힘차며 빠른 기계에 고정되었다. 대조적으로 전자 테크놀로지는 크기가 축소되었다. 예를 들어 퍼스널 컴퓨터는 점점 더 휴대 가능하며 눈에 띄지 않게 작은 크기로 변화했다. 프레드릭 제임슨 Fredric Jameson 의 말을 빌리자면 이들 탈산업적인 *postindustrial* '생산 기계라기보다 재생산 기계들'은 그 선조인 산업 기계들과 달리 강력한 외양을 지니고 있지 않다. 제임슨은 다음과 같이 말한다.

> 먼저 살펴보아야 할 것은 우리 시대의 테크놀로지가 더 이상 이처럼 동일한 재현 능력을 지니고 있지 않다는 점이다. 터빈도 아니고 실러 Sheeler 의 곡물 엘리베이터나 굴뚝조차 아니다. 또 파이프와 컨베이어 벨트의 바로크식 정교함도, 기차 선로의 날씬한 외관조차 지니고 있지 않다. 속도를 중시하는 기계들은 모두 정지에 집중되어 있다.
>
> 반면 컴퓨터는 겉보기에는 가시적 힘의 아무런 표징도 지니고 있지 않다. 다양한 매체들의 외양조차, 이를테면 아무것도 접합하지 않고 내파하는 텔레비전과 같은 가전 기구들처럼 그 자체 속에 평평한 이미지의 표면을 지닌다.[2]

산업 테크놀로지와 탈산업적 전자 테크놀로지는 여러 가지 점에서 전혀 상반된 특성을 지닌다는 것이다.

산업 시대가 성취한 것의 아이콘은 자동차이다. 자동차의 테크노에로틱한 매력을 신격화한 대표적인 예로는 J. G. 발라드 J. G. Ballard 의 SF 소설 《크래시 *Crash*》를 들 수 있다.[3] 발라드는 메마른 산업 시대의 풍경이 인간의 환상과 욕망에 미치는 효과를 아이러니컬하게 논평하면서 자동차 숭배를 극단까지 몰고 간다. 소설의 화자인 '발라드'는 차 사고로 상처를 입은 인물이다. 그 사고로 다른 차에 탔던 한 사람이 죽는다. 병원에서 퇴원한 후 그는 역시 차량 충돌에서 입

---

2) Fredric Jameson, "Postmodernism, or the Cultural Logic of Late Capitalism," *New Left Review* 146, July~August 1984, p.79.

3) J. G. Ballard, *Crash*, New York: Vintage, 1985(1973).

은 흉터를 지닌 본의 영향을 받게 된다. 본은 사고 후 차 사고와 뒤틀린 금속, 상처 난 신체의 에로틱한 가능성에 성적으로 집착하는 인물이다. 본과 '발라드'는 함께 공항 근처의 고속 도로와 국도들을 주행한다. 콘크리트와 강철로 둘러싸인 풍경 속에서 그들은 차량 충돌 후의 섬뜩한 광경을 보기 위해 사고를 찾아다닌다. 그들은 차 뒷좌석에서 매춘부와 차량 충돌의 생존자들 그리고 나중에는 그들끼리카 섹스를 한다. 하지만 그들의 성행위는 그들 주위의 테크놀로지적 메마름에 영감을 받은 듯 기계의 사용 설명서에나 나올 법한 건조하고 정확한 산문으로 묘사된다. 화자가 크롬과 상처에 매력을 느끼게 된 것은 사고에 의해 변형되었기 때문이지만 실상 그 전부터 그는 기계의 형태에 대해 매력을 느꼈다. 그는 아내를 살이 아니라 플라스틱이나 크롬으로 만들어진 것처럼 묘사하며 항상 아내의 비인간적일 만큼 완전한 부드러움이 그를 매혹시켰다고 설명한다.[4]

섹슈얼리티와 테크놀로지가 융합된 소설의 불가피한 결말은 죽음이다. 본은 차 사고에서 세심하게 자신의 죽음을 시연하며 배우 엘리자베스 테일러의 리무진을 받아 그녀의 삶을 마감시킨 후 토막 난 그들의 육체를 함께 포옹시킬 계획을 짠다. 결국 테일러를 죽이는 데는 실패했지만 버스에 충돌하면서 자신도 죽고 많은 버스 승객들을 죽이고 만다. 소설의 화자는 본이 자신의 죽음을 서구 사회의 집합적 충돌 과정의 일부로 보았다고 시사한다. "마음 속에서 본은 전세계가 동시에 차 사고로 함께 죽어 감을 보았다. 수백만 대의 차들이 돌진하는 음부와 엔진 냉각수의 마지막 회합 속으로 달려들었다."[5]

한 인터뷰에서 J. G. 발라드는 한 정신과 의사가 《크래시》를 분석한 것에 대해 얘기했다. 정신과 의사는 저자가 "정신과 의사도 어

---

4) 같은 책, p.112.
5) 같은 책, p.16.

쩔 수 없을 만큼” 심하게 손상되었다는 말을 했다는 것이다.[6] 그렇다면 그 정신과 의사는 이 소설이 지닌 아이러니컬하고 도덕적인 분위기를 보지 못했음이 분명하다. 발라드가 ≪크래시≫에서 테크노 에로티시즘의 깊이를 탐구한 것은 독자들에게 권하기 위해서가 아니었다. 그의 관심은 점차 황폐하고 무의미해져 가는 세계가 인간 정신을 어떻게 변형시키는가 하는 것이었다. 프랑스어판 서문에서 그가 썼듯이 “≪크래시≫ 속에서 나는 차를 성적 이미지로서만이 아니라 오늘날 사회에서 인간의 삶을 묘사하는 총체적인 은유로 사용했다……. 말할 필요도 없이 ≪크래시≫의 궁극적 역할은 주의를 주는 것이다. 즉, 테크놀로지적 광경의 주변부로부터 점점 더 설득력 있게 우리를 손짓해 부르는 야수적이고 에로틱하며 지나치게 밝은 영역에 대한 경고 말이다.”[7]

≪크래시≫에 대한 글에서 장 보드리야르는 이 책을 경고로서 썼다는 발라드의 주장을 무시했다. 보드리야르는 이 소설이 하이퍼리얼리티 *hyperreality* 를 성취한다는 점에서 독특하다고 주장한다. 그가 보기에 ≪크래시≫는 섹슈얼리티에 대한 도덕과 심리학, 관습적 관념들을 회피하고 실재와 시뮬레이션 *simulation* 사이의 구분을 모두 넘어서 있다.[8] 보드리야르의 이런 입장은 몇몇 대표적인 SF 소설 연구가들의 비판을 받았다. N. 캐더린 헤일스 N. Katherine Hayles 는 보드리야르가 이 소설을 오인하고 오독했으며, 실재와 시뮬레이션 사이의 명백한 경계선을 보지 못해 그 결과 시뮬레이션으로의 내파를 단지 서술하기보다 일으킨다고 말한다. 게다가 헤일스가 보기에 보드리야

---

6) J. G. Ballard, interview by Graeme Revell, *Re/Search 8/9*, 1984, p.49.

7) J. G. Ballard, “Introduction to the French Edition,” 프랑스어판, Paris: Calmann-Levy, 1974. 서문의 영어 원문은 *Foundation* 9, November 1975에 수록; Ballard, *Crash*, p.6에 재수록.

8) Jean Baudrillard, “Ballard's *Crash*,” *Science-Fiction Studies* 18, no. 55, part 3, November 1991, pp.313~20.

르는 소설의 동기인 비행을 무시하는데, 비행은 죽음을 통한 초월의
욕망을 환기한다. 본은 이 초월을 자신의 차가 버스와 충돌하여 그
를 죽이기 직전 잠시 동안 땅 위에 떠 있는 순간에 성취한다.[9]

영화 이론가인 비비안 소브첵 Vivian Sobchack 도 ≪크래시≫에서 발
라드가 취했던 도덕주의적 태도에 대한 헤일스의 주장에 동조한다.
그녀는 "발라드의 관점은 이 기계 육체가 우리를 정말 문자 그대로
막다른 지점으로 몰고 간다는 것이다"라고 썼다. 그녀는 발라드와
보드리야르의 어조 사이의 차이를 다음과 같이 요약한다. "기계에
'참가'하여 남성 육체의 '소프트웨어'를 '하드웨어'로 전환시키려는
포스트모던적 욕망을 묘사하는 데 있어서 발라드가 아이러니컬하고
차갑게 환원적이라면 보드리야르는 찬양적이고 차갑게 확장적이다."
소브첵은 심한 육체적 고통(일련의 다리 수술)을 겪은 자신의 경험이
육체와 주관성을 인식하는 글이 중요하다는 그녀의 생각을 강화시켜
주었다고 쓴다. "우리의 기계 문화 technoculture 와 타협하는 과정에서
주관적 종류의 신체 감각을 고려하지 않는다면, 우리는 본이나 보드
리야르처럼 우리 자신을 죽음으로 객관화하게 될 것이다."[10] 소브첵
의 경고는 테크놀로지에 대한 최근의 다양한 저작들에 적용될 수 있
다. 특히, 인간이 기계로 변형되는 것을 해방이라고 보는 과장된 전
망들 말이다. 실상 소브첵은 다른 글에서 < 몬도 2000 *Mondo 2000* >이
라는 잡지를 겨냥한다. 그녀가 보기에 그 잡지는 명민하지만 무책임
한 테크놀로지 애호증 *technophilia* 을 보여 준다.[11] 보드리야르에서 < 몬

---

9) N. Katherine Hayles, "In Response to Jean Baudrillard: The Borders of Madness,"
Science-Fiction Studies 18, no. 55, part 3, November 1991, pp.321~3; p.323에서 인용.

10) Vivian Sobchack, "Baudrillard's Obscenity," *Science-Fiction Studies* 18, no. 55, part 3,
November 1991, pp.327~9; pp.328, 329에서 인용.

11) Vivian Sobchack, "New Age Mutant Ninja Hackers: Reading *Mondo 2000*," *South Atlantic
Quarterly* 92, no. 4, fall 1993, pp.569~84.

도 2000>에 이르기까지 테크놀로지가 인간의 육체와 정신에 침입하는 현상에 아첨하는 사람들은 테크놀로지 대상이 되고자 하는 시도가 어떻게 불가피하게 멸망에 이르게 될지를 보지 못한다.

어쨌든 발라드가 ≪크래시≫를 썼던 1973년 이래 테크놀로지와 섹슈얼리티의 결합은 대중의 상상력에 더욱더 침투한다. 실상 ≪크래시≫에서 발라드는 이미 새로운 테크놀로지들과 연결되어 테크노 에로티시즘이 번성하게 될 것이라고 예측한다. "어떤 상처가 핵 융합 반응실과 흰 타일로 마감된 통제실, 컴퓨터 회로의 신비한 시나리오라는 눈에 보이지 않는 테크놀로지의 성적 가능성을 창조하게 될 것인가?"[12]

이 책에서 나는 최신의 전자 테크놀로지들이 몇몇 대중 문화 텍스트들에 나오는 테크노 에로틱한 이마저리 *imagery* 에 변화의 영감을 주었지만, 다른 텍스트들은 서구 사회의 산업적 과거에서 파생된 테크노 에로틱한 관습을 되풀이하면서 새로운 포스트모던적 사회 질서와 그것이 가져온 모든 변형에 발맞추기를 거부한다고 주장한다. 이를 위해 이 책은 테크놀로지 역사에 대한 연구들로부터 도움을 받고 인공 지능과 여타 모사된 삶의 형식에 대한 과학적 저술들뿐만 아니라 최신의 영화와 소설, 만화책, 텔레비전 프로그램, 컴퓨터 소프트웨어에 나오는 테크노 에로틱한 이마저리를 분석한다. 이 책은 인간이 폐기되면서 동시에 성적 충족이 고양될 미래를 예견하는 식의 모순된 담화를 만들면서 컴퓨터 테크놀로지와 섹슈얼리티를 연결짓는 대중 문화의 경향을 분석한다.

테크놀로지에는 성이 없지만, 테크놀로지의 표상은 종종 성을 지니게 된다. 테크놀로지 역사를 연구하는 사람들은 역사상 새로운 발명이 성적 충동을 동반해 왔다고 지적하곤 했다. 존 티어니 John Tierney

---

12) Ballard, *Crash*, p.179.

는 다음과 같이 쓴다. "때로는 에로틱한 것이 테크놀로지 혁신의 추진력이었다. 석기 시대의 조각으로부터 컴퓨터 통신의 게시판에 이르기까지 거의 항상 에로틱한 것이 새로운 매체의 첫번째 용법을 이루곤 했다."[13] 그는 에로틱한 테크놀로지적 충동을 가장 초기의 화신으로까지 살펴본다.

> 에로틱한 테크놀로지적 충동은 2만 7000년 전에 구운 진흙으로 만들어진, 과장된 가슴과 엉덩이를 가진 이른바 비너스상과 같은 적어도 가장 초기의 몇몇 예술 작품에까지 거슬러 올라간다. 그것은 도기 테크놀로지가 항아리처럼 실용적인 물건을 만드는 데 사용되었던 것보다 1만 5000년이나 전의 일이었다. 이후의 예술가들이 동굴벽을 매체로 발견하였을 때 그들은 프랑스의 라 마그들렌 La Magdelaine 동굴에서 1만 2000년 전에 새겨진, 고고학자들이 '나신상'이라고 이름 붙인 동굴 벽화와 같은 작품을 만들어 냈다.

티어니는 "지금까지 알려진 것 가운데 가장 오래 된 문학 작품인, 수메르인들이 진흙판 위에 기록한 설형 문자는 여성의 입술과 성기의 달콤함을 찬양하는 시를 담고 있다"라고까지 주장한다. 그는 인쇄술의 발명으로부터 소설, 사진, 영화, VCR, 컴퓨터, 유료 전화 서비스에 이르기까지 커뮤니케이션 매체를 성적 표현 수단으로 사용한 것에 대해 보고한다. 티어니의 분석은 테크놀로지 역사와 에로틱한 것의 역사가 밀접히 연결되어 있음을 예시한다.

수세기 동안 기계적 대상들에는 남성이나 여성의 성적 특징이 불어넣어졌다. 그 결과 오랫동안 기계의 표상은 성적 정체성과 성 gender 역할에 관한 관념을 표현하는 것으로 사용되곤 했다. 산업 시대부터 기계들은 종종 성차 gender 를 부여받은 용어로 묘사되었으며,

---

13) John Tierney, "Porn, the Low-Slung Engine of Progress," *New York Times*, 9 January 1994, section 2. 티어니로부터의 이후의 인용은 모두 이 글에서 뽑은 것이다.

그것들의 강력한 에너지는 자주 힘찬 남성성과 연결되곤 했다. 그러나 강력한 기계적 대상이라고 모두 남성적인 것으로 인식되었던 것은 아니다. 예를 들어 배들은 그 때나 지금이나 대부분 여성으로 성차화되는데, 그것은 승무원들과 성적인 긴장을 함축하며 모성적 편안함과 안락함뿐 아니라 물리적 아름다움의 관념을 환기시킨다.

기계에 성적인 은유를 적용하는 산업 시대적 경향은 전자 시대에도 이어지지만 컴퓨터와 성차 사이의 모호한 관계 때문에 좀더 복잡해졌다. 컴퓨터의 외양은 남성적 속성이나 여성적 속성 어느 쪽도 즉각적으로 불러일으키지 않는다. 오히려 컴퓨터는 부드럽고 무성적인 *asexual* 외관을 제시한다. 그러나 기계에 성을 부여하려는 충동은 계속된다. 그 결과 생산물을 남성화하려는 시도로 제조업자들은 그들 컴퓨터의 힘과 강도를 가리키며, 잡지 광고에서는 컴퓨터를 억센 오토바이와 비교한다. 하지만 동시에 다른 컴퓨터 매니아들은 작은 크기와 유동성, 조용한 동작, 감정 이입적 끈 속에서 사용자의 자아를 흡수하는 능력 등 그들이 여성적이라고 간주하는 속성을 컴퓨터에 부여한다. 사용자들이 온라인상에서 인물을 창조할 수 있도록 해 주는 컴퓨터의 가정된 성차를 굴절시킬 수 있는 능력(남성이 여성이 될 수 있을 뿐 아니라 그 반대도 가능한)을 찬양하는 사람들도 있다.

따라서, 컴퓨터의 은유적 성차에 대해서는 아직 합의가 내려져 있지 않다고 할 수 있다. 반면 컴퓨터를 성차화할 수 있다는 관념은 문화적으로 받아들여진다. 서로 모순되는, 다양하게 성차화된 은유들이 분명히 보여 주는 바는 컴퓨터 담론이 남성과 여성의 역할에 대한 현재의 문화적 논쟁을 흡수한다는 점이다. 서구 사회를 양극화된 캠프로 분할하는 성 역할에 대한 관점의 갈등이 예기치 않은 맥락에서 드러나 사람들이 기계에 대해 논의하기 위해 사용하는 언어에까지 침투한다.

이 책에서 나는 반은 인간이고 반은 기계이며 인간이 테크놀로지에 점차 통합됨을 표상하는 사이보그 — 사이버네틱 유기체 — 가 허구 속에서 어떻게 나타나는지 살펴보았다. 내 주장은 사이보그를 표상하는 과정에서 대중 문화가 섹슈얼리티와 성 역할에 대한 오늘날의 문화적 갈등을 드러낸다는 것이다. 20세기를 거치며 테크놀로지는 엄청난 크기의 산업 기계로부터 자그마한 극소 전자 회로로 근본적으로 변형되었다. 하지만 사이보그의 표상은 많은 경우 막강하게 무장된 강철 인간이라는 시대 착오적 개념에 집착한다. 이 인물은 은유적으로 얘기하면 테크놀로지와 문화의 '여성화 *feminization*'를 막는 것으로 기능한다. 남근적인 산업적 이마저리가 전자 테크놀로지의 소형화와 내부화를 찬양하는 다른 이마저리와 나란히 순환한다. 그 결과 대중 문화의 장에서 문자 그대로 그리고 은유적인 외피 속에서 섹슈얼리티와 성차를 둘러싼 문화적 논쟁이 벌어진다. 남성 또는 여성이 되는 것이 의미하는 바와 섹슈얼리티를 표현하는 방법에 대한 논쟁이 종종 대중 문화의 테크노 에로틱한 이마저리 속에서 길을 찾는다. 그 이마저리는 때때로 대안적 형태의 섹슈얼리티와 성 역할을 탐구하기도 하고, 다른 경우에는 과거로부터 물려받은 관습적인 스테레오타입으로 후퇴하기도 한다. 게다가 우리 주변을 둘러싼 에이즈의 유령과 함께 항상 죽음이 현존하게 되면서 과학과 SF는 인간의 멸망과 인간 욕망이 컴퓨터화한 전자적 영역으로 분산되는 것을 예기한다.

1장 "육체를 지우기"에서는 인간이 사라진 미래를 전망하는 과학과 SF를 논의한다. 이들 텍스트들이 상상하는 탈인간 *posthuman* 의 미래는 인간 대신 컴퓨터화한 인공 지능과 여타 모사된 삶의 형태들로 가득 차 있다. 인공 생명을 창조하려는 과학자들은 자신들의 작업이 인간의 지능을 보존하려는 시도라고 설명한다. 그러나 회의론자들은 인간의 육체를 포기하는 것이 곧 인간을 파괴하는 것과 같은 것이라고 주장한다. 수세기 동안 사람들은 합성 인간을 창조하려고 시도했다. 신화와 전설, 문학은 인간이 그들이 만든 인공적 창조물과 상호 작용하게 되면 어떻게 될 것인가를 상상했다. SF 문학, 특히 가장 최근의 하위 장르인 사이버펑크는 인간 정신과 육체가 테크놀로지적으로 변형되면 어떤 결과가 발생할지를 탐구해 왔다. 탈인간의 미래를 다루는 과학과 최근의 SF는 오늘날 인간이 직면한 절멸의 위협에 비춰 볼 때 그들의 생존 가능성이 어떻게 될 것인가에 대해 모호한 태도를 취한다. 사이버펑크는 무정하고 이윤만을 추구하는 기업들이 통치하는 황량한 테크놀로지 세계의 황폐한 그림을 그린다. 그러나 디스토피아적 전망에도 불구하고 과학과 사이버펑크에는 테크놀로지와 연관된 흥분의 감각도 존재한다. 테크놀로지적으로 상상할 수 있는 어떤 방식으로든 인간이 스스로를 바꿀 수 있게 됨으로써 한편으로 가장 즐거운 환상을 경험할 수도 있지만 바로 다음 순간에는 최악의 악몽을 경험할 수도 있는 불안정하고 예측 불가능한 세계가 펼쳐지게 되었다. 포스트모던적 불안정성이 그 극한까지 가며, 어떤 것도 필연적으로 겉보기와 같을 필요는 없으며 환상이 새로운 실체가 된다.

2장 "인터페이스의 쾌락"에서는 컴퓨터 테크놀로지를 섹슈얼리티와 연관시키는 경향과 그 결과로서 생기는 갈등적 담론, 인간의 폐기와 고양된 성적 만족을 모두 예견하는 담론을 살펴본다. 컴퓨터 매트릭스 속 — 사이버 공간 속 — 에서 존재하기 위해 육체를 포기하는 것은 대중 문화 속에서 종종 향상된 섹슈얼리티를 약속하는 것으로 제시된다. 사이버 공간에서는 육체의 접촉이 대뇌의 섹스 *cerebral sex* 로 대치됨에도 불구하고 성 역할은 대부분 여전히 스테레오타입을 유지한다. 사이버펑크 텍스트들에서 성 정체성은 바뀔 수 있지만 생물학적으로 창조된 것이든 테크놀로지로 창조된 것이든 남성과 여성에 부여된 역할들은 대부분 관습적으로 유지된다. 이 때문에 몇몇 비평가들은 사이버펑크가 1960년대와 1970년대의 보다 도발적이고 실험적인 페미니스트 SF들, 그 가운데서도 특히 관습적인 성차 범주들에 도전했던 조안나 루스Joanna Russ 와 어슐라 르 귄Ursula Le Guin 과 같은 작가들의 작품들을 거부한다고 비판하기도 한다. 1980년대와 1990년대의 사이버펑크와 여타 테크노 에로틱한 텍스트들 속에서 관습은 전복되는 동시에 재수립된다. 섹슈얼리티와 성차는 테크놀로지의 영역으로 들어가면서 생물학적 구속에서 벗어나지만, 문화적 관습은 과학자들과 사이버펑크의 저자들이 미래 세계를 상상하는 방식에 여전히 영향을 미친다. 발라드의 ≪크래시≫에서 그랬듯이 주제가 인간이 전자 테크놀로지와 융합된 것일 때 죽음은 항상 가까이 있다. 삶의 창조 대 파괴가 이들 저작들의 중심 주제이며, 그것은 망각이라는 관념의 매혹을 표현하면서 또한 그것의 역전 불가능성을 두려워한다.

3장 "가상 섹스"에서는 에로틱한 환상이 가상 현실(VR)이라는 새로운 환상의 매체를 만들려는 계획에서 어떻게 주요한 측면이 되는지를 분석한다. 가상 현실이 성적 만족을 제공할 잠재력을 지닌 테크놀로지적 매체를 고안하는 과정에서 나타난 매체의 최초 형태는 아니다. 그러나 그것을 어떻게 디자인할까를 둘러싼 논쟁은 성 역할과 성적 표현의 미래에 대한 정반대되는 사고 방식들을 폭로한다. 한 평론가는 관습적인 가부장적 규제를 새로운 가상 국경에서도 유지하고자 하는 욕망을 표현한다. 반면 가상 현실이 이제까지 남성과 여성들을 질식시켜 온 엄격한 역할 분리로부터 해방시켜 주기를 희망하는 사람도 있다. 특히, 영화 속에서 대중 문화는 가상 현실을 성 역할과 성적 표현에 대한 규제에 연결시키는 데 참여한다.

4장 "근육질 회로"에서는 영화에 등장하는 막강한 무장을 한 사이보그들, 특히 로보캅과 터미네이터를 분석한다. 사이버펑크 소설과 만화에서는 유쾌하고 상상력 넘치는 방식으로 사이보그들을 개념화하는 사례가 없지 않은 반면 주류 할리우드 영화는 공격적인 킬러라는 인물을 특권화한다. 이 요새화된 인물은 남성적 은유를 테크놀로지에 적용하려는 시대 착오적 경향을 표상한다. 강력하고 공격적인 산업 기계에 대한 은유로는 강철 인간이 이해할 만한 것이었지만 오늘날의 작고 내부화된 전자 테크놀로지에는 더 이상 적절하지 않다. 할리우드 영화에 등장하는 남성주의적인 사이버네틱 인물은 테크놀로지의 미스터리와 극소화, 그리고 사회가 여성적으로 변화하는 것을 피해 보려는 시도를 표상한다. 그러나 막강한 무장을 한 사이보그가 등장하는 영화들이 완전한 일관성을 갖춘 것은 아니다. 이야기 전개 과정에서의 모순과 긴장이 그의 우월성을 훼손하기 때문이다. 무장한 여성 사이보그가 출현하는 영화 ＜파괴의 이브 *Eve of Destruction*＞(던컨 기빈스, 1991)는 할리우드가 기계 인간을 묘사하는 데 깔려 있는 모순을 밝혀 준다. 폭력적인 남성에 대한 여성의 분노라는 페미니즘적 주제가 명백히 원상 복구적인 결말로 인해 훼손된다. 영화에서 막강한 무장을 한 사이보그와 연관된 이마저리와 주제는 이제 너무 친숙해져 패러디 대상이 될 정도이다.

5장 "디지털 분노"에서는 인간과 컴퓨터가 서로 유사하게 기능한다고 주장하는 이론들이 이를 담론적으로 연결하는 방식을 논의한다. 컴퓨터 과학자와 인지 심리학자들이 인간의 뇌가 컴퓨터인 것처럼, 또는 그 역으로 묘사함으로써 인간 정신의 복잡성을 축소하는 것을 드물지 않게 볼 수 있다. 게다가 컴퓨터를 의인화하는 광범위한 문화적 경향도 있다. 사이버펑크 소설은 인간의 정신이 컴퓨터 소프트웨어처럼 복사되고 조작될 수 있게 되었을 때 진정 디지털한 존재로부터 기인하는 결과를 탐색한다. 그러나 거기에 묘사되는 컴퓨터와 인간 두뇌 사이의 유비에도 불구하고 사이버펑크는 인물의 창조 과정에서 복합적인 인간 의식이라는 프로이트의 모델에 지속적으로 의지한다. 성적 폭력을 가하는 인물에 대한 억압된 기억과 분노가 사이보그 영화와 사이버펑크 소설에서 주로 다루어진다. 특히,

사이보그 로보캅과 사이버네틱하게 강화된 성난 여성 전사라는 인물이 이를 대표적으로 보여 준다. 여성 살인 기계 *techno-assassin* 는 사이버펑크의 아이콘이 되었다. 그녀의 호소력은 최소한 두 가지 수준에서 설명된다. 한편으로 그녀는 강철같이 단단한 육체를 지닌 물화된 남성적 환상이다. 다른 한편 그녀는 가부장제의 구속으로부터 전적으로 독립되었음을 보여 주는 페미니즘적 전사이다. 그녀의 성격을 창조하는 과정에서도 사이버펑크는 컴퓨터와 인간 정신 사이의 유비가 효과적이지 못함을 드러내 준다. ≪레이디 엘 *Lady El*≫이라는 소설에서 분명하게 나타나는 것처럼 복합적이고 모순적인 인간의 관심사는 사이보그가 컴퓨터화된 존재로 바뀌게 된 이후에도 불가피하게 그들 둘레를 계속 떠돈다.[14]

6장 "남성과 기계 여성"에서는 기계 여성의 두 가지 표상을 비교하는데, 그 가운데 하나는 20세기 초반에 나타난 것이고 다른 하나는 20세기 후반에 나타난 것이다. 프리츠 랑 Fritz Lang 의 영화 <메트로폴리스 *Metropolis*>(1926)에서 로봇 마리아는 여성의 섹슈얼리티와 통제를 벗어난 테크놀로지에 대한 가부장적 두려움을 표상한다. 메트로폴리스라는 미래 도시에서 질서는 음탕한 로봇이 기둥에 묶여 화형당했을 때만 회복될 수 있다. 1992년 봄에 방영된 NBC 텔레비전의 시리즈 <맨과 기계 *Mann and Machine*>에 등장하는 최근의 가공할 기계 여성 이브는 메트로폴리스와 달리 여성이 권력을 지닌 사회에서의 생산물로 그려진다. 게다가 마리아와 달리 이브는 천진 난만하고 순진하며 미래의 로스앤젤레스 경찰에서 남성 파트너의 보호를 필요로 하는 존재이다. 그들 간의 상호 작용과 그들을 둘러싼 포스트모던적 분위기는 서구 산업 사회가 지난 1세기 동안 어떻게 변화되었는지를 보여 준다. 하지만 이 시리즈가 페미니즘의 진전을 인정함에

---

14) Jim Starlin & Diana Graziunas, *Lady El*, New York: ROC, 1992.

도 불구하고 여전히 남성성과 여성성에 대한 관습적이고 부적절한 관념을 부과하려는 시도가 존재한다. 이 시리즈에서 찾아볼 수 있는 성 역할에 대한 모순된 메시지는 20세기 말이 되면서 가부장제 이데올로기가 더 이상 통일적이거나 정합적이지 않으며 추론 과정에서 균열을 숨길 수 없게 되었음을 보여 주는 기호이다.

이 책에서는 만화, 소설, 잡지, 영화, 텔레비전 프로그램, 컴퓨터 소프트웨어 등을 분석한다. 그러나 관련된 모든 대상을 다 분석한 것은 아니다. 현대 문화 속에는 우리가 논의하는 현상을 보여 주는 무수한 예들이 떠다닌다. 나는 모든 예를 다 포괄하려고 하기보다 예시적인 것을 집중적으로 분석하는 방법을 택했다. 어떤 경우에도 모든 대상을 완전히 다 분석하여 요약하려는 시도는 실패할 수밖에 없다고 생각한다.

이 책에서 내가 한 대중 문화에 대한 분석은 포스트모더니즘과 페미니즘 이론, 정신 분석 이론, 그리고 영화 이론으로부터 도움을 받았다. 이들 이론에서 도출된 용어들을 정확히 사용하려 했지만 몇 개의 용어에 대해서는 보다 완전한 설명이 필요할 것이다. 나는 **가부장적** *patriarchal* 이라는 용어를 크리스 위돈 Chris Weedon 이 "여성의 이해가 남성의 이해에 종속되는 권력 관계"[15]라고 부른 것을 가리키기 위해 사용했다. 그녀는 계속하여 "이들 권력 관계들은 여러 가지 형태를 취한다. 성적 노동 분업과 출산을 사회적으로 조직하는 것으로부터 우리의 삶을 규제하는 여성성에 대한 내재화된 규범들까지가 모두 그런 권력 관계의 서로 다른 형태들이다. 가부장적 권력은 생물학적인 성적 차이에 부여된 사회적 의미에 의존한다. 가부장적 담론 속에서 여성의 자연적, 사회적 역할은 그 자체가 곧 남성인 규범과 관련하여 정의된다"[16]고 말한다.

---

15) Chris Weedon, *Feminist Practice and Poststructuralist Theory*, Oxford: Blackwell, 1987, p.2.

20세기 후반의 서구 문화는 더 이상 빅토리아 시대만큼 엄격하게 가부장적이지 않다. 하지만 가부장적 전통은 좀처럼 사라지지 않은 채 여전히 남성 또는 여성이 된다는 것이 무엇을 의미하는가에 대한 사고 방식뿐만 아니라 사회적, 제도적 관행들까지 지배한다. 나는 **성차** *gender* 라는 용어를 '남성'과 '여성'이라는 범주를 지칭하기 위해 사용한다. 그것은 어떤 개인의 성에 고유하지 않은 문화적 함의를 담고 있다. 물론 여성으로 태어났다고 해서 모든 어린아이가 흔히 여성에게 적합하다고 생각되는 파라미터 속에 편안하게 맞도록 성장하지 않는다. 하지만 그 파라미터들에 맞추라는 사회적 압력은 존재한다. 그것은 남성에게도 마찬가지다. 남성도 똑같이 남자다움에 대한 문화적 규범을 채용하라는 압력을 받는다. 이 책에서 의미하는 페미니즘은 가부장제를 종결짓고 그 자리에 평등 체계를 수립하고자 하는 철학이다. 페미니즘은 남성과 여성을 포함해 모든 사람들을 성 역할에 대한 좁게 정의된 관념으로부터 해방시키려고 한다.

나는 **테크놀로지** *technology* 라는 단어를 인간이 만들어 낸 비유기적인 기예, 도구, 기계를 가리키는 데 사용한다. 나의 용법은 기계적, 산업적, 전자적 테크놀로지를 모두 포괄하지만 생물 공학 *biotechnology* 은 포함하지 않는다. 나는 이 책에서 20세기 말의 사람들이 인간의 미래를 어떻게 보는지 파악하기 위해 상이한 분과 학문들에서의 사고 방식들을 연결하고자 했다. 테크놀로지적으로 고양된 인간에 대한 열광적 찬양과 격렬한 비난은 모두 급속하게 다가오는 21세기에서의 존재를 전망하려는 시도들이다. 변화는 곧 다가오며 그것의 불가지적인 본성은 거대한 파괴의 환상뿐 아니라 유토피아적인 사고도 만들어 낸다. 냉혹하고 무감정하게 인간이 테크놀로지로 대치되는 것을 논의하는 과학적 텍스트들을 보며 공포를 느끼기는 쉽다. 하지

---

16) 같은 책.

만 육체를 파괴하면서 정신은 온전하게 남겨 두는 질병으로 고통받는 사람들에게는 그런 전망이 비위에 거슬리지 않을지도 모른다. 무엇보다도 미래에 대한 사람들의 관념을 조사함으로써 우리는 오늘날의 이슈에 대해 그들이 어떻게 반응하는지 알아 낼 수 있다. 오늘날의 문화 전쟁은 심지어 미래에 대한 가장 충격적이고 가능할 것 같지 않은 숙고에서도 표현되기 때문이다.

I. 육체를 지우기

육체 없이도 생각을 할 수 있을까?
— 장 프랑수아 료타르[1]

1637년에 르네 데카르트는 인간을 기계에 비유하면서 인간이 이성이라는 독특한 능력을 지니기 때문에 항상 기계보다 우월하다고 주장했다. 그는 "기계가 비록 많은 일들을 인간만큼 혹은 훨씬 더 잘 할 수 있겠지만 다른 부분에서는 어쩔 수 없이 실패할 수밖에 없을 것이다. 그로부터 우리는 기계가 이해나 추론에 의해서가 아니라 단지 그들 기관의 배치에 의해서만 움직인다는 것을 발견할 것이다"[2] 라고 썼다. 1992년에 스티븐 레비 Steven Levy 는 컴퓨터화된 '인공 생명 *artificial life*'에 대한 연구를 정리하면서 인간의 독특성 *uniqueness* 으로 파

---

1) Jean-François Lyotard, "Can Thought Go on without a Body?" Bruce Boone & Lee Hildreth (trans.), *Discourse* 11, no. 1, 1988~9, pp.74~87.

2) René Descartes, *Discourse on Method and Meditations*, Laurence J. Lafleur (trans.), Indianapolis: Bobbs-Merrill, 1960, p.42.

악한 성질을 발견했다. "우리의 독특성은 우리 후손을 만들어 낼 수 있는 능력에 달려 있다."[3] 1637년과 1992년 사이에 인간의 이성은 폐기 과정을 밟아 온 것이다.

17, 18세기는 후손들에게 인간의 독특성이라는 믿음을 남겨 주었다. 계몽 철학에 따르면 인간은 이성으로 축복받은 존재이며, 따라서 동물이나 인간이 만든 인공물들에 비해 우월한 존재이다. 계몽주의 사상가들은 이성이 인간에게 더 나은 세계를 만들 수 있는 능력을 주었다고 믿었다. 이성을 지닌 인간은 고정된 사회 질서와 예정된 운명에 종속되지 않을 수 있다. 이처럼 환경을 통제하는 인간 이성의 힘에 대한 믿음은 19세기의 산업 혁명에서 정점에 이르렀다. 기계의 힘을 이용함으로써 산업주의자들은 맹목적인 기계의 힘을 능가하는 인간 지성의 힘을 보여 주었다.

그러나 19세기 말 산업화의 고양기에 인간과 기계 사이의 관계에 대한 지각은 변화한다. 점차 기계가 인간의 육체보다 우월한 것으로 묘사된다.

> 산업 혁명이 도래하고 기계 시대로 진입하면서 빅토리아인들은 인간과 기계 사이의 상호 작용을 데카르트와는 매우 다른 용어로 묘사하도록 강요받게 되었다. 그 시대의 정치 경제학자들은 인간 노동이 지닌 약점, 즉 비효율성과 규율의 결핍을 교정해 주는 것처럼 보이는 기계의 덕을 격찬하며 이전에는 단지 인간 생명에만 부여되었던 행위 주체로서의 지위 *agency* 와 생산력을 기계에 수여했다.[4]

인간과 기계를 구분하는 방식에서 하나의 전환이 발생했다. 빅토리아 시대 산업화의 옹호자들은 인간의 육체를 무엇보다도 먼저 착

---

3) Steven Levy, *Artificial Life: The Quest for a New Creation*, New York: Pantheon, 1992, p.9.
4) Mary Jacobus, Evelyn Fox Keller, & Sally Shuttleworth (eds.), *Body / Politics: Women and the Discourses of Science*, New York: Routledge, 1990, p.5.

취할 수 있는 노동력으로 보았다. 같은 맥락에서 그들은 기계가 인간 노동자의 결함을 향상시켜 줄 것으로 믿었다. 담론의 차원에서 볼 때 노동자와 기계는 많은 경우 상호 교환 가능한 것이었다. 기계는 마치 인간인 것처럼 묘사되었고 인간의 특징도 기본적으로 기계적인 것처럼 그려졌다.

20세기 말에 접어들면서 인간과 기계 사이의 구분은 더욱 희미해졌다. 인간이 테크놀로지에 의존하게 되면서 양자 사이의 선이 흐려지기 시작했다. 사람들이 기계와 동일시하고 스스로를 기계처럼 묘사하는 것이 일상화되었다. 심리학자 셰리 터클Sherry Turkle[5]과 과학사가 J. 데이비드 볼터 J. David Bolter[6]는 이런 현상을 분석하면서 20세기 말의 인간을 '튜링의 인간 *Turing's Man*'[7]이라고 불렀다. 인간과 기계가 수렴되어 새로운 잡종의 실체, 사이버네틱 유기체 또는 사이보그를 형성한다고 상상하는 사람들이 이처럼 인간과 기계가 서로 뒤바뀔 수 있다는 관념을 더욱 멀리까지 밀고 나아갔다. 반은 인간이고 반은 기계인 사이보그의 형상은 이제 소설과 영화, 텔레비전, 만화, 잡지, 컴퓨터 게임, 비디오 게임 등에서 일상적인 것이 되었고 과학자들과 현대 문화 이론가들의 저작에서도 찾아볼 수 있다.

사이보그라는 관념은 감정으로부터 이성을 나누는 데카르트의 구분이 정점에 이른 것이면서 동시에 그런 대립이 폐기되는 것이기도 하다. 사이보그는 지성의 승리를 표상하는 것이면서 동시에 또한 인

---

5) Sherry Turkle, *The Second Self: Computers and the Human Spirit*, New York: Simon & Schuster, 1984.

6) J. David Bolter, *Turing's Man: Western Culture in the Computer Age*, Chapel Hill: University of North Carolina Press, 1984.

7) 튜링의 기계에서 따온 말. 튜링의 기계란 영국의 수학자 알랜 M. 튜링 Alan M. Turing(1912~54)이 1936년에 일련의 논리적인 계산 규칙을 써서 가설적으로 고안한 장치이다. 이것은 무한대로 정보를 저장하고 절대로 고장이 안 나는 계산기로 의도되었다. — 옮긴이

<터미네이터>에 등장하는 사이보그 터미네이터.

간의 폐기와 탈인간 시대, 탈계몽주의 시대가 밝아 옴을 의미한다. 다른 말로 하면 사이보그는 정신과 육체 사이의 이분법에 의존하는 것처럼 보이지만 실제로는 그 이분법을 폐기하고 전자 테크놀로지와의 새로운 융합과 공생 속에서 그것을 시대 착오적인 것으로 만든다.

대중 문화가 재현하는 사이보그에는 여러 유형이 있다. 오타와 대학의 예술가이자 인류학자인 데이비드 토머스 David Tomas 가 두 개의 가장 흔한 유형을 정의했다. "탈유기적인…… 고전적(하드웨어 인터페이스된) 사이보그와 탈고전적인(소프트웨어 인터페이스된) 초유기적 *trans-organic* 이고 데이터에 기반한 사이보그 또는 인성 구성물"[8]이 그것이다. 첫번째 유형은 유기적인 인간의 육체를 비유기적인 기계적, 전자

---

8) David Tomas, "Old Rituals for New Space: *Rites de Passage* and William Gibson's Cultural Model of Cyberspace," *Cyberspace: First Steps*, Michael Benedikt (ed.), Cambridge: MIT Press, 1991, pp.31~47; p.32에서 인용.

<로보캅>에 등장하는 사이보그 로보캅.

적 이식물 또는 인공 기관과 결합시키는 것이다. 이 때 유기적인 인간 육체는 이전에 사람으로 존재한 것일 수도 있고 유전적으로 조정되는 것일 수도 있다. 두 번째 유형은 아무런 유기적 형태도 지니지 않으며 컴퓨터 소프트웨어에 보존된 인간 정신으로 구성된다. 허구 속의 인물이 전자적으로 회로화된 두뇌 안에 직접 소프트웨어를 탑재할 때 그들 역시 사이보그로 분류된다. 사이보그는 로봇과 다른데, 로봇은 모양과 크기야 어떻든 완전히 기계적인 형상이다. 사이보그는 안드로이드와도 다른데, 안드로이드는 인간과 닮았고 때로 인간과 구별되지 않는다. 안드로이드는 인간의 형상을 한 로봇 또는 유전적으로 조정되는 인간화된 유기체가 될 수도 있지만 유기적인 것과 비유기적인 부분들을 결합하지는 않는다. <블레이드 러너 *Blade Runner*>(리들리 스콧, 1982) 속에 나오는 복제 인간은 따라서 사이보그가 아니라 안드로이드이다. 그것들은 유전적으로 조정된 유기적 실체이고 생리

적이지 않은 구성 요소는 아무것도 지니지 않기 때문이다. '로봇,' '안드로이드,' '사이보그'라는 용어는 많은 혼란을 불러일으키고 때로는 잘못 혼용되기도 한다. 하지만 특정한 인간 육체와 테크놀로지의 융합을 표상하는 것은 사이보그뿐이며 사이보그라는 관념은 오늘날의 문화 전반에 반향을 불러일으킨다.

사이보그는 우리를 둘러싼 허구적 광경의 친숙한 한 부분이 되었다. 대중 영화에 등장한 두 사이보그 터미네이터와 로보캅은 문화적 아이콘의 지위를 획득해서 거의 모든 사람들이, 심지어 그들이 나온 영화를 본 적이 없는 사람들까지도 들어 본 이름이 되었다. 대중 소설과 영화에서 사이보그가 출현하는 것은 미래에서의 생명의 본질과 인간의 폐기 가능성에 대한 훨씬 거대한 담론 영역의 한 국면이다.

20세기의 마지막 몇 십 년 동안 인간 존재의 미래에 관한 논쟁이 광범위하게 펼쳐졌다. 한쪽에는 인간의 지성과 동일하거나 더 높은 지성을 갖춘 인공적 존재들이 지구에 살게 될 미래를 전망하는 연구자와 이론가들이 있다. 그들은 모사된 삶의 도래가 인간을 종속적인 역할에 놓거나 나아가 어쩌면 인간이 사라진 미래를 수립할 수 있을 것이라고 설명한다. 그들은 세계가 인공 지능 *artificial intelligence*, 인공적인 전자적 삶, 유전적으로 조정된 유기체들, 또는 컴퓨터 소프트웨어에 보존되고 모빌 로봇 속에 저장된 인간 의식으로 가득 차게 될 것이라고 주장한다. 물론 이들의 작업은 광범위하게 구분되는 기획 위에서 이루어지기 때문에 어떤 과정들이 가장 가능성이 있는지에 대해 연구자들이 모두 합의를 본 것은 아니다. 또 심지어 특정 영역 내부, 예를 들어 인공 지능(AI) 영역 내부에서도 모순되는 관점들이 존재한다. 또 인공 지능이 초기에 낙관주의적 전망을 지니던 사람들이 예측했던 만큼 발전하지 못해 모사된 삶에 대한 다른 방향에서의 연구가 보다 인상적인 결과를 생산할 수 있으리라는 광범위한 인식도 존재한다. 예를 들어 연구자들이 '인공 생명'이라고 부르는 자기 재생산적 *self-reproducing* 컴퓨터 프로그램을 개발하는 컴퓨터 과학자들이 있다. 그런 프로그램들을 만들려는 연구자들의 아이디어와 저작들을 보고하는 ≪인공 생명 *Artificial Life*≫이라는 책에서 스티븐 레비는 다음과 같이 말한다. "인공 생명 또는 무생명 *a-life* 은 인간이 생명체와 유사하게 만들어 낸 유기체와 시스템을 창조하고 연구하는 것에 헌신한다. 이들 생명체의 재질은 비유기적이며 그것의 본질은 정보이다. 컴퓨터는 이들 새로운 유기체들이 출현하는 용광로이다. 의학자들이 비트로 *vitro* 속에서 생명체의 메커니즘을 열심히 찾아 내듯이 무생명을 연구하는 생리학자들과 컴퓨터 과학자들은 실리콘 속에서 생명체를 창조하기를 희망한다."[9]

지지자들이 전통적인 인공 지능 연구의 한계를 바로잡을 수 있을 것으로 기대하는 무생명의 한 유형은 신경 연결망이다. 그것은 모린 카우딜 Maureen Caudill 이 ≪우리 스스로의 이미지 속에서 *In Our Own Image*≫에서 설명했듯이 "디지털 컴퓨터라는 깔끔하게 구획된 기획과는 전적으로 다르다."[10] 신경 연결망 스타일의 컴퓨터는 인간 두뇌 속에 있는 뉴런의 기능을 모방하도록 디자인된다. 그런 생각을 더욱더 밀고 나가 일본의 과학자 아이자와 마스오는 인공 신경 세포를 키운다. 그는 그것이 신경 행동을 모방하기 위해 컴퓨터 과학자들이 사용하는 전자적 도구들보다 더 잘 작동하리라고 예측한다. 아이자와는 이런 실험을 통해 생리학적인 요소와 전자적 요소를 결합시킴으로써 정교한 바이오 컴퓨터를 개발하려고 한다.[11]

모사된 삶의 상이한 형태에 대한 연구는 엄청난 각광을 받았다. 인공 지능의 지지자인 파멜라 매코덕 Pamela McCorduck 은 인공 지능의

---

9) Levy, 앞의 책, p.5.

10) Maureen Caudill, *In Our Own Image: Building an Artificial Person*, Oxford: Oxford University Press, 1992, p.14.

11) David H. Freedman, "If He Only Had a Brain," *Discover* 13, no. 8, August 1992, pp.54~60.

역사에 대한 책 ≪사고하는 기계 *Machines Who Think*≫를 다음과 같은 경건한 문장으로 끝맺는다. "지금까지의 성취는 의미 있는 것이었고 앞으로의 가능성은 우리의 이해 수준을 넘어서 있다. 나는 인내를 요구하고 용기를 보이기 전에 여기서 잠시 멈추고자 한다. 무언가 무서운 것을 공유하는 스릴을 맛보기 위해 잠시 멈추는 것이다."[12] 매코덕은 다른 열광자들과 인간이 혁명적인 새 시대의 여명기에 있다는 감각을 공유한다. 카네기 멜론 대학의 모빌 로봇 연구소 Mobile Robot Laboratory 소장인 한스 모라벡 Hans Moravec 은 다음과 같이 쓴다. "우리는 비생명체 *non-life* 에서 생명체로 전이되는 것에 비견될 수 있는 우주 변화의 문턱에 있다."[13] 그는 자신이 전망하는 미래를 '탈생리학적인 것'이라고 얘기하면서 다음과 같이 설명한다.

생물학적인 진화의 느린 보조에서 풀려나 우리 정신의 자녀들은 거대한 우주 속에서 거대하고 본질적인 도전들에 직면하도록 자유롭게 성장할 것이다. 우리 인간들은 당분간 그들의 노동으로부터 혜택을 받겠지만 조만간 그들도 자연적인 아이들처럼 그들의 늙은 부모인 우리들이 조용히 사라져 가는 동안 그들 스스로의 길을 찾게 될 것이다. 이 횃불의 행렬에서 상실되는 것은 거의 없을 것이다. 그것은 자신들에게 혜택이 되도록 우리에 대한 거의 모든 것, 심지어 아마도 개별적인 인간 정신의 상세한 작동까지 기억하는 우리의 인공적인 후손의 힘 속에 남아 있을 것이다.[14]

몇몇 관찰자들은 모라벡과 다른 연구자들이 만들어 낸 열광에 사로잡히면서도 그들이 하는 연구의 함의에 대해 불안을 내비치기도

---

12) Pamela McCorduck, *Machines Who Think*, San Francisco: W. H. Freeman, 1979, p.357.

13) 모라벡의 글은 Grant Fjermedal, *The Tomorrow Makers: A Brave New World of Living-Brain Machines*, New York: Macmillan, 1986, p.8에서 인용.

14) Hans Moravec, *Mind Children: The Future of Robot and Human Intelligence*, Cambridge, Mass.: Harvard University Press, 1988, p.1.

한다. ≪미래 창조자들: 살아 있는 두뇌 기계의 멋진 신세계 *The To-morrow Makers: A Brave New World of Living-Brain Machines*≫에서 그랜트 피예르메달 Grant Fjermedal 은 모라벡을 포함해 인공 지능과 로봇 연구를 하는 여러 저명한 과학자들과 했던 긴 대담을 묘사한다. 그들의 기획과 아이디어에 매혹되었던 피예르메달은 잠재적으로 재앙적 결과에 대해 관심을 기울이면서 누그러진다. 그는 "과학이 새로운 도구를 발견할 때마다 그것을 선으로부터 비틀어 내 악을 위해 사용할 수 있는 방법이 존재하는 것 같다"라고 쓴다. 그가 인용하는 충분히 있을 수 있는 시나리오는 컴퓨터가 조종하는 로봇이 인간을 지배하는 전체주의적 독재자가 되고, 인정 사정 없는 경찰을 형성하며, 핵 전쟁을 일으키고, 또는 '극소 로봇 *bacteria-size robots*'이 체계적으로 지구 상의 모든 생명체를 파괴하는 것을 포함한다. '그것은 나쁜 뉴스'라고 피예르메달은 쓴다.[15]

재앙으로 가득 찬 미래에 대한 전망에 불안을 표시할 뿐만 아니라 모사된 삶 *simulated life* 의 지지자들이 내세우는 주장에 대해 중대한 의심을 표명하는 사람들도 있다. ≪황제의 새로운 정신 *The Emperor's New Mind*≫과 ≪정신의 그늘 *Shadows of the Mind*≫이라는 책에서 옥스퍼드 대학의 수학 교수 로저 펜로즈 Roger Penrose 는 인공 지능 연구자들의 기본 전제를 주의 깊게 조목조목 비판한다. 그가 특히 초점을 맞추는 것은 강력한 인공 지능의 관점, 즉 인공 지능이 인간 정신의 작용을 완벽하게 모사할 수 있을 것이라는 관점이다. 펜로즈는 "최근의 철학화에서 비교적 우세하게 보이는 이 관점을 지지할 수 없는 이유는 우리의 사고가 기본적으로 무언가 매우 복잡한 컴퓨터의 행위와 동일하다고 보는 데 있다"라고 주장한다.[16] 그는 "진정한

---

15) Fjermedal, 앞의 책, p.249.

16) Roger Penrose, *The Emperor's New Mind*, Oxford: Oxford University Press, 1989; Penrose, *Shadows of the Mind: A Search for the Missing Science of Consciousness*, Oxford: Oxford

지성은 의식을 필요로 하며" 따라서 순수하게 알고리즘의 수단만을 사용하는 컴퓨터에 의해 모사될 수 없는 것이라고 주장한다.[17] 펜로즈가 옹호하는 것은 '의식의 행위에서 본질적으로 비알고리즘적인 요소'로서 단지 계산에 의해서만 작동하는 체계로는 결코 그것을 모방할 수 없다는 것이다.

모사된 삶을 추구하는 것을 비판하는 사람들 가운데는 이성의 고양과 '반인간적' 자세 사이의 직접적인 연계를 인식하면서 과학 전통을 특징짓는 정신 / 육체의 데카르트적 이분법을 비난하는 사람들도 있다. 물리학자이자 소설가인 마이클 블룸라인 Michael Blumlein 은 "'두뇌'와 '육체'라고 써 있는 도로 표지판은 존재하지 않는다"라고 쓰고 그런 구분을 주장하는 사람들을 '파편화된 세계관, 허구적인 정신 / 육체의 이분법의 희생자들'이라고 묘사한다. 건강 관리에 대한 총체적 접근법의 실행자인 그는 "이런 사고 방식에 대항하는 전쟁을 선언한다."[18] 평화 운동가인 스타호크 Starhawk 는 보다 솔직하게 "로봇 주의자들은 재주 넘는 능력 또는 유기체를 갖는 능력을 부적합한 것으로 보는 것"은 아닌지 의심한다.[19]

이들 논쟁이 대중의 관심에서 멀리 떨어져 있는 과학의 상아탑 속에서만 벌어졌던 것은 아니다. 전문화된 과학 저작 속에서는 탈인간적 생명체에 대한 관념이 보다 내밀한 형태로 존재하지만, 동일한 관념이 비교적 이해하기 쉬운 외양을 지니고 오늘날의 대중 문화 속에 광범위하게 나타나 대중이 탈인간적 이마저리에 친숙해지도록 하

University Press, 1994. 본문에서 인용한 문장은 *The Emperor's New Mind*, p.447에 수록되어 있음.

17) 같은 책, p.407.

18) Michael Blumlein, "Is the Body Obsolete? A Forum," *Whole Earth Review* 63, 1989, pp.34~55; p.55에서 인용.

19) Starhawk, 앞의 글, p.35.

기도 한다. SF는 모사된 삶의 개념을 수십 년 동안 다뤄 왔는데, 메리 셸리 Mary Shelley 의 가장 잘 알려져 있고 가장 영향력 있는 예인 ≪프랑켄슈타인 Frankenstein≫(1818)이 보여 주듯이 19세기에 인간 생명의 과학적 창조는 문학의 주제가 되기도 했다. 하지만 지난 10여 년 동안 이런 관심은 더욱 폭발적으로 늘어났다.

예를 들어 1989년에 <전지구 리뷰 Whole Earth Review>는 선택된 저술가들, 과학자들, 예술가들, 학자들을 초대하여 "육체는 폐기되었는가?"라는 질문에 대답하도록 했다. 하나의 포럼으로 출판된 그들의 대답은 위에서 인용한 블룸라인과 스타호크의 육체의 폐기라는 관념에 대한 비판을 포함하여 광범위한 견해들을 보여 준다. 포럼에 나온 대답의 광범위한 스펙트럼은 인간 존재의 가치와 모사된 생명 형태에 대한 연구의 윤리에 관해 문화적 갈등이 존재함을 보여 준다. 응답자들이 인간 생명의 본질로 경험했다고 응답한 것 속에는 엄청난 상위가 존재한다. 그들의 대답은 그들의 개인적 관심과 욕망의 영향을 받으며 인공 생명에 대한 그들의 의견 역시 그만큼 주관적이다.[20]

작가 캐시 에이커 Kathy Acker 는 육체의 폐기라는 관념을 자살에 비유하면서 거부한다. "이 세상에서 내가 그만큼 사랑하는 것은 존재하지 않는다. 그리고 내가 사랑하고 사랑할 수 있는 것 가운데 내 육체와 다른 사람의 육체만한 것은 없다. 심지어 나는 자살에 대해 생각하는 것이 아니라면 육체의 폐기라는 생각은 품을 수조차 없을 것이라고 본다"(p.51). 육체적 흥분에 대한 에이커의 찬사에 페미니즘적인 포르노 스타 니나 하틀리 Nina Hartley 도 동감을 표시한다. "정규적으로 오르가슴을 경험하는 사람이라면 누구나 육체가 폐기되었다고 말하는 것이 어리석다고 얘기할 것이다"(p.41). 생태학적 이슈들에 대해 글을 썼던 스테파니 밀스 Stephanie Mills 는 육체의 신성성에 대한

---

20) 캐시 에이커 Kathy Acker 로부터 마크 폴린 Mark Pauline 에 이르는 이후로의 의견들은 모두 위의 글에서 인용한 것이다. 페이지는 본문의 괄호 안에 표시했다.

믿음을 가지고 다음과 같이 쓴다. "육체는 항문조차도 신성한 것이다." 더 나아가 그녀는 역사상 존재했던 여성과 노동자에 대한 가부장적 착취와 오늘날의 로봇 연구가들을 연결시킨다. 그녀의 묘사에 따르면 그들은 "가지런한 치아의 키 큰 백인 남성들로서 수세기 동안 여성과 노예, 어린이, 또는 노동자들에 의존해 왔던 사람들과 같은 족속들이다. 이들은 자신들이 속한 아버지 계급들에 비해 이들 대리 육체를 하찮은 존재들로 간주한다. 엄청난 초과 달성이 이들 고통받는 대리인들, 총알받이이자 베 짜는 사람이자 광부이자 철도 노동자이자 탑 건립 노동자인 이들의 노동에 의해 이룩되었다"(p.45). 밀스의 문화 비판은 야코브 가브 Yaakov Garb 에 의해 확장되었다. 당시 박사 논문을 준비중이던 그는 과학적 지식의 발전에 감정이 하는 역할에 관해 연구했다. 그는 "오늘날 왜 이런 종류의 환상이 그토록 급박하게 출현하게 되었는가? 누가 이들 환상을 지니는가? 그들이 이들 개인적, 전지구적 수준에서의 육체로부터의 이탈이라는 열망의 최신판 구현물을 즐기도록 허용한 (그리고 돈을 대 준) 우리의 정치적, 사회적, 문화적, 환경적 조건은 무엇인가?"라고 묻는다. 그는 다음과 같이 계속한다.

> 예를 들어 왜 우리는 우리 세계의 구조가 — 흙에서 오존층까지 — 실제로 해체되는 것처럼 느껴지는 이 때 우리 생명의 물질적 기체를 그토록 열심히 버리려고 하는가? 독성 물질들과 빛이 우리 세포와 환경 체계의 가장 기본적인 심층부로 떨어져 내릴 때 왜 사람들은 자기 충족적인 우주 식민지들, 분리된 지성, 그리고 사이보그 미래에 대해 그토록 열광적인가? 물질이 존재하지 않는 세계에서 왜 정신주의 *etherealism* 가 그토록 유행인가? 더욱 기괴한 것은 육체와 자연으로부터의 이탈이라는 환상이 어떻게 양자를 실제로 파괴하는 테크놀로지들을 생산하는 군산 복합체로부터 출현하는가?(p.53)

작가 수잔 그리핀 Susan Griffin 은 육체의 폐기라는 질문에 대해 육체의 사소함이라는 서구적 신념의 전통을 추적함으로써 역사적 맥락을 제공한다. "수세기 동안 이 특수한 문명에서 우리는 육체가 낡은 것인 양 행동해 왔다. 특히, 로마 제국이 신성 로마 제국으로 바뀐 이후 유태-기독교 윤리는 육체에 관한 지식을 악으로 범주화했다. 2000년 이상 우리는 위험한 환상이라는 얇은 얼음판 위에서 스케이트를 타 왔다. 즉, 정신이 물질로부터 배제된다는 환상 말이다"(p.52). 그리핀은 육체의 심오한 현존을 무시하는 전통으로 인해 세계의 지도자들이 전시에 쉽게 인간의 육체를 소모 가능한 것으로 취급할 수 있었다고 쓴다. 그녀는 우리가 오랫동안 권위주의적 구조에 의해 질식되고 구속되어 우리 육체의 발견 작업을 거의 시작하지 못했다고 결론짓는다.

6살 때 소아마비를 앓아 장애인이 되었고 독자적으로는 1시간 이상 숨을 쉬지 못하는 폐를 지닌 저술가 마크 오브라이언 Mark O'Brien 은 다음과 같이 생각한다. 그는 삶의 대부분을 900파운드의 금속 폐 속에서 보냈다. 육체적 쾌락을 찬양하면서 폐기를 거부하는 응답자들과 달리 오브라이언은 의식을 보존할 가치가 있는 주요한 인간의 특징으로 보았다. 그는 보다 작고 가벼운 금속 폐가 개발되어 좀더 자유롭게 움직일 수 있게 된다면 당연히 환영하겠지만 자신의 의식으로 그 장치를 통제할 수 있어야만 관심을 가질 것이라고 쓴다. 그의 말을 인용해 보자. "발명의 충동은 우리의 힘이나 감각을 보충하려는 욕망으로부터 온다. 현재 우리는 인간의 의식보다 더 빨리 정보를 처리할 수 있는 컴퓨터를 가지게 되었지만 여전히 이 컴퓨터를 전체적으로 조정한다"(p.36). 오브라이언은 스스로 결정을 내릴 능력을 빼앗아 가는 기계에 대해서는 아무런 관심도 없다. "나는 힘이 센 사람은 아니지만 의식적인 지시를 내리는 힘, 나에게 남겨진 유일한 힘을 포기하지 않을 것이다. 만일 나를 레스토랑으로 데리고 가 내

대신 간과 양파를 주문해 줄 꿈과 같은 금속 폐가 개발되더라도 나는 간과 양파를 싫어하기 때문에 그 기계를 쓰레기통에 처넣을 것이다. 대부분의 사람들처럼 나는 스스로 결정 내리기를 원한다. 누군가 또는 무엇인가가 만일 내가 가진 인간으로서의 특성의 결정적 측면을 부정하도록 놓아 둔다면 나는 파멸할 것이다"(p.37). 생존을 위해 테크놀로지에 의존하는 오브라이언은 기계에 대한 인간의 상호 의존이 이미 20세기 후반의 삶의 현실임을 인식한다. 그러나 그는 인간이 불가피하게 테크놀로지에 항복해야 한다는 관념은 거부한다.

포럼의 참여자 가운데는 좀더 과감한 응답자들도 있다. 인공 지능을 연구하는 저명한 과학자 가운데 한 사람인 마빈 민스키 Marvin Minsky 는 '인간은 본질적으로 기계'라고 쓴다. 민스키는 나아가 인간의 의식조차 "당신이 최근에 생각했던 것에 대해 조금 묘사하는 특정 종류의 단기 기억 저장소를 가지는 것에 불과하다. 실상 인간에게서 의식은 별로 강력하지 않다"라고 쓴다. 민스키는 컴퓨터와의 융합이 약속해 주는, 불멸은 아닐지라도 생애 주기가 확대되는 것에 열광적이다. "만일 그것이 가능하다면 나는 내 자신을 다운로드할 것이다. 왜 그렇게 하지 않겠는가? 문제를 해결하기에 거의 충분할 만큼 학습한 직후에 죽지 않아도 된다는 생각은 너무 매혹적이다." 그는 "진화는 우리를 기계 의식으로 이끌어 가는 것처럼 보인다"(p.37)라고 결론짓는다.

작가 윌리엄 버로스 William Burroughs 는 인간이 진화의 막바지에 다다랐다고 예측하면서 민스키에 동의하는 것처럼 보인다. 버로스는 '생물학적 변이'를 만들어 새롭게 형성된 상태에서 종의 생존을 확보하기 위해 개입이 필요하다고 주장한다. 그는 '교회, 가정, 가족' 등 '단순한 미국의 덕'으로 퇴각하는 것을 선호하며 생물학적 변이를 거부하는 사람들과, 생존을 확보하기 위해 더욱 크게 성장하는 것을 선호하며 포유류와의 이종 교배를 거부하는 공룡 사이에 묘한

병행 관계를 긋는다(p.54).

사이버펑크 작가이자 비평가 브루스 스털링 Bruce Sterling 은 민스키와 버로스보다 다소 조심스럽다. 그는 인간 의식을 다운로드하는 것이 '사회적으로 파괴적'(p.50)일 것이며 대부분의 사람이 원하는 것은 육체 없는 불멸이 아니라 "탈인간적으로 가능한 한 젊고 섹시하고 아름답게 되는 것"(p.51)이라고 쓴다. 그는 대부분의 사람이 자신의 육체를 보유하는 것을 선택하겠지만 정교한 테크놀로지의 발전 덕분에 자신들을 근본적으로 변형시킬 수 있을 것이라고 예측한다. 테크놀로지적인 보강 이상을 흔쾌히 받아들이겠다고 대답한 응답자는 생존 연구소 Survival Research Laboratories 의 설립자이며 폭력적인 파괴의 스펙터클을 수행하는 무섭고 거대한 로봇 기계의 창조자 마크 폴린 Mark Pauline 이다. 폴린은 "나의 진화, 나의 삶은 이미 내가 기계와 연관될 수많은 가능성에 의해 결정된다. 만일 내가 실제로 하나의 기계가 될 수 있더라도 나는 그렇게 하지 않을 것이다. 나는 기계들, 모든 기계들이 될 것이다"(p.40)라고 쓴다.

논쟁의 이슈는 자기 파괴, 즉 인간의 절멸이다. 게다가 논쟁은 인간의 육체가 에이즈, 암, 핵폭발, 인구 과잉, 환경 문제 등으로 이미 유례 없는 위협에 처해 있을 때 발생했다. 육체 외부에서 인간 의식을 보존하려는 또는 인간 의식을 전자적으로 모사하려는 계획을 고안한다는 것은 인간 존재의 미래가 이미 모호해진 상황에서 자아를 재정의하려는 욕망을 나타낸다. 모사된 삶이라는 개념은 생존에 적응하려는 욕망을 나타내지만 이 경우 적응 과정은 너무 급격한 변화를 요구하기 때문에 생존과 자살을 구분할 수 없게 되어 버렸다.

엄청난 양의 탈인간화된 생명과 관련된 텍스트와 대중성으로부터 판단해 보건대 20세기 말은 인간의 폐기라는 관념에 대한 강렬한 매혹으로 특징지어진다. 하지만 이것은 새로운 현상이 아니다. 인공적인 인간 생명에 대한 관심은 여러 세기를 거슬러 최소한 고대 그리스까지 올라간다. 고대 그리스의 신화와 프라하의 모험적인 랍비에 의해 진흙에서 창조된 16세기 조셉 골렘의 이야기는 오늘날까지 남아 있는 모사된 삶에 관한 잘 알려진 이야기들 가운데 일부이다. 하지만 그 외에도 수세기 동안 삶을 모사하려는 실제적 시도뿐 아니라 그런 식의 신화적 이야기는 매우 많다. J. 데이비드 볼터는 "유럽의 고대와 근대사에서 평범한 재생산 수단과 다른 수단을 사용하여 인간을 만들려는 아이디어를 추구하는 사람이 한 사람도 없었던 시대는 아마 한번도 없었을 것이다"[21]라고 쓴다. 따라서, 인간의 삶을 모사하려는 욕망은 서구 문화 속에 깊이 뿌리 박혀 있다.

인간화된 자동 기계를 구축하려는 기예는 17세기 말과 18세기에 융성했는데, 그 시대는 기계론적 세계관이 지배했다. 그것은 18세기에 정점에 이르렀는데, 그 시대는 자동 기계를 전시하는 사례가 매우 많았으며 특히 유럽 왕족의 궁정에서 그랬다. 거기서 자크 드 보캉송 Jacques de Vaucanson 은 먹고 마시고 날개짓하고 심지어 배설까지 할 수 있는 유명한 기계 오리를 만들어 냈다.[22] 르네 데카르트 자신도 프랑신느라는 이름의 여성 자동 인형을 가지고 있었다. 심리학자 닐 프루드 Neil Frude 는 다음과 같이 쓴다.

> 우리는 이 인물의 성격에 대해 거의 아는 바가 없지만 기계 인형이 자주 철학자의 여행 동료 노릇을 했다는 시사는 있다. 항해 중 여행 가방 속에 감춰졌던 프랑신느를 발견한 선장은 화를 내며 '그녀'를 배 밖으로 던져 버렸다. 데카르트에게 혼외 정사로 낳은 딸이 있었고 그녀와 불행하게 헤어졌다는 널리 알려진 사실에 의해 기묘한 왜곡이 제공된다. 몇몇 저술가들은 그 인형이 이 젊은 여성을 꼭 닮게 만들어졌을 것이라고 생각했는데, 그 딸의 이름이 프랑신느였다는 점은 확실하다.[23]

---

21) Bolter, 앞의 책, p.201.

22) McCorduck, 앞의 책, p.14.

데카르트가 그의 인공적인 여성과 동행한 이래 어떤 점들은 분명 여전히 지속된다. 즉, 인공적 수단을 통해 이상적인 여성을 만들어 내려는 남성의 욕망은 적어도 고대 그리스의 피그말리온과 갈라테아 신화로까지 거슬러 올라가며 오늘날에는 영화(<기괴한 과학 *Weird Science*>, 존 휴스, 1985; <체리 2000 *Cherry 2000*>, 스티브 드자넷, 1988)와 텔레비전(<맨과 기계>, 1992)으로 지속된다.

하지만 인간과 기계 사이의 관계는 17세기 이래 극적으로 변화되어 최근까지만 해도 생각할 수 없었던 친밀성을 이루어 왔다. 인공적 도구들과 인간 사이의 융합 현상은 이제 삶의 현실이 되었다. 인공 수족과 인공 장기는 인간의 육체가 테크놀로지의 산물을 어떻게 흡수하는가를 보여 주는 단지 두 가지 예일 뿐이다. 듀크 대학의 연구자들은 컴퓨터 칩을 사용하여 시력을 잃은 사람의 시력을 회복시켜 줄 방법을 연구한다.[24] 텔레비전을 보고 컴퓨터를 사용함으로써 우리는 모두 전자 테크놀로지와의 인터페이스에 의존적인 존재가 된다.

실상 과학과 대중 문화 텍스트는 모두 이런 융합을 훨씬 멀리까지 확장한 것이다. 한스 모라벡은 인간의 정신을 두뇌로부터 끄집어 냄으로써 육체로부터 절연한 정신이라는 데카르트의 은유를 문자 그대로 실현할 방법을 전망한다. 그는 언젠가는 인간의 정신적 기능들을 인간의 두뇌로부터 외과적으로 추출하여 그가 '전생'(轉生, *transmigration*)이라고 부르는 과정을 통해 컴퓨터 소프트웨어로 이전시키는 것이 가능해질 것이라고 생각한다. 그 때가 되면 쓸모없는 인간의 육체는 대뇌 조직과 더불어 버려질 것이다. 반면 인간의 의식은 컴퓨터 터미널이나 또는 외출할 때에는 일시적으로 모빌 로봇 속에 저

---

23) Neil Frude, *The Intimate Machine: Close Encounters with Computers and Robots*, New York: New American Library, 1983, pp.148~9.

24) "Vision Research Tests Idea of Computer Chip for Sight," *Providence Sunday Journal*, 5 July 1992.

장된 채 남아 있게 될 것이다. 그는 자신의 아이디어에 대한 철학적 기반을 "나란 무엇인가?"라는 데카르트의 질문에 대한 두 개의 상이한 입장을 대조해 봄으로써 간단히 고찰한다. 첫번째는 '육체 동일성 입장'인데, 그것은 "인간은 육체가 만들어진 재료들에 의해 정의된다고 가정한다." 두 번째는 '유형 동일성 입장'으로서 사람의 본질을 "내 머리와 육체 속에서 진행되는 유형과 과정이며 그 과정을 지탱하는 기관이 아니라고" 보는 것으로 정의한다. 모라벡은 두 번째 입장인 유형 동일성 입장을 받아들여 "만일 과정이 보존된다면 나는 보존된다. 그 나머지는 단순한 젤리에 불과하다"라고 설명한다.[25]

비록 극단적인 관념을 지녔지만 그렇다고 모라벡이 외로운 미친 과학자는 아니다. 당장 마빈 민스키가 인간의 정신을 육체로부터 분리하는 그의 비전에 격찬을 보낸다.[26] 모라벡과 민스키는 탈생물학적 미래가 오랫동안 인간의 독특한 속성으로 간주되어 왔던 감정이 없는 곳이 될 것이라는 생각은 부정한다. 미래의 거주민이 인공 지능이든, 로봇이든, 또는 분리된 인간 정신이든 모두 마찬가지라는 것이다. 민스키는 인공 지능에 관한 자신의 책 ≪정신의 사회 *The Society of Mind*≫에서 열정으로부터 이성을 분리시키는 데카르트적 분리를 거부한다. 그는 감정적 요구를 순수하고 자의적으로 표현하는 유아와 달리 성인의 감정은 학습된 지성적 행위와 분리될 수 없다고 쓴다. 그는 "특정 지점을 넘어서면 성인의 감정 구조와 지성 구조 사이의 구분은 단지 동일한 구조를 다른 관점에서 서술하는 것에 지나지 않게 된다"고 결론짓는다.[27] 인간의 지성과 감정을 통합된 것으로 보는 민스키의 관점은 총체적 약품 이론을 환기시켰지만 아이러니컬하게도 그의 저술은 인간의 삶을 보존하기 위한 것이 아니라 그것의 멸

---

25) Moravec, 앞의 책, pp.116~7.

26) Minsky, "Is the Body Obsolete?" p.37.

27) Marvin Minsky, *The Society of Mind*, New York: Simon & Schuster, 1985, p.328.

망을 응시하기 위한 것이었다.

소설적 표상의 영역에서는 탈인간적 생명이 이미 일상적인 것이 되어 버렸다. 따라서, 더 이상 정치한 설명을 할 필요 없이 그저 그 개념과 이마저리에 대한 문화적 친숙성에만 의존한다. 속편과 유사 파생 상품이 난무하며 고도로 이윤 지향적인 할리우드 영화 산업에서 는 성공적인 영화 1편이 원작의 이마저리와 내러티브적 전제를 되풀 이하는 한 떼의 다른 영화에 의해 추종되는 일이 심심치 않게 일어난 다. 콘스탄스 펜리 Constance Penley 는 ＜터미네이터 *The Terminator*＞(제임스 카메론, 1984)가 "재빨리 복제되어 모양은 조금 다르지만 거의 유사하게 들리는 ＜엑스터미네이터 *Exterminator*＞, ＜리애니메이터 *Re-Animator*＞, ＜일리미네이터 *Eliminators*＞, ＜어나이얼레이터 *The Annihilators*＞, 그리고 노골적인 ＜스퍼미네이터 *The Sperminator*＞ 등을 낳았다"[28]라고 쓴다. 그녀의 목록은 영화 ＜빈디케이터 *The Vindicator*＞와 ＜러시아 터미네 이터 *The Russian Terminator*＞ 등으로 확장될 수 있다. 그리고 연작 만화 ≪터미네이터 *The Terminator*≫[29]와 ≪로보캅 대 터미네이터 *RoboCop versus the Terminator*≫[30]뿐 아니라 또한 불가피한 속편 ＜터미네이터 2: 심판 의 날 *Terminator 2: Judgment Day*＞도 있다. 터미네이터 텍스트는 사이보 그 미래라는 전제 위에서 거대한 분량의 다른 영화, 책, 게임, 만화 등에 동참한다. 우리를 둘러싼 이미지와 텍스트의 포스트모던적 소 용돌이 속에서 탈인간적 삶을 표상하는 다양하고 상상력 넘치는 방 법을 마주치기란 매우 쉽다.

---

28) Constance Penley, *The Future of an Illusion*, Minneapolis: University of Minnesota Press, 1989, p.121.

29) Ian Edginton & Vince Giarrano, *The Terminator* 1~4, Milwaukie, Ore.: Dark Horse Comics, 1991~2.

30) Frank Miller & Walter Simonson, *RoboCop versus the Terminator* 1~4, Milwaukie, Ore.: Dark Horse Comics, 1992.

전통적이고 전형적인 방식으로 기계를 이성과, 인간을 감정과 등치시키는 대중 문화의 사이보그 텍스트들에서 이성과 감정이라는 데카르트적 대립이 뚜렷이 드러난다. 6장에서 보다 상세히 분석할 1992년 봄에 방영된 NBC 텔레비전 시리즈 <맨과 기계>는 하나는 인간이고 다른 하나는 기계인 두 형사가 두 개의 날카롭게 대조되는 양식을 표상한다는 전제에 기초한다. 즉, 기계는 분석적이고 합리적이며 냉정한 반면, 인간은 감정적이고 직관적이다. <로보캅 *RoboCop*>(폴 버호벤, 1987)에서 살해된 형사 알렉스 J. 머피의 유해에 전자적 요소를 융합시켜 로보캅을 만들어 낸 과학자들은 그가 순수하게 합리적인 기계적 도구가 되도록 고안한다. 하지만 로보캅이 머피의 아내와 어린 아들, 그리고 그를 죽인 악독한 범인에 관한 정보를 찾으면서 머피의 기억은 끊임없이 표면에 떠오른다. 로보캅은 이제 감정을 느낄 수 없지만 그가 더 이상 이해하지 못하는 느낌의 희미한 찌꺼기 때문에 혼란스러워한다. 영화 <터미네이터>에서 터미네이터 역시 사라 코너를 죽이라는 외곬수의 감정 없는 임무를 위해 고안된다. 그는 그녀를 죽이기 위해 프로그램되었으며 그것이 그의 유일한 기능이고 영화는 그가 그녀를 집요하게 추적하는 것을 따라간다.

1980년대 초에 시작된 사이버펑크라고 불리는 SF의 하위 장르는 대중 문화 속에서 가장 끈질기게 테크놀로지적 융합의 함의를 추구해 온 분야이다. 사이버펑크는 도시 거리 문화에 뿌리를 둔 공격적이고 반권위주의적인 펑크 감수성에, 테크놀로지와 인간성 사이의 구분이 해체될 고도 테크놀로지 미래를 결합한다. 포스트모더니즘의 독특한 예로서 사이버펑크는 비판적 주제로 주목되었다. 특히, 세 권의 책이 사이버펑크를 포스트모던적인 것으로 특징지으면서 지적으로 세련화시킨다. 그것은 스콧 부캣먼 Scott Bukatman 의 ≪종말의 정체성 *Terminal Identity*≫과 래리 매카프리 Larry McCaffery 가 편집한 ≪실재 스튜디오에 몰아친 폭풍 *Storming the Reality Studio*≫, 조지 슬러서 George Slusser

<터미네이터>에서 터미네이터는 사라 코너를 죽이라는 임무를 집요하게 수행한다.

와 톰 쉬피 Tom Shippey 가 편집한 ≪소설 2000 *Fiction 2000*≫ 등이다.[31]

　어떤 면에서 사이버펑크는 육체와 정신이라는 데카르트의 구분 주위를 선회한다. 윌리엄 깁슨 William Gibson 의 소설들 ≪뉴로맨서 *Neuromancer*≫, ≪카운트 제로 *Count Zero*≫, ≪모나리자 오버드라이브 *Mona Lisa Overdrive*≫[32]에서 제어 카우보이들이 사이버 공간에 접속할 때 그들은 육체를 뒤에 남겨 둔다. 컴퓨터 매트릭스 내부에서 3차원적 데이터의 '합의적 환상'을 통해 정신적으로 비상할 수 있도록 하기 위

---

31) Scott Bukatman, *Terminal Identity: The Virtual Subject in Postmodern Science Fiction*, Durham, N.C.: Duke University Press, 1993; Larry McCaffery (ed.), *Storming the Reality Studio: A Casebook of Cyberpunk and Postmodern Fiction*, Durham, N.C.: Duke University Press, 1991; George Slusser & Tom Shippey (eds.), *Fiction 2000: Cyberpunk and the Future of Narrative*, Athens: University of Georgia Press, 1992.

32) William Gibson, *Neuromancer*, New York: Ace, 1984; Gibson, *Count Zero*, New York: Ace, 1986; Gibson, *Mona Lisa Overdrive*, New York: Bantam, 1988.

해서이다. 그들은 '고깃덩이 *meat*'로 남겨 놓고 온 육체들을 깔보듯이 가리킨다. ≪소프트웨어 *Software*≫[33]라는 루디 러커 Rudy Rucker 의 초기 사이버펑크 소설은 아마도 대중 문화 생산물들 가운데 한스 모라벡의 전생 시나리오에 가장 근접한 소설일 것이다. 소설에는 21세기에 은퇴하여 플로리다에 사는 한 나이 든 과학자가 등장한다. 그는 초지성적 로봇을 만든 후 로봇이 자신의 두뇌 유형을 육체에서 이전시켜 20세기로 되돌려 보내는 데 동의한다. 과학자는 불사를 약속받고 원래의 유기적 육체와 구별되지 않는 로봇 육체를 부여받는다. 하지만 그 과정이 끝난 후 유감스럽게도 그는 자신의 두뇌 유형이 로봇이 조종하는 미스터 프로스티 아이스 크림 트럭에 감춰진 컴퓨터에 저장되어 있음을 발견한다. 결과적으로 그는 스스로에 대한 완전한 통제권을 지니지 못하게 된 것이다.

러커의 소설이 모라벡의 책보다 6년 앞서 출판되었으므로 두뇌 유형을 추출한다는 아이디어는 SF에서 연원한 것 같다. SF가 그의 생각을 발전시키는 데 얼마나 중요한 영향을 미쳤느냐는 질문에 모라벡은 소설이 자신의 기괴한 아이디어를 진지하게 취급하도록 도와주었다고 밝혔다. "그렇지 않았다면 당신은 근본적으로 다른 것을 사고한다기보다 현재 존재하는 사회 내에서 국부적인 가능성을 사고하는 데 그치고 말았을 것입니다. 어린 시절에 소설은 저의 정신이 계속 뻗어 나갈 수 있도록 도와 주었습니다."[34] 그렇다면 모라벡의 과학은 SF로부터 근거를 얻은 것이 되는데, 이는 두 담론 사이의 전통적인 관계를 역전시킨 것이다. 적어도 이 특수한 현상에서 과학과 SF 사이의 선은 희미해지게 되었다. 몇몇 관찰자들에게 이는 우리 시대를 특징짓는 사실과 허구 사이의 보다 큰 불명확함의 한 부분을 이룬다. J. G. 발라드는 ≪크래시≫의 서문에서 다음과 같이 쓴다.

---

33) Rudy Rucker, *Software*, New York: Avon Books, 1982.

34) Hans Moravec, interview by David Turin, *Mondo 2000* 11, 1993, pp.47~51; p.51에서 인용.

나는 지난 10년 동안 허구와 실재 사이의 균형이 의미 있게 변화하였다는 것을 느낀다. 점차 그들의 역할이 역전된다. 우리는 온갖 종류의 허구가 지배하는 세계에 산다. 대량 판촉, 광고, 광고의 한 분야로 수행되는 정치, 과학과 테크놀로지가 대중의 이마저리로 즉각 번역되는 것, 소비 상품의 영역 속에서 정체성이 점차 희미해지고 뒤섞이는 것, 경험에 대한 자유롭고 원초적이며 상상력 넘치는 반응이 모두 텔레비전 화면에 의해 선취된 것 등이 그것이다. 우리는 거대한 소설 속에 산다. 특히, 작가에게 그의 소설의 허구적 내용을 만들어 내는 것은 점점 불필요하게 되었다. 허구는 이미 그 곳에 있다. 작가의 임무는 실재를 발명하는 것이다.[35]

실재와 허구 사이의 경계가 붕괴되는 한편 사이보그 개념에 의해 데카르트의 정신 / 육체 이원론도 궁극적으로 사라진다. 사이보그는 인간 이성이 중심 무대를 차지하는 이상적으로 계몽된 우주를 달성하는 것이 아니라 '인간'의 개념 자체를 침식한다. 사이보그의 지위는 인간도 인공물도 아니며 둘 사이의 잡종으로서 그 과정에서 인간의 주체성을 뿌리에서부터 뒤바꾸는 것이다. 페미니즘 이론가이자 과학사가인 도나 하러웨이 Donna Haraway 는 <사이보그 선언 Manifesto for Cyborgs>에서 인간 중심적 우주가 인간 / 기계의 이원론뿐 아니라 실재 / 가상, 자연 / 문화, 남성 / 여성, 젊음 / 늙음, 분석적 / 감정적, 과거 / 현재, 삶 / 죽음 등의 이원론 체계에 의존한다고 쓴다.[36] 인간과 인공물 사이의 경계가 무너질 때 다른 이원론들 역시 모두 해체될 것이며, 이 두 부분들이 구분되지 않으면서 계몽 철학에서 유지되는

---

35) J. G. Ballard, "Introduction to the French Edition," 프랑스어판, Paris: Calmann-Levy, 1974. 서문의 영어 원문은 *Foundation* 9, November 1975; Ballard, *Crash*, New York: Vintage, 1985, pp.4~5에 재수록.

36) Donna Haraway, "Manifesto for Cyborgs: Science, Technology, and Socialist Feminism in the 1980s," *Socialist Review* 80, 1985, pp.65~107. Haraway, *Simians, Cyborgs, and Women: The Reinvention of Nature*, New York: Routledge, 1991, pp.149~81에 재수록.

인간의 독특하고 특권적인 지위를 빼앗아 버릴 것이다. 침범된 경계는 사실상 포스트모더니즘의 핵심 특징이며, 사이보그는 궁극적으로 침범된 경계이다. 프레드릭 제임슨은 사이버펑크 소설을 '포스트모더니즘은 아닐지라도 후기 자본주의 자체의 최고 문학적 표현'[37]으로 동일시하는 데까지 나아간다.

사이버펑크는 진정한 인간 정체성의 모든 기초를 불확실하게 한다. 사이버펑크에 등장하는 인물들은 테크놀로지의 힘으로 원래의 정체성과는 아무런 유사성도 없이 그들이 원하는 어떤 방법으로든 스스로를 변화시킨다. 몇몇 사이버펑크 텍스트들에 등장하는 인물들은 보통 사람들이 양말을 갈아신듯이 자신들의 정체성을 변화시킨다. 게다가 그들의 정체성은 종종 인간 의식에 기원을 두지 않은 테크놀로지적 구성물이다. 조지 알렉 에핑거 George Alec Effinger 의 3부작, 《중력의 실패 When Gravity Fails》, 《태양의 불꽃 A Fire in the Sun》, 《추방의 키스 The Exile Kiss》[38]에 나오는 등장 인물들은 전기 회로로 이루어진 두뇌 속에 직접 소프트웨어를 설치한다. 그들은 '모드 가게 mod-shop'(이 가게에서 가장 많이 팔리는 것은 섹스와 마약, 종교적 엑스터시이다)에서 파는 '모디스 moddies'라고 부르는 개성 모듈 '칩을 끼워 넣으며' '대디스 daddies'라고 부르는 '칩을 덧붙인다.' 몇몇 인물들은 모디스와 대디스에 끊임없이 의존함으로써 오래 전에 모두 진정한 개성으로부터 해방되었다. 모드 가게의 주인인 라일라는 등장할 때마다 서로 다른 정체성 칩을 끼고 나오며 그것들 가운데는 영화 스타이자 허구적 인물인 '엠마, 보바리 부인, 미래의 치과 의사'도 있다.[39]

---

37) Fredric Jameson, *Postmodernism, or, The Cultural Logic of Late Capitalism*, Durham, N.C.: Duke University Press, 1991, p.419.

38) George Alec Effinger, *When Gravity Fails*, New York: Bantam, 1987; Effinger, *A Fire in the Sun*, New York: Bantam, 1990; Effinger, *The Exile Kiss*, New York: Bantam, 1991.

39) Effinger, *Fire in the Sun*, p.234.

그 결과는 장 보드리야르가 이론화한 시뮬레이션의 세계이다. 즉, '더 이상 모방의 문제도, 복제의 문제도 심지어 패러디의 문제도 존재하지 않는' 하이퍼리얼리티이다. "그것은 차라리 실재의 기호를 실재 자체에 대치하는 문제이다."[40] 사이버펑크 미래가 아니라 우리 시대에 소니 텔레비전의 한 광고는 보드리야르의 관찰을 간명하게 예증한다. 광고에서 한 가족이 그랜드 캐니언의 가장자리에 서서 그 아름다움에 감탄한다. 하지만 그들이 보는 것은 장관 자체가 아니다. 대신 그들은 캐니언의 가장자리에 설치된 텔레비전을 통해 경치를 본다. 이 가족에게는 텔레비전에 나오는 '그랜드 캐니언'이 그랜드 캐니언**이며** 좀더 확대하면 이는 자신들의 텔레비전으로 이 광고를 보는 모든 사람들에게도 마찬가지이다. '실재'는 수많은 이미지들의 층으로 대치된다.

실재와 외관 사이에 나 있는 20세기 말적인 틈을 그려 내는 데 있어 사이버펑크 운동은 1973년에 제임스 팁트리 2세 James Tiptree Jr.(앨리스 B. 셸던 Alice B. Sheldon 의 가명)가 출판한 고전적 SF 단편 ≪플러그에 접속된 소녀 *The Girl Who Was Plugged In*≫의 영향을 받았다.[41] 그 단편에는 미디어 스타이자 상품 프로모터로서 명성과 재산을 얻은 델피라는 이름의 아름답고 생기 넘치는 젊은 여성이 나온다. 하지만 실제로 그녀는 P. 버크라는 이름의, 지하 골방에 들어앉은 음침하고 일그러진 젊은 여성이 원격 조종하는 속 빈 강정에 불과하다. 버크는 광고가 불법이 된 시대에 그녀의 절망을 이용해 먹는 광고쟁이의 도구가 되었나. 버크의 유일한 욕망은 사랑스러운 델피처럼 되는 것이다. 이는 델피를 보는 청중들이 그녀의 아름다움과 사치스러운 생활양식의 작은 부분이라도 잡기를 희망하면서 그녀가 판촉하는 상품을

---

40) Jean Baudrillard, *Simulations*, Paul Foss, Paul Patton, & Philip Beitchman (trans.), New York: Semiotext(e), 1983, p.4.

41) James Tiptree Jr., *The Girl Who Was Plugged In*, New York: TOR, 1973.

사는 것을 통해 위안을 얻으면서, 비유컨대 그들의 정체성을 잃는 것과 마찬가지이다. ≪플러그에 접속된 소녀≫가 출판된 지 20여 년이 지난 지금 육체 교체 과정은 소설 속에 나오는 것만큼이나 정교해졌다. 이미 피부 아래에 문신용 권총으로 안료를 주사하여 영원한 화장을 하는 것이 가능해졌다.[42]

사이버펑크에서 정신과 육체는 카멜레온처럼 변화한다. 그것은 여타의 포스트모던적 텍스트들이 완전한 불안전성을 보여 주기 위해 단지 파편화된 주관성을 제시하는 것을 넘어서 있다. 심지어 전자적 장치와의 융합을 통해 인간 의식이 보존되는 것을 보여 줄 때도 사이버펑크 텍스트들은 융합된 의식이 아직도 인간이라고 불릴 수 있는지 묻는다. 윌리엄 깁슨의 소설 ≪카운트 제로≫에는 조세프 바이렉이라는 이름의 엄청난 부자가 등장한다. 그는 죽어 버린 육체를 스톡홀름 교외의 큰 통에 10여 년 이상 가둬 둔 채 컴퓨터 합성 신체를 만들어 내 실제 공간의 정확한 복제물인 합성 공간 — 가상 공간 — 에 거주한다. 바이렉의 육체와 환경은 모두 인공 구조물이다. 하지만 바이렉을 만나기 위해 그 환경으로 들어온 '진짜' 인간들에게는 완전한 3차원의 핍진성을 지닌다. 바이렉의 의식이 환영을 통제하기 때문에 그의 인간적 존재는 유지된다고 할 수 있지만 소설에 등장하는 다른 인물은 그가 "인간과는 거리가 멀다"고 말한다.[43] 결국 바이렉의 의식은 보다 거대한 테크놀로지 체계 속에서 단지 하나의 구성 요소가 되었다.

사이버펑크에서 변화될 수 있는 특징들 가운데 하나는 성적 정체성이다. 테크놀로지는 사이버펑크의 등장 인물들에게 실재와 인공물 사이의 대립을 완전히 모호하게 만듦으로써 생물학적 성으로부터

---

42) "New Wrinkle in Cosmetics Poses Ugly Questions," *Providence Sunday Journal*, 4, August 1991.

43) Gibson, *Count Zero*, p.101.

의 자유를 제공해 주었다. 월터 존 윌리엄스 Walter Jon Williams 의 소설
≪하드와이어드 *Hardwired*≫에서 사랑스럽고 순진한 얼굴의 20세 금발
여성은 실제로는 자신의 개성을 새로운 육체로 이전시킨 80세의 부
유한 러시아 남성이다.[44] 또 에펭거 3부작에서 여성 등장 인물들은
때때로 진짜 여성이 아니라 오늘날의 성 전환자들처럼 외과적으로
바뀐 '성 전환자'들이다.[45] 하지만 이들 예에서 성적 정체성을 바꾼
인물들은 여전히 전통적인 문화 규범에 종속되어 있다. 육체가 바뀌
어도 그들을 둘러싼 사회는 남성과 여성을 계속해서 가부장제의 명
령에 따라 대우한다. 등장 인물들은 남성이나 여성이 되는 것을 선
택할 수 있지만 여전히 남성의 관심을 여성의 그것보다 상위에 놓는
가부장제 체계 내에서 기능한다.

몇몇 사이버펑크 텍스트들은 인간이 멸망하고 우주가 각종 탈인
간적 종들로 채워진 것으로 그린다. 5편의 단편과 1편의 장편으로 구
성된 브루스 스털링의 형상 고안가 *Shaper* / 기술자 *Mechanist* 시리즈는 두
개의 적대적인 탈인간적 종, 즉 형상 고안가와 기술자들이 태양계의
통제권을 둘러싸고 벌이는 투쟁을 추적한다.[46] 이 시리즈에서는 인간
이 사라졌을 뿐만 아니라 가장 중요한 위성의 위치를 지구가 아닌 다
른 위성이 차지한다. 스털링의 미래에서 인간은 까마득한 기억이며
지구는 오래 전에 사라진 시대의 마지막 잔존물일 뿐이다. 하지만 전
쟁중인 두 종들에게서는 인간 철학의 흔적이 존재한다. 형상 고안가 /
기술자의 대립은 데카르트의 정신 / 육체 이원론을 환기시킨다. 갈등
온 유진 공학을 이용해 자신들의 유기적 육체를 고안하고 생명을 연
장하려는 형상 고안가와, 자신들의 사이보그 육체 속으로 테크놀로지

---

44) Walter Jon Williams, *Hardwired*, New York: TOR, 1986, p.25.

45) Effinger, *When Gravity Fails*, p.14.

46) Bruce Sterling, *Schismatrix*, New York: Ace Science Fiction, 1985; Sterling, *Crystal Express*, New York: Ace, 1990.

를 흡수함에 따라 점점 기계적이 되는 기술자들 사이에서 벌어진다.

그러나 데카르트적인 세계관과 아무런 관련이 없는 이질적인 이데올로기들이 지배권을 획득하여 인간적 관점의 마지막 자취마저 제거해 버리는 스털링의 미래에서는 형상 고안가 / 기술자의 갈등마저도 대체된다. 번성하는 종은 곤충 사회를 따라 유형화된 꿀벌의 멘털리티를 채용했다. 개인의 삶은 종의 생존을 연장하는 기능과 분리되어서는 아무런 가치가 없다. 텔레비전 시리즈 <스타 트렉: 다음 세대 Star Trek: The Next Generation>에 나오는 탈유기적 보그처럼 스털링의 꿀벌 사회는 그들이 마주치는 다른 모든 종들을 탐욕스럽게 흡수하여 새로운 지식과 테크놀로지들을 집합 의식 속으로 통합한다.

스털링의 형상 고안가 / 기술자 시리즈에서 여전히 존속하는 인간적 속성 가운데 하나는 탐욕이다. 이 점에서 특히 인베스터 Investor 라는 강력한 외계 종이 대표적이다. "스무 번의 환기 Twenty Evocations"편에서 형상 고안가 니콜라이가 한 인베스터에게 자신은 "외계의 철학들에 대해 관심이 있다……. 거대한 존재의 질문에 대한 다른 종들의 대답이"라고 말했을 때 파충류 인베스터는 "그러나 단지 하나의 핵심적인 질문이 있다……. 우리는 여러 별들을 헤매며 그 대답을 찾아왔다. 우리는 그 대답에 대해 당신이 우리를 도와 주기를 희망했다"라고 대답한다. 인베스터가 제기한 한 가지 핵심적인 질문은 "우리가 원하는 것으로 당신이 가진 것은 무엇인가?"이다.[47] 탐욕을 삶의 철학으로까지 상승시킨 인베스터는 계몽주의의 진보에 대한 신념이 지닌 파괴적 측면을 예시한다. 진보에 대한 신념은 발전의 이름으로 무서운 남용을 정당화해 왔기 때문이다.

인간 존재에 대한 확고한 정의를 해방시키는 것과 더불어 사이버펑크와 대부분의 사이보그 이마저리는 미래가 더 나은 세계에 대한

---

47) Bruce Sterling, "Twenty Evocations," *Crystal Express*, p.107.

약속을 지닌다는 믿음도 해방시킨다. 사이버펑크 미래는 불가피하게 디스토피아적이다. 환경은 고칠 수 없을 만큼 파괴되었고 태양계 전체는 극히 부유한 기업들에 의해 통제되는 반면 대부분의 사람들은 가난 속에 비참하게 산다. 인간은 지구를 약탈하고 자본주의적 귀족제를 세웠다. 개인의 권리는 거의 존재하지 않는다. 사람들은 적대적인 환경 속에서 스스로를 꾸려 나가야 한다. 산업 혁명기의 계몽 사상가들에게 진보에 대한 약속을 제공했던 것과 달리 테크놀로지는 부유한 엘리트들이 그들의 권력을 확장하는 수단이며 하층 계급에게는 어렵게 생존을 꾸려 가면서 환상으로 도피하는 수단이 된다.

테크놀로지와 인간의 관계를 응시할 때 사람들은 항상 지배적인 철학과 이데올로기들의 영향을 받았다. 실상 철학과 테크놀로지는 항상 밀접한 관계를 유지해 왔다. J. 데이비드 볼터의 ≪튜링의 인간 *Turing's Man*≫은 다음과 같은 전제에 기초한다.

> 테크놀로지는 철학이나 과학만큼 고전적 서구 문화의 커다란 일부분이다. 그리고 이들 '고급한' 문화적 표현과 '저급한' 문화적 표현은 서로 밀접하게 관련되어 있다. 그리스를 이해하기 위해서는 플라톤과 함께 도기를 조사하는 것이, 그리고 17, 18세기 유럽을 이해하기 위해서는 데카르트와 기계 시계를 함께 조사하는 것이 의미가 있다. 같은 방식으로 다음 세대에는 컴퓨터를 과학과 철학, 나아가 예술의 테크놀로지적 패러다임으로 보는 것이 타당하다.[48]

볼터는 한 시대에 대한 강력한 은유를 제공하기 때문에 특히 영향력 있는 장치나 기예를 가리키기 위해 '규정적 테크놀로지들 *defining technologies*'이라는 용어를 사용한다.[49] 17세기에 데카르트와 라이프니츠는 (다른 사람들과 더불어) 자연 세계의 작동을 설명하기 위해 시계의

---

48) Bolter, 앞의 책, p.xii.
49) 같은 책, p.8.

은유를 사용했다. 따라서, 동물들은 시계 장치의 메커니즘처럼 서술되었다. 데카르트가 여섯 번째 명상에서 설명하듯이 데카르트의 체계에서는 인간의 육체 역시 기계적 원칙에 따라 작동한다.

태엽과 평형추로 구성된 시계는 제작자의 의도를 완전히 충족시킬 때는 물론, 잘못 만들어져 시간을 정확히 표시하지 못할 때조차 모든 자연 법칙에 정확히 복종한다. 그래서 인간의 육체 역시 하나의 기계로 간주될 수 있다. 그 안에 정신이 있느냐 없느냐와는 무관하게 뼈와 신경, 근육, 혈관, 피와 피부 등으로 만들어지고 구성된 육체는 의지의 지도 아래 움직이지 않을 때라도, 즉 결과적으로 정신의 도움이 없더라도 현재 하는 모든 방식대로 움직이는 것을 그치지 않을 것이다.[50]

데카르트에 따르면 동물이나 기계로부터 인간을 분리시키는 것은 인간이 지닌 비기계적 정신이다. 그런데 그것은 영혼에 의해 활성화되고 언어와 이성의 능력을 지닌다.[51] 비록 데카르트가 그의 기계론적 세계관에서 인간 정신을 제외했지만 이후의 몇몇 사상가들은 그런 구분을 하지 않는다. 18세기에 프랑스 물리학자 줄리앙 오프리드 라 메트리 Julien Offray de la Mettrie 는 "과감하게 인간은 하나의 기계라고 결론짓자"라고 단언했다가 여생을 프랑스에서 추방된 채 보내야 했다.[52] 우리가 사는 세기에도 "두뇌는 고깃덩이로 우연히 만들어진 기계다"[53]라는 마빈 민스키의 진술은 잘 알려져 있다.

20세기를 거치며 테크놀로지는 막대한 변화를 겪었다. 엔진, 기어, 피스톤, 샤프트 등과 함께 기계 테크놀로지는 여러 가지 점에서

---

50) Descartes, 앞의 책, p.138.

51) 같은 책, pp.41~2.

52) Aram Vartanian, *La Mettrie's L'Homme Machine: A Study in the Origins of an Idea*, Princeton, N.J.: Princeton University Press, 1960; Bolter, 앞의 책, p.205에서 인용.

53) 민스키의 말은 McCorduck, 앞의 책, p.70에서 인용.

점차 극소화되어 가는 전자 테크놀로지의 미세 회로로 대체된다. 기계가 변화하면서 문화도 바뀌었다. 양자는 강력한 영향력의 망 안에서 서로를 모양짓는다. 컴퓨터를 우리 문화의 지배적인 테크놀로지 패러다임이라고 주장했을 때 J. 데이비드 볼터는 이 영향의 선을 시사한다. 볼터는 20세기 말의 규정적 테크놀로지인 컴퓨터가 인간 스스로 생각하는 방식에 영향을 미쳤다고 주장한다. 그것은 인간이 인공 지능에 의해 모사될 수 있고 테크놀로지 속으로 흡수될 수 있는 순수한 두뇌적 실체라는 관념을 강화한다. 이런 관점으로부터 컴퓨터는 데카르트가 격찬한 이탈한 인간 정신의 정점을 이룬다.

현대 문화 이론가들이 지적해 왔듯 컴퓨터는 또한 독특하게 포스트모던적인 테크놀로지다. 20세기 말의 지배적 에토스인 포스트모더니즘은 프레드릭 제임슨 등이 주장하듯이 다국적 기업들이 세계 경제와 문화 체계를 통제하기 시작하고 상품의 끊임없는 소비가 사회 조직을 움직이는 추진력이 되었을 때인 2차 세계 대전 직후에 시작된 것으로 인식된다. 포스트모더니즘을 어떻게 정의할지에 대해서는 아직 합의가 이루어지지 않았다. 하지만 제임슨의 설명을 포함한 여러 영향력 있는 묘사들이 우리가 살고 있는 20세기 말의 사회 실체를 설명하는 데 도움을 준다.[54]

포스트모던적 소비 사회는 모든 것을 포괄하는 상품 시장이다. 그 안의 모든 것은 상품화되었으며 광고와 패키지로 된 이미지들, 항상 변화하는 의상과 음악, '생활 양식'의 유행이 우리를 에워싼다. 이미지와 사운드가 포스트모던적 인간을 폭격하며 이상화된 인간 육체의 주마등을 창조한다. 인간 육체의 끊임없는 묘사가 대중의 상상력 속에서 결과적으로 실제의 인간 육체를 대치한다. 따라서 포스트모던 문화 비평가인 아서 크로커 Arthur Kroker 와 마리루이즈 크로커

---

54) Jameson, 앞의 책.

Marilouise Kroker 가 주장하듯이 인간의 육체는 이미 폐기되었다고 주장할 수 있다. 그들은 "만일 (자연적) 육체가 포스트모던적 상황에서 **이미** 사라졌고 우리가 육체로서 경험하는 것이 단지 육체 수사학 *rhetorics* 이라는 환영적 모사물에 불과하다는 사실을 강조하기 위한 것이 아니라면 왜 오늘날 육체에 대한 관심이 이렇게 커졌겠는가?"라고 묻는다. 두 사람은 물리적 육체가 광고, 경제학, 정치학, 정신 분석, 과학, 스포츠 등에 등장하는 육체의 수사학에 의해 모호해졌다고 주장한다. 물리적 육체뿐 아니라 담론적 육체도 두 사람이 "공황적인 육체들: 그 위로 문화 소진의 모든 소름 끼치는 징후들이 투사되는 등록된 표면"이라고 부르는 것 속으로 사라졌다. 두 사람의 묘사 속에서 공황적 육체는 "축적의 언어보다는 자기 [절멸], 자기 정리 *self-liquidation*, 자기 취소 등 재앙적이기 때문에 매혹적인 기호에 의해 더 자극받는다."[55] 두 사람에 따르면 20세기 말에 이르러 경제가 붕괴하고 문화가 내파하면서 육체는 소모 가능한 것이 되었다고 한다.

제임슨은 포스트모더니즘에서 심지어 우리의 공간과 시간에 대한 경험조차 변형되었다고 주장한다. 시간은 영원한 현재로 붕괴되었다. 그 속에서 과거로부터의 모든 것은 역사적 맥락에서 절연되어 현재 속에서 새롭게 순환된다. 원래의 의미는 사라지고 단지 상품화된 환경이라는 어수선한 직물을 짜는 데 기여할 뿐이다. 그는 그 결과가 역사적 기억 상실증, 즉 과거에 대한 지식의 결핍이라고 쓴다. 이를 병리학적 형태에 비유하자면 아무것도 기억하지 못하는 정신 분열증 환자 *schizophrenic* 의 무능력과 이 때문에 통합된 정체성을 유지하지 못하는 것과 닮아 있다는 것이다.

윌리엄 깁슨은 ≪가상 불빛 *Virtual Light*≫에서 역사의 사사화 *trivialization* 에 대해 지적한다. 가까운 미래를 무대로 하는 이 소설에서 스

---

55) Arthur & Marilouise Kroker (eds.), *Body Invaders: Panic Sex in America*, New York: St. Martin's, 1987, p.22.

키너라는 노인은 그를 둘러싸고 있는 해체된 사회를 냉소주의와 동정의 눈으로 관찰한다. 깁슨은 스키너가 "역사에 대해 한 가지를 알고 있다. 역사가 어떻게 플라스틱으로 전환되었는가를"[56]이라고 쓴다. 우리 사회에서처럼 그의 사회에서 과거는 자질구레한 것들을 잔뜩 벌여 놓은 것으로 인식된다. 스키너는 이것을 형상적으로뿐 아니라 문자 그대로 이해하는데, 그는 평생 동안 그가 모아 온 물건들(대부분은 아주 쓸모없는 것들)을 팔아 생계를 꾸려 나가는 사람이기 때문이다.

제임슨은 포스트모던적 공간을 혼란스럽고 지향 없는 공간으로 특징짓는다. 그 속에는 연결되지 않는 인공물들과 겉보기에 보다 발달된 감각 기관을 지닌 비인간적 종들을 위해 디자인된 듯한 혼성 모방이 들끓고 있다는 것이다. 제임슨의 예에서 로스앤젤레스의 보나벤처 호텔은 입구를 찾기가 어려운 곳이며 혼란스럽게 배치된 로비 안에서는 방향을 찾기가 더욱 힘들다. 제임슨은 이처럼 혼란스러운 공간 이용을 다국적 자본주의의 논리에 대한 포스트모던적 건축의 등가물로 인식한다. 건축에서와 마찬가지로 다국적 자본주의에서 기업의 통제권이 정확히 어디 있는지를 확인하려는 시도는 모두 미로같이 얽혀 있는 자회사들과 연결 네크워크에 의해 신비화된다.[57]

그렇다면 포스트모더니즘은 이미 어떤 방식으로 인간의 감각 능력을 넘어선 탈인간적 체계이다. 윌리엄 깁슨은 우리가 이미 탈인간 시대에 살고 있다고 말했다.[58] 테크놀로지에 의존하고 인공 신체 기관을 이용할 수 있게 되면서 인간은 이미 잡종 생명체로 발전한다. 덧붙여 다국직 자본주의의 논리는 소수의 부유한 개인들을 선호한다. 깁슨의 소설에서 그들은 거대한 부를 지니고 양심의 가책이 절대적으로 결핍되어 결국 인간이 아닌 다른 무엇이 되는 유형의 사람들이

---

56) William Gibson, *Virtual Light*, New York: Bantam, 1993, p.264.

57) Jameson, 앞의 책, pp.39~45.

58) William Gibson, interview, *Cyberpunk*, video; Intercon Productions, 1990.

다. 깁슨의 세계에서 부유한 엘리트는 그들의 인간성을 대가로 번영하는 반면 가난한 사람들은 그들이 살든 죽든, 또는 인간 존재에 가치 있는 무엇이 있든 없든 상관하지 않는 체계에 의해 찌그러진다.

깁슨의 글에서 명백히 드러나는 것은 한스 모라벡의 고찰에서처럼 인간의 생명이 소모 가능한 것으로 인식될 때 위험에 처하는 사람은 뿌리 뽑히고 가난한 사람들이라는 점이다. 고도로 계층화된 후기 자본주의 사회에서 모든 인간 생명은 평등하게 대우받지 않는다. 인간의 폐기라는 개념은 실제로는 사회적 다윈주의 *social Darwinism* 의한 형태가 된다. 즉, 자신들 존재의 계속성을 재정적으로 뒷받침할 경제적 수단을 가진 사람들만 생존하게 되는 것이다. 실상 깁슨의 소설과 다른 사이버펑크 소설들 속에서 부유한 개인들은 재산을 이용하여 생물학적 한계 이상으로 생명을 연장시킨다. 깁슨의 ≪카운트 제로≫에서 조세프 바이렉은 불사의 생명을 얻으려고 헤아릴 수 없는 양의 돈을 편집증적으로 낭비한다. ≪뉴로맨서≫에서 깁슨은 줄리어스 딘이라는 이름의 수상한 사업가를 다음과 같이 묘사한다. "그는 135세이며 그의 신진 대사는 매주 엄청난 돈을 들여 주도 면밀하게 혈청과 호르몬 속에서 왜곡된다. 노화에 대한 그의 일차적인 방비벽은 해마다 도쿄로 순례를 가는 것인데, 거기에서 유전자 치료사가 그의 유전자 암호를 재조정해 준다."[59] 같은 소설에서 테시어 애시풀 가족의 가부장은 역시 여러 개의 복제본으로 복사된 그의 후손들과 함께 스스로를 냉동시킨다. 가족 구성원들은 차례대로 해동되어 그들의 거대한 제국을 다스린다. 조지 알렉 에핑거의 3부작에서 굉장히 부유한 범죄 두목 프리드랜더 베이는 "약 200세지만 육체의 많은 부분을 변형시키고 이식했다."[60]

이들 소설에서 부는 특정 개인들이 인공적으로 생명을 연장할 수

---

59) Gibson, *Neuromancer*, p.12.

60) Effinger, *Fire in the Sun*, p.26.

있도록 해 준다. 따라서, 인간의 폐기는 가난한 사람들에게만 한정되어 있다. ≪가상의 불빛≫에서 깁슨이 명백히 하듯이 미래로 조금만 건너뛰어 2005년이 되면 중간 계급은 사라지고 아주 부유한 사람과 아주 가난한 사람만 남게 될 것이다. 이 소설에서 거친 흑인 자전거 배달부인 새미 살은 다른 배달부에게 한때 중간 계급이 있었지만 이제는 '단지 두 종류의 사람들만' 있다고 설명한다. 계속하여 그는 "그런데 인터페이스에서 무슨 일이 벌어진 거지? 우리가 건드렸을 때 무슨 일이 벌어진 거지?"라고 묻고 부유한 사람과 가난한 사람 사이의 유일한 접촉은 범죄와 섹스, 마약을 둘러싸고 벌어진다고 대답한다.[61]

굉장한 부자는 마치 별개의 종과 같다. 그들은 가난한 사람들을 희롱하고 경멸한다. 이는 조지 알렉 에핑거의 3부작에서도 명백히 드러나는데, 거기에서 불사에 대한 추구는 인간의 장기를 거래하는 암시장을 만들게 되며 가난한 사람들은 신체 일부를 얻으려는 자들에 의해 살해된다. 에핑거의 소설 ≪태양의 불꽃≫에서는 많은 점에서 서로 경쟁하는 두 명의 강력한 범죄 두목들이 한 영역에서만은 서로 협동한다. 그들은 장기를 얻기 위해 살해해야 할 종속자들의 이름이 줄지어 써 있는 '불사조 파일'을 가지고 있다. 범죄 두목들 가운데 한 명이 설명하듯이 "불사조 파일이 나에게는 생명이다."[62] 이처럼 고도로 위계적인 사회 구조에서 인간의 폐기를 이야기하는 것은 사치이다. 폐기될 위험을 겪는 사람은 항상 누군가 다른 사람이기 때문이다. 부자의 일생이 인공적 확장으로 길어지는 반면, 가난한 사람들의 일생은 줄어든다.

상품화된 포스트모던적 공간의 황량한 난장판 속에서 인간의 지각은 의미 있는 깊이를 탐구하기보다 표면만을 훑도록 요구받는다. 이 포스트모던적 깊이 없음은 우리 삶으로 침투하여 모든 지각 경험

---

61) Gibson, *Virtual Light*, p.134.
62) Effinger, 앞의 책, p.284.

을 평면화하도록 고무하는 텔레비전과 컴퓨터 화면의 평면성에 의해 예시된다. 장 보드리야르는 포스트모던의 컴퓨터화된 존재가 이전의 경험과 근본적으로 다르다고 설명한다.

> 우리는 거울의 세계, 분리된 자아의 세계와 무대의 세계, 타자와 소외의 세계라는 상상적 세계 안에서 살았다. 오늘날 우리는 스크린의 세계, 인터페이스와 인접성과 네트워크의 재복제 세계라는 상상적 세계 안에서 산다. 우리의 기계는 모두 스크린이다. 우리 역시 스크린이 되며 인간의 상호 작용성은 스크린의 상호 작용성으로 바뀌었다. 스크린에 나타나는 것은 아무것도 깊이 있게 해독되지 않는다. 실제로 그것은 의미의 즉각적인 정화 속에서 즉시 탐구되든지 아니면 재현의 극들의 즉각적인 소용돌이 속에 휘말려든다.[63]

보드리야르는 19세기 말, 20세기 초에 프로이트가 탐구하고 분석한 심리학적 깊이가 더 이상 20세기 말의 인간을 특징짓지 않는다고 단언한다. 포스트모던적 인간은 스스로를 깊이 없는 표면 현상으로 경험하며 서로 간의 상호 작용을 거리가 없이 발생하는 것으로 경험한다. 그들에게는 삶이 모두 마치 컴퓨터와 텔레비전 화면의 즉각성과 평평한 표면으로 환원된 것 같다. 영화학자 스콧 부캣먼은 ≪종말의 정체성≫ 속에서 인간 존재의 새로운 상태를 '종말의 정체성'으로 인지한다.[64] 그의 용어는 인간과 컴퓨터의 통합과, 우리가 알고 있는 대로의 인간 생명이 중지된 것을 동시에 포착한다. 덧붙여서 비비안 소브첵은 미국의 SF 영화에 대한 책에서 "'영혼 *psyche*' 없고 깊이 없는 단지 피상적인 존재만이 그저 보여 주기 위해 존재할 뿐인 공간을 성공적으로 조작할 수 있다"[65]고 설명한다. 그녀는 생생한 경험의 새로운 깊이 없음에 대해 논의를 확장한다.

---

63) Jean Baudrillard, *Xerox and Infinity*, Agitac (trans.), Paris: Touchepas, 1988, p.7.

64) Bukatman, 앞의 책.

65) Vivian Sobchack, *Screening Space*, New York: Ungar, 1991, p.257.

이 새로운 공간 '감각'의 기능으로 우리의 깊이 감각은 세계를 표상하고 다루는 덜 지배적인 양식이 되었다. 상당한 정도까지 그것은 컴퓨터 터미널, 비디오 게임, 뮤직 비디오, 영화 등의 스크린 — 안에서가 아니라 — 위에서 벌어지는 운동 경험의 피상적인 전자적 '차원성'에 의해 평면화되었다……. 공간적 인접성에 대한 우리의 경험 역시 디지털한 표상에 의해 근본적으로 바뀌었다. 마이크로칩과 섬광 전구에 의해 불연속적이고 딱 떨어지는 단위들로 파편화되어 공간은 시간과 운동, 사건의 연속성의 기반으로서 그것이 지닌 맥락적 기능의 상당 부분을 잃어버렸다. 공간은 이제 더 더욱 '맥락 *context*'이 아니라 '텍스트 *text*'가 되어 버렸다.[66]

컴퓨터의 발전과 확산은 2차 세계 대전 이후 포스트모더니즘이 등장한 것과 일치한다. 톰 포레스터 Tom Forester 의 ≪하이테크 사회 *High-Tech Society*≫에 따르면, '극소 전자 혁명'은 최초의 범용 전자 디지털 컴퓨터인 ENIAC(Electronic Numerical Integrator and Calculator)이 펜실베이니아 대학에 도입된 1946년 무렵에 시작되었다.[67] 포스트모더니즘의 맥락을 언급하지 않지만 포레스터는 특히 개인용 컴퓨터가 확산되면서 컴퓨터 테크놀로지가 사회에 혁명적 영향을 미치게 되었다고 주장한다. 포레스터는 "세계의 국가들이 혁명에 사로잡혀 있다. 즉, 우리가 살아가고 일하는 방식 그리고 어쩌면 생각하는 방식조차 극적으로 변화시킬 테크놀로지 혁명에"라고 쓴다. 그는 극소 전자 테크놀로지를 '이제까지 인류가 마주쳤던 것 가운데 가장 주목할 만한 테크놀로지'라고 부른다.[68]

컴퓨터는 정보를 높은 가치를 지닌 상품으로 만드는 데 기여한 것을 포함해 우리의 삶에 많은 극적인 영향을 미쳤으며 강력한 조직

---

66) 같은 책, pp.231~2.

67) Tom Forester, *High-Tech Society: The Story of the Information Technology Revolution*, Cambridge, Mass.: MIT Press, 1987, p.18.

68) 같은 책, p.1.

들은 최대량의 정보에 접근한다. 부유한 기업들과 잘 확립된 정부 기관들이 가장 비싼 테크놀로지를 획득하고 대부분의 정보를 결집시킬 수단을 지닌다. 반대로 지식의 네트워크 외부에 있는 다른 사람들은 근거를 잃은 채 남아 있게 된다. 하지만 컴퓨터가 사회에 삽입되는 것을 상상하는 다른 방식도 있는데, 그것은 기존의 권력 위계를 강화하는 것이 아니라 데이터에 대한 평등한 접근을 고무하는 방식이다. 장 프랑수아 료타르 Jean-François Lyotard 는 ≪포스트모던의 조건 *The Postmodern Condition*≫의 끝 부분에서 컴퓨터화에 대한 두 개의 시나리오를 대조시킨다.

우리는 마침내 사회의 컴퓨터화가 이 문제틀에 어떤 영향을 미치는지 이해할 수 있게 되었다. 그것은 시장 체계, 즉 지식 자체를 포함할 만큼 확장되고 수행성 원칙에 의해서만 지배되는 체계를 통제하고 조절할 '꿈의' 도구가 될 수 있다. 그 경우 그것은 불가피하게 테러 사용을 포함하게 될 것이다. 그러나 그것은 또한 집단들이 통찰력 있는 결정을 내리고자 할 때 흔히 결핍하는 정보를 제공해 줌으로써 그들이 메타 규정들을 논의하는 데 도움을 줄 수도 있다. 컴퓨터화가 이 두 길 가운데 두 번째 것을 취하도록 하려는 노선은 원칙적으로 매우 단순하다. 공중에게 메모리와 데이터 뱅크에 자유롭게 접근할 수 있도록 해 주어라.[69]

료타르는 두 번째 시나리오가 '정의에 대한 욕망과 미지의 것에 대한 욕망 모두를 존중'하는 것이라고 쓴다. 그 조합은 많은 경우에 그렇듯이 테크놀로지 공포증에 굴복하지 않으면서 사회적 평등에 대한 몰입을 유지한다.

유사한 정식화를 사용하여 마뉴엘 데 란다 Manuel De Landa 는 ≪지

---

69) Jean-François Lyotard, *The Postmodern Condition: A Report on Knowledge*, Geoff Bennington & Brian Massumi (trans.), Minneapolis: University of Minnesota Press, 1984, p.67.

능 기계 시대의 전쟁 *War in the Age of Intelligent Machines*≫에서 ENIAC과 여타 초기 컴퓨터들을 포함해 전쟁 테크놀로지 역사에 대해 세심하게 보고하고 가장 최근 단계인 '약탈적 *predatory* 컴퓨터'가 '전적으로 스스로 전투할 수 있는 자동화된 무기 체계'를 어떻게 가능하게 만들지를 보여 준다.[70] 데 란다는 미국 군대가 막대한 비율로 성장했고 사회에 완전하게 침투하여 민간의 노력과 군부의 노력 사이의 구분선이 흐려지게 되었다고 주장한다. 컴퓨터의 발전사는 군부와 민간 사이의 경계선이 흐려진 것에 대한 가장 좋은 예를 제공해 준다. 산업들, 대학들 그리고 국방성이 컴퓨터의 디자인과 응용에 밀접하게 협력했다. 그렇다고 하더라도 데 란다는 컴퓨터에 대한 군부의 헤게모니가 미래에 대한 유일한 선택지는 아니라고 결론짓는다. 그는 '컴퓨터의 힘을 모든 사람의 손에 놓기 위해 상호 작용성'을 발전시킨 '해커와 변방 과학자들'이 이룩한 독자적인 컴퓨터에 대한 업적을 인용한다. 데 란다는 그들의 이러한 기여는 "기존의 제도들이 테크놀로지의 힘을 포획하여 노예화하기 쉽지 않다는 사실을 보여 주는 또 하나의 예"라고 쓴다.[71] 료타르와 데 란다에 의하면, 컴퓨터화된 사회가 전체주의 모델을 피하고 대신 컴퓨터화된 정보의 유통을 평등한 공동체의 일부로 만들 기회는 아직 남아 있다.

료타르에 따르면 컴퓨터는 19, 20세기를 거치며 발생한 거대한 문화적 변형의 최근 구성 요소 가운데 하나이다. 그 변형이란 과학적 지식의 '탈정당화 *delegitimation*,' 과학적 메타 내러티브 *metanarrative* 의 거부이다. 20세기 말이 뇌면서 과학이 순수하고 객관적이며 전체화하는 진리, 스스로 용어의 경계를 넘어 실재 전체를 덮을 수 있도록 확장되는 진리를 제공해 줄 수 있다는 관념에 대한 신념은 쇠퇴했

---

70) Manuel De Landa, *War in the Age of Intelligent Machines*, New York: Zone, 1991, p.128.

71) 같은 책, p.230.

다. 료타르는 "메타 내러티브가 신뢰성을 상실했으며" "진리의 조건, 다른 말로 하면 과학이라는 게임의 규칙이 그 게임에 내재적이라는 점이 인식되었다. 다시 말해 그것들은 이미 본성상 과학적인 논쟁의 망 속에서만 수립될 수 있고 그 규칙이 전문가들에 의해 그것들에까지 확장된 합의보다 좋다는 다른 증거는 존재하지 않는다는 점이 인식되었다"라고 쓴다. 그는 "합의가 유행에 뒤떨어지고 의심스러운 가치가 되었다"고 주장한다.[72]

료타르의 입장은 모순에 빠져 있고 관념적이라는 비판을 받았다. N. 캐더린 헤일스는 료타르가 내러티브적 정확성의 관념을 거부하면서도 동시에 역사 발전을 설명하기 위해 그 자신의 내러티브를 구축한다고 지적한다. 그녀는 나아가 그가 다른 모든 테크놀로지들처럼 컴퓨터도 "우리를 이 임계점으로 데리고 온 동일한 제도들에 새겨질 것"이기 때문에 작은 규모의 국지적인 지식이 컴퓨터 테크놀로지의 사용에 대한 세계적 통제권을 지닌 기업들에 대항하여 성공적으로 경쟁할 수 있다는 관념론적 믿음을 지닌다고 꾸짖는다.[73]

과학의 객관성에 대한 주장에 가장 완전한 비판을 제기한 것은 페미니즘이다. 페미니즘의 관점에 따르면 과학의 역사는 냉정한 진리의 외피를 쓴 가부장적인 이데올로기적 가정으로 가득 차 있다. 여성의 육체가 세심한 과학적 탐구의 영역이 되었을 뿐 아니라 종종 과학 언어가 성적 차이에 대한 가부장적 관념에 절대적 진리의 분위기를 제공해 주는 성차화된 은유에 의존한다. 고립되어 존재하는 대신 과학은 가부장적 제도를 지탱하는 이데올로기의 네트워크 속에 참여해 왔다. 철학자 산드라 하딩 Sandra Harding 에 따르면 "성차의 이데올로기들은 과학적 탐구의 가장 그럴 듯하지 않은 영역으로 들어가서

---

72) Lyotard, 앞의 책, pp.37, 29, 66.

73) N. Katherine Hayles, "Text out of Context: Situating Postmodernism within an Information Society," *Discourse* 9, spring~summer 1987, pp.33~4.

과학자들의 지각과 나아가 실험의 방향(대중의 반응은 말할 것도 없이)까지 지시하고 모양짓는다. 그러나 우리는 반대로 또한 여성 육체에 대한 과학적 표상이 이번에는 경제적, 계급적, 인종적 이데올로기들에 의해 지시되고 모양이 만들어진 광범위한 사회적 담론의 구성적 부분임을 발견한다."[74] 그녀는 자신의 ≪누구의 과학이며 누구의 지식인가? *Whose Science? Whose Knowledge?*≫에서 "과학은 그것이 출현하고 그것을 지원하는 사회 질서의 부분이자 한 패이고 씨줄이자 날줄이다"라고 쓴다. 그녀는 "과학사에서 특정 개인들이 성 차별주의자였는지 아니었는지에 초점을 맞추지 않아야 한다는 것을 아는 것은 중요"하다고 주의를 주면서 오히려 과학적 관념이 보다 큰 문화적 의미의 구성 요소로서 어떻게 기능해 왔고, 그들 의미들이 가치 중립적인 것이 아니라 어떻게 지배적인 가부장적 관점을 지탱해 왔는지에 초점을 맞추어야 한다고 주장한다.[75]

과학적 지식이 어떻게 가부장적 이데올로기와 인종주의적 이데올로기 양자를 보조해 왔는지를 분석한 가장 세심한 연구 가운데는 영장류 동물학의 역사에 대한 도나 하러웨이의 ≪영장류의 관점 *Primate Visions*≫이 있다.[76] 그녀는 전통적인 영장류 연구들이 자연 / 문화, 성 / 성차와 같은 이분법적 용어 주위를 맴돌며 객관적 과학이라는 가장 하등 동물 행동뿐 아니라 인간 행동을 설명하는 데 사용된 가치 판단을 표현해 왔음을 보여 준다. 이런 식으로 영장류 동물학은 성차의 기원을 자연과 생물학적 성에 두려고 시도함으로써 성차의 문화적 구성을 정당화하는 데 사용되었다. 영장류 동물학자들은 무

---

74) Sandra Harding, *Whose Science? Whose Knowledge?* Ithaca, N.Y.: Cornell University Press, 1991, p.37.

75) 같은 책, pp.37, 44.

76) Donna Haraway, *Primate Visions: Gender, Race, and Nature in the World of Modern Science*, New York: Routledge, 1989.

엇이 남성과 여성의 '자연적인' 행위를 구성하는가와 관련해 그들 문화에 이미 지배적인 관념들을 강화해 왔다.

과학 담론뿐 아니라 테크놀로지 담론들도 페미니즘 학자들에 의해 분석되었다. 조운 로스차일드 Joan Rothschild 가 편집한 ≪거세된 기계 *Machina Ex Dea*≫는 테크놀로지 역사가 어떻게 여성을 배제했고 여성이 테크놀로지 발전에 어떻게 기여했는지를 조사한 논문들의 모음이다.[77] ≪페미니즘 시각에서의 테크놀로지 교육 *Teaching Technology from a Feminist Perspective*≫에서 로스차일드는 테크놀로지 역사를 페미니즘적으로 재검토하는 것에 포함된 몇 가지 중심적 이슈들을 서술하고, 학생들에게 성차와 테크놀로지 사이의 연결에 대해 가르치도록 고안된 일련의 강좌를 제시한다.[78]

과학 담론에 대한 페미니즘적 분석은 성차와 섹슈얼리티의 이슈를 둘러싼 훨씬 큰 문화적 위기의 한 측면이다. 20세기 말 서구 문화는 이전의 어느 때보다 남성 우월적이라는 가부장적 가정을 거부하는 사람들과 그것에 집착하는 사람들로 분리되어 있다. 성 역할에 대한 논쟁의 다수는 정치와 법 체계, 그리고 양쪽 지지자들의 공개적인 진술에서 공공연하게 벌어졌다. 하지만 성차와 섹슈얼리티를 둘러싼 위기가 오늘날의 상황에 대해 알려 주는 보다 미묘한 방식들 역시 있다. 소설의 표상의 영역에서 인간과 인공적 구성 요소의 융합에 대한 이마저리는 성과 성차에 해당하는 은유들로 가득 차 있다. 테크놀로지의 표상이 오랫동안 성차화되고 에로틱화되었기 때문에, 이것은 새로운 현상은 아니다. 그러나 최근의 이마저리에 대한 분석은 어떤 형태든(말하자면 남성이든 여성이든) 인간의 미래가 더 이상 당연시되지

---

77) Joan Rothschild (ed.), *Machina Ex Dea: Feminist Perspectives on Technology*, New York: Pergamon, 1983.

78) Joan Rothschild, *Teaching Technology from a Feminist Perspective*, New York: Pergamon, 1988.

않는 시대인 20세기 말의 특수한 욕망과 공포를 드러내 준다.

성 역할을 둘러싼 논쟁 속에서 양측은 은연중에 그들의 입장을 정당화하기 위해 데카르트의 유산으로 향했다. 엄격한 성차 범주와 함께 가부장 체계는 여성을 양육과 가사 역할로 추방하기 위해 여성의 정체성을 그녀의 재생산 기관에 기반하여 정의함으로써 정신/육체의 이분법에 의존해 왔다. 게다가 가부장제는 남성성을 정신의 합리적 삶과, 따라서 모든 문화적이고 테크놀로지적인 것과 연결짓는 데 이원론을 사용해 왔다. 여성은 육체의 비합리적 충동과 이른바 자연 세계와 동일시된다. 따라서, 남성 우월성이라는 관념은 이원론 체계에 의존한다.

따라서, 페미니즘의 한 측면은 가부장적 이원론 체계를 거부하는 것이었다. 그럼에도 불구하고 포스트구조주의 페미니즘은 성 역할이 문화에 의해서 구성된 것이지 생물학적으로 결정된 것이 아니라고 주장하기 위해 은연중에 정신/육체의 이원론에 의지한다. 주관성을 구성하는 것은 해부학적 차이가 아니라 언어, 가족, 사회 제도 등이라는 것이다. 아이러니컬하게도 이런 견해는 한스 모라벡의 유형 동일성 입장과 유사하다. 그것은 여성을 — 그리고 그 점에서 남성을 — 육체적 기능에 기반한 정체성으로부터 해방시킨다. 그것은 또한 도나 하러웨이, 애비탈 로넬 Avital Ronell, 발리 엑스포트 Valie Export 와 같은 이론가들이 테크놀로지 공포증적이 아닌 페미니즘 입장을 접합하도록 허용해 준다.[79] 결국 사이보그 존재를 거부하기에는 너무 늦었을지 모른다. 우리 모두는 이미 그 안에 접속되어 있다.

---

79) Haraway, 앞의 책; Avital Ronell, interview by Andrea Juno, *Angry Women*, Andrea Juno & V. Vale (ed.), San Francisco: Re / Search, 1991, pp.127~53; Valie Export, "The Real and Its Double: The Body," *Discourse* 11, fall~winter, 1988~9, pp.3~27.

2. 인터페이스의 쾌락

대중 문화는 인공적 섹슈얼리티라는 아이디어를 간직해 왔다. 대중 문화에서 인간과 컴퓨터 테크놀로지의 융합은 때로 긍정적 용어로 표상되어 잡종인 컴퓨터 인간을 낳았는데, 그것은 고도로 진화한 지성을 보여 주며 인간 육체의 불완전성으로부터 벗어나 있다. 하지만 불완전한 인간의 육체를 비난하며 인간 / 테크놀로지의 완성에 대한 비전을 표상하려 할 때에도 대중 문화는 동시에 육체나 육체 기능과 연관된 언어와 이마저리를 사용한다. 따라서, 컴퓨터 테크놀로지는 물리적 육체로부터의 도피와 에로틱한 욕망의 충족을 동시에 표상하는 모순된 담론의 지위를 차지하게 된다. 다시 한 번 SF 작가인 J. G. 발라드의 말을 인용해 보자.

---

1) J. G. Ballard, interview by Peter Linnett, *Corridor* 5, 1974; *Re / Search* 8~9, 1984, p.164에 재수록.

나는 유기적 섹스, 육체에 대항하는 육체, 피부에 대항하는 피부가
더 이상 가능하지 않게 되었다고 믿는다……. 우리가 갖게 된 것은
완전히 새로운 성적 환상의 질서이다. 그것은 차의 충돌과 같은, 제
트기 여행과 같은 상이한 경험의 질서를 포함하는 것이며, 새로운
테크놀로지, 건축, 인테리어 디자인, 의사 소통, 운송, 상품 판촉을
전체적으로 뒤집어씌우는 것이다. 이들 사물들이 우리 삶 속에 도달
하기 시작하며 우리가 품는 성적 환상의 내부 디자인을 변화시킨다.[2]

대중 문화는 사이보그를 표상하는 과정에서 때때로 육체적 존재
를 강화한다. 대부분 전자적인 체계가 그것의 타자, 즉 물질성과 섹
슈얼리티를 고양하는 로봇 부품을 지닌 근육질의 인간 육체로 표상
된다. 달리 말해 오늘날의 많은 텍스트들이 표상하는 미래는 인간의
육체는 폐기되지만 그럼에도 불구하고 섹슈얼리티가 지배적이다.

페미니즘 학자들이 과학 담론을 분석하면서 명백히 밝혔듯이 성
은 과학과 테크놀로지에 있어 새로운 것이 아니다. 테크놀로지를 묘
사하면서 성을 이용한 예는 잡지 <테크놀로지와 문화 *Technology and Cul-
ture*>의 1968년호에서 찾아볼 수 있다. 거기에서는 작가 리 하트 Lee
Hart 가 "기계가 잘 맞춰진 다이얼의 융기된 젖꼭지를 '인식'할 때 기
계는 성적인 환상을 잘 지닐 수 있다"[3]라고 쓴 것으로 인용되어 있다.
밀고 펌프질하는 산업 기계는 보는 사람들에게 오랫동안 성적 이마저
리를 불러일으켰지만 하트는 기계 자체가 성적 욕망과 에로틱한 환상
에 의해 동기화되었다고 시사한다. 성은 테크놀로지 분야 학자들의
사상뿐 아니라 그들이 연구하는 기계까지 독점한 것처럼 보인다.

---

2) J. G. Ballard, interview by Lynn Barber, *Penthouse*, September 1970; *Re / Search* 8~9,
p.157에 재수록.

3) 리 하트의 말은 Dale Riepe, "Review of *Philosophy and Cybernetics*, ed. Crosson & Sayre,"
Technology and Culture 9, October 1968, p.627에서 인용; Joan Rothschild, "Introduction,"
Machina Ex Dea: Feminist Perspectives on Technology, Joan Rothschild (ed.), New York:
Pergamon, 1983, pp.ix~xxix; p.xix에서 인용.

컴퓨터 담론은 그들 문화의 산물이며 그 속에는 성차와 섹슈얼리티에 대한 문화적 가정이 불어넣어졌다. 부제가 "비즈니스맨들의 컴퓨터 잡지"인 이 성실한 컴퓨터 잡지 <인터내셔널 스펙트럼 *International Spectrum*>의 1989년 11 / 12월호 앞표지 안쪽에는 세쿼이어 Sequoia 하드웨어 광고가 실려 있는데, 거기에는 줄자에 인치가 표시되어 있는 것이 아니라 하드웨어 사용자의 숫자가 표시되어 있고 "당신의 픽 Pick 하드웨어는 이 정도 됩니까?"(픽은 비즈니스 지향의 사무 자동화 체계이다)라는 질문이 붙어 있다. 컴퓨터 하드웨어를 성기의 길이와 연관지은 것은 남성 소비자들을 가정하는 것으로 컴퓨터 담론에 퍼져 있는 섹슈얼리티와 테크놀로지의 결합을 명백히 한다.

컴퓨터와 컴퓨터 세계를 섹슈얼리티와 연관짓는 거부할 수 없는 강박 충동이 존재하는 것 같다. 예를 들어 잭 로체스터 Jack Rochester 와 존 갠츠 John Gantz 는 자신들의 책 ≪벌거벗은 컴퓨터 *The Naked Computer*≫를 "짝짓기 전화"라는 제목의 서론으로 시작하는데, 거기에서 그들은 독자에게 "당신은 사랑에 빠져 있다. 아직 모르고 있을 뿐이다……. 그러나 이제 파티 *orgy* 에 참여하여 정보 시대의 쾌락에 굴복하는 것이 좋을 것이다. 컴퓨터는 이미 당신의 삶을 바꾸고 있다"[4]라고 알려 준다. <미래의 섹스 *Future Sex*>라는 잡지는 테크놀로지가 어떻게 섹슈얼리티를 촉진하는지를 조사하고 사진과 그림, 논문, 이야기 등으로 하이테크 섹스 장난감을 크게 다룬다. 섹시한 담론은 또한 최신 유행에 정통한 사이버펑크 잡지 <몬도 2000>의 컴퓨터 테크놀로지를 다루는 난에도 퍼져 있다. 그 잡지의 편집진 목록에는 여성 담당 편집 주간 Domineditrix 이라는 자리가 있으며, 첫 호에는 전기 회로를 모아 만든 브래지어를 입은 도발적인 포즈를 취한 모델

---

4) Jack B. Rochester & John Gantz, *The Naked Computer: A Layperson's Almanac of Computer Lore, Wizardry, Personalities, Memorabilia, World Records, Mind Blowers and Tomfoolery*, New York: William & Morrow, 1983, p.11.

옆에 "마이크로 스타일: 인공 지능 입기"라는 것을 배열했다.[5] 5호에 전기 회로로 만든 정교한 장치가 성기와 가슴, 엉덩이를 휘감은 나체 여성의 사진을 실었다. 그들은 옆의 텍스트에서 마이나스 *maenads* (디오니소스 축제에 참여하는 여성)로 묘사되며 그들 주위로 인쇄된 시는 다음과 같은 전율적인 시구를 포함한다.

> 무릎 위에서 신음하고 콧소리 내며
> 퓨마, 흑인이 내게로 와
> 피와 우유가 함께 쾌락을 먹이네
>
> 카민과 맥박, 감각은 흔들리고
> 육체의 미스터리, 이교도의 음식
> 쾌락을 줄 때 디오니소스가 외치네.[6]

사이버섹스는 그저 관습적인 것으로 보일 생산품에 신선한 분위기를 전달해 주는 마케팅의 새로운 고안물이 되었다. 예를 들어 ≪사이브오르가슴 *Cyborgasm*≫이라는 제목의 컴팩트 디스크는 표지에서 '당신 인생에서 가장 야생적인 에로틱한적 경험'을 약속하지만 막상 그 내용은 제목과 별 관계가 없다. '3-D 오디오'에 녹음된 16곡이 다양한 성적 접촉과 환상을 담은 독백과 대화를 제공한다. 예를 들어 수지 브라이트 Susie Bright 는 우리 속에 갇힌 마조히즘적인 사랑의 노예의 역할을 맡는다. 크리스 허닥 Chris Hudak 이 자신의 리뷰에서 퉁명스럽게 얘기했듯이 **"이 가운데 어디에도 '사이버'와 비슷한 것조차 없다. 말 그대로 섹스할 때 나는 소리를 그냥 담은 CD다."** 허닥은 ≪사이브오르가슴≫ CD의 제작자와 다른 사람들이 시류에 편승하여 "'사이버'라는 단어를 그 위에 아무렇게나 던져 놓고, 프파파파하하

---

5) "Micro Chic: Artificial Intelligence to Wear," *Mondo 2000* 1, 1989, pp.80~3.

6) Queen Mu, "Bacchic Pleasures," *Mondo 2000* 5 (n.d.), pp.80~1.

하하, [제작 자금을 대출받으러] 은행으로 달려간다"[7]고 생각한다. 은행으로 가는 행렬에 참여한 사람들 가운데는 1993년에 출판된 ≪사이버섹스의 즐거움: 전자적 에로티카에 대한 언더그라운드 안내서 *The Joy of Cybersex: An Underground Guide to Electronic Erotica*≫를 만든 사람들도 있다. 책의 저자들은 에로틱한 소프트웨어와 최첨단 테크놀로지를 묘사하고 컴퓨터 섹스 산업에 종사하는 사람들을 인터뷰하며 컴퓨터 디스크에 담긴 에로틱한 프로그램을 제공한다.[8]

컴퓨터 사용자에게 섹스 소프트웨어는 오랫동안 가까이에 있던 것이고 여전히 잘 팔린다. 도발적인 누드 모델들의 사진을 보여 주는 플로피 디스크들의 광범위한 선집도 찾을 수 있다("5개의 가장 뜨거운 포즈와 함께 신디의 멋진 모습을").[9] 에로틱한 영화들이 비디오디스크에서 CD-ROM(컴팩트 디스크 - 읽기 전용 메모리)으로 이전되었다. 상호 작용적 CD-ROM들과 디스켓들은 사용자들에게 스릴을 선택할 수 있는 기회를 준다. 예를 들어 한 CD-ROM 광고는 다음과 같은 말로 관심을 끈다. "그녀가 호화로운 해변가의 별장 주인을 정탐할 때 육감적인 경호원이 되어 보세요. 정말 경탄을 금치 못할 행위가 진행됩니다. 그녀를 잡으면 '벌칙'은 당신이 결정합니다."[10] <매춘굴 *Whorehouse*>이라는 제목의 초기 프로그램에서는 플레이어들이 '포주'가 되기 위해 경쟁하도록 하며 "게임은 당신의 아내를 길거리에 내보내는 것으로 시작된다."[11] 상호 작용적 프로그램 <맥플레이매이트 *MacPlay-*

---

7) Chris Hudak, "Head from a Binaural Dummy: 3D-CD 'Virtual Reality' Erotica," *Mondo 2000* 11, 1993, pp.123~4.

8) Phillip Robinson & Nancy Tamosaitis, *The Joy of Cybersex: An Underground Guide to Electronic Erotica*, New York: Brady, 1993.

9) "*BodyCello* Adult Computer Software Catalog," Sorrento Valley, Calif.: BodyCello, p.7.

10) "Nightwatch Interactive CD-ROM," BodyCello Adults Only Software, BodyCello, Sorrento Valley, Calif.

11) Rochester & Gantz, 앞의 책, pp.85~6.

mates>와 <버추얼 발레리 *Virtual Valerie*>를 만든 마이크 샌즈 Mike Saenz 는 현재 자신의 상품에 대한 높은 수요를 따라가지 못하는 실정이다.[12]

가장 많이 팔리는 CD-ROM 프로그램 가운데 하나인 <버추얼 발레리>는 모든 에로틱한 컴퓨터 소프트웨어에 내포된 특징을 보여 주고 있다. 즉, 물리적 섹스가 아니라 테크놀로지가 컴퓨터화된 섹슈얼리티의 진정한 소재지라는 점이다. <버추얼 발레리: 감독판 *Virtual Valerie: Director's Cut*>은 게임을 하는 사람이 발레리의 고층 아파트로 초대되어 엘리베이터를 타고 3층에 있는 그녀의 아파트로 올라가 마침내 소파에서 발레리와 전희를 하는 것으로 끝나는데, 그 전에 그는 먼저 발레리의 아파트를 탐색한다. 건물의 기계 장치에 대해 세심한 주의가 기울여진다. 몇 가지만 예를 들어 보자. 마우스를 클릭하면 감각적인 쉿 소리와 함께 엘리베이터의 문이 미끄러져 열리고 닫히며, 발레리에게 전화를 하려면 전화 번호를 다 돌려야 하고, 그녀의 변기물이 내려가며, 샤워기의 물이 똑똑 떨어지는 소리가 쏟아져 내려오고, 냉장고가 열리며, 쓰레기 분쇄기가 작동하고, 그녀의 오락실 화면에서는 시시용 CD-ROM 게임이 펼쳐진다. 게임에 참여했던 한 사람은 친구와 자신이 "발레리의 옷을 벗기는 것보다 전자 레인지를 켜는 것이 더 재미있었다"라고 보고한다. 심지어 발레리의 벽에 걸려 있는 그림들도 살아 움직인다. 하나는 뉴욕의 고층 빌딩들을 배경으로 킹 콩이 윙윙거리는 비행기들에 둘러싸인 것이고, 다른 하나는 '폭파' 스위치와 함께 차들이 컨베이어 벨트에서 깔때기로 떨어지고 다른 컨베이어 벨트 위로 떨어져 계속 움직이는 것이다. 발레리의 아파트에는 어디에서나 테크놀로지가 재미와 흥분을 약속해 준다. 당연스럽게도 발레리와의 섹스 역시 기계적인 것으로 드러난다.

---

12) Mike Saenz, interview by Jeff Milstead and Jude Milhon, *Mondo 2000* 4 (n.d.), pp.142~4.

그녀는 성기가 뒤에서부터 삽입되는 동안 — 엎드린 자세로 — 언제나 한 자세를 유지한다. 플레이어는 성기를 움직이기 위해 마우스를 앞뒤로 빨리 움직이며 발레리가 "그만"이라고 말하고 전율할 때까지 측정기가 강도 수준을 등록한다. 게임은 끝났다. 발레리의 기계적 매력은 싱크대와 식기 세척기, 전자 레인지 등의 매력과 더불어 다음 번에 다시 게임을 하도록 소환할 때까지 잠들어 있다.

<버추얼 발레리> 프로그램에 관한 한 인터뷰에서 마이크 샌즈는 "섹스 장면이 더 잘 만들어질 수 있었을 것"이라고 인정한다. 그는 "발레리의 세계를 자세하게 그리려다 보니 아주 거대한 프로젝트가 되어 버렸죠. 그래서 정작 섹스 장면을 만들 시간이 되었을 때에는, 뭐라고 할까요, 완전히 뻗어 버리고 말았습니다. 우리는 사람들이 발레리를 즐겁게 하려고 하기보다 카팔 터널 증후군 *Carpal Tunnel Syndrome*[13]을 산 것 같다는 불평을 듣습니다"[14]라고 말한다. 어쩌면 섹스 장면이 더 잘 만들어질 수도 있었을 것이다. 하지만 샌즈는 발레리의 아파트를 포스트모던하며 테크노 에로틱한 놀이 동산으로 만드는 데 성공한다.

보다 완전한 상호 작용적 경험을 위해 <맥박 소리 *Throbnet*>, <저속한 네트 *Sleazenet*>, <어두워진 후 *After Dark*>와 같은 이름을 단 컴퓨터 네트워크들이 사람들에게 서로 완전한 익명성 속에서 섹스에 대해 오랫동안 대화할 기회를 제공해 준다. 이 상황을 묘사하는 설명 하나를 인용해 보자. "컴퓨터 호사가들이 개척한, 개인용 컴퓨터와 전화선을 통해 노골적인 개인의 성적 자료들을 교환하는 것이 지난 3년 동안 국제적인 비율을 차지한다."[15] '데스크톱 컴퓨터 사용자를

---

13) 손목 근처의 신경이 압박되거나 외상 등으로 인해 손과 손목에 통증이나 따끔거리는 증상이 오는 것. 여기서는 마우스를 앞뒤로 왔다갔다하느라고 손목이 아파진다는 의미. — 옮긴이

14) Saenz, 앞의 책, p.143.

위한 멀티미디어 테크놀로지들'을 다룬 잡지 <뉴미디어 *NewMedia*>의 1993년 4월호 표제 기사는 '디지털 섹스'에 관한 것으로서, 컴퓨터가 성적 목적을 위해 사용되는 방식에 대해 보고한다. 기사에 따르면 "성인 채팅장과 그래픽 교환장으로 전문화한 수십 개의 사설 게시판이 생겨났다. 가장 큰 것 — 이벤트 호라이즌 Event Horizons — 은 지난 해에 300만 달러를 벌었고 64개의 회선과 전세계계적으로 3만 5000명의 고객을 자랑한다." 잡지 <보드워치 *Boardwatch*>의 편집인 겸 발행인은 인터넷에 있는 대안 섹스 뉴스 그룹들이 "분명 가장 붐비는 영역들에 속한다"고 얘기한 것으로 알려졌다.[16] 컴퓨터는 몇몇 사용자들을 직접 얼굴을 맞대는 로맨틱한 상호 작용으로부터 완전히 벗어나도록 유혹한다. 자신이 '기계적 에로티시즘 *mechno-eroticism*'이라고 부르는 현상에 관해 문화 비평가 마크 더리 Mark Dery 가 쓴 것처럼 "기계**처럼** 섹스하는 것보다 더 좋은 유일한 것은 기계**와** 섹스를 하는 것인 양 보인다."[17]

서구의 문화 전통은 인간의 육체를 혐오하면서 동시에 그에 매혹을 느끼는 모순적인 태도를 보였다. 컴퓨터에 대한 대중 문화 담론은 그런 모순적인 태도의 새로운 형태를 보여 준다. 육체에 대한 양가 감정은 흔히 포르노그라피라고 낙인 찍힌 텍스트들에서 가장 노골적으로 표출된다. 거기에서 욕망의 구성은 종종 혐오 요소에 의존한다. 예를 들어 검열에 의해 금지되었던 것이 매우 바람직한 것이 되는 경우가 많다. 하지만 포르노그라피가 개념과 단어로 도입된 것은 19세

---

15) "For Some, Computer Sex Pushes the Right Buttons," *Providence Sunday Journal*, 8 March 1992.

16) Suzanne Stefanac, "Sex and the New Media," *NewMedia* 3, no. 4, April 1993, pp.38~45; p.39에서 인용.

17) Mark Dery, "Sex Machine, Machine Sex: Mechano-Eroticism and Robo-Copulation," *Mondo 2000* 5 (n.d.), pp.42~3.

기에 들어와서이다. 물론 그 어원은 그리스어 *pornographos*, 즉 '매춘에 대해 쓰다'로 거슬러 올라가지만 말이다. 월터 켄드릭 Walter Kendrick 은 자신의 책 《비밀의 박물관 *The Secret Museum*》에서 '포르노그라피'라는 기의가 한번도 특정한 기표를 지녀 본 적이 없다고 주장한다. 그것은 처음 도입될 때부터 다양한 텍스트들에 부과된 동요하는 이데올로기적 틀을 구성했다는 것이다.[18] 20세기 말 성적 표상은 이전까지 테크놀로지적인 것과 유기적인 것을 나누던 경계를 넘어섰다. 이는 유기체로부터 기계를 나누는 경계가 새롭게 투과될 수 있는 것으로 된 현상의 단지 일부분일 뿐이다. 도나 하러웨이가 쓰듯이 "20세기 말에 기계는 유기체와 기계에 적용되었던 자연적인 것과 인공적인 것, 정신과 육체, 자기 발전과 외부에서 디자인된 것, 그 외 많은 다른 구분들 사이의 차이를 전적으로 모호하게 만들었다. 우리의 기계는 불온하게 생생한 반면, 우리 자신은 두렵도록 생기가 없다."[19]

테크놀로지에 성적 이미지를 부여하는 것이 결코 새로운 것은 아니다. 20세기 초의 모더니즘 텍스트들은 종종 테크놀로지를 에로틱화했다. <메트로폴리스>는 테크놀로지에 대한 20세기 초의 매혹을 보여 주는 고전적인 예이다. 그것은 테크놀로지 효율성에 대한 경탄과, 통제를 벗어남으로써 인간성을 파괴하는 테크놀로지의 힘에 대한 두려움을 결합시킨다. 영화는 이러한 이중적 반응을 성적 용어로 표현한다. 여성처럼 형상화된 로봇이 테크놀로지의 유혹과 강력한 위협을 동시에 표상하는 것이다. 로봇은 섹슈얼리티로 공공연하게 특징지어진다. 혼란스러운 노동자의 반역에 방아쇠를 당긴 것은 바로 로

---

18) Walter Kendrick, *The Secret Museum: Pornography in Modern Culture*, New York: Penguin, 1987, p.31.

19) Donna Haraway, "Manifesto for Cyborgs: Science, Technology, and Socialist Feminism in the 1980s," *Socialist Review* 80, 1985, pp.65~107; Haraway, *Simians, Cyborgs, and Women: The Reinvention of Nature*, New York: Routledge, 1991, pp.149~81에 재수록; p.152에서 인용.

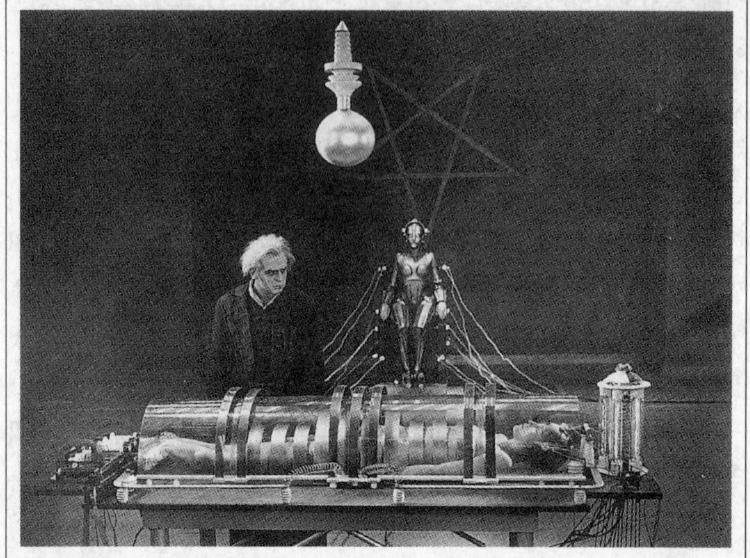

<메트로폴리스>에서 과학자 로트왕이 인간 여성인 마리아로부터 그의 여성 로봇에게로 생명을 전이시킨다.

붓의 유혹하는 양식이기 때문이다. 안드레아스 후이센 Andreas Huyssen 은 자신의 논문 <요부와 기계 The Vamp and the Machine>에서 모더니즘 텍스트들이 기계와 여성을 등치시키며 강력한 힘을 지닌 기계에 대한 두려움을 여성의 섹슈얼리티에 대한 가부장적 두려움에 전치하고 투사하는 경향이 있다고 주장한다.[20] 후이센은 테크놀로지가 항상 여성의 섹슈얼리티와 연결되지는 않았다고 쓴다. 양자가 연결되기 시작한 것은 19세기에 들어와서인데, 이 시기에는 기계가 막대하고 통제 불가능한 파괴를 낳을 수 있는 위협적 실체로 인식되기 시작했다. 19세기 문학에서 인간 생명은 때때로 기계가 지닌 대량의 파괴적 잠

---

20) Andreas Huyssen, "The Vamp and the Machine: Technology and Sexuality in Fritz Lang's *Metropolis*," *New German Critique* 24~5, 1981~2, pp.221~37.

재력에 취약한 것으로 나타난다. 반면 산업 혁명으로 노동 현장에 기계가 대량으로 투입되기 이전인 18세기에 기계화는 기계적 자동 인형의 형태로 단지 유쾌한 기분 전환만을 제공했을 뿐이다. 그리고 이 때 자동 인형의 외관은 여성만큼이나 자주 남성의 모양으로 디자인되었으며 그것들이 전시된 유럽 도시들에서 큰 대중적 인기를 얻곤 했다.

하지만 사이보그는 정보 시대에 속한다. 정보 시대는 K. C. 달레상드로가 쓰듯이 "거대하고 공격적인 기계들이 마이크로칩 회로의 미궁, 에어로다이나믹 디자인의 작은 곡선으로 대치"된 때이다.[21] 실상 기계는 체계에 의해 대치되었고 컴퓨터의 극소 전자 회로는 산업 기계를 특징지었던 공격적인 피스톤이나 삐걱거리는 기어와는 거의 닮은 점이 없다. 달레상드로는 "전자 테크놀로지에서 감각적이고 에로틱하고 흥분시키는 요소는 무엇인가?"라고 묻는다. 그녀는 사이버네틱스가 정보를 통제하는 스릴과, 테크놀로지를 소유한 기업 경영자들에게 소비 계급을 통제하는 스릴을 가능하게 만들어 주었다고 시사함으로써 대답을 대신한다.

성적으로 부과된 힘을 제공해 주는 새로운 테크놀로지의 놀라운 예는 윌리엄 깁슨의 ≪가상 불빛≫에서 발견된다. 소설은 에로틱한 목적을 위해 전자 테크놀로지를 사용하는 것과 경제적 목적을 위해 사용하는 것 사이에 연결선을 긋는다. 소설에서 한 배달부가 두 개의 '버추얼 라이트' 안경을 가지고 여행을 한다. 한 안경은 그의 것으로 가상의 성석 경험을 제공해 주며, 다른 안경은 배달중인 것으로 샌프란시스코를 재건하려는 비밀 계획을 폭로하는 것이다. 첫번째 안경에 의해 제공된 에로틱한 충전은 은연중에 두 번째 안경에서

---

21) K. C. D'Alessandro, "Technophilia: Cyberpunk and Cinema," paper delivered at the Society for Cinema Studies conference, Bozeman, Montana, July 1988, p.1.

우리가 새 도시의 부동산에서 어떻게 거대한 이윤을 만들 수 있을까를 보는 스릴과 연결된다. 한 등장 인물이 '가난한 떨거지'인 다른 사람에게 말하듯이 "당신은 결코 부자가 되지 못해. 그러나 어디를 사야 할지 아는 사람들, 어디에 탑의 발자국이 떨어질지 보았던 사람들은 **그렇지 않아**, 라이델. 그들이 **모든 것**을 가질 거야."[22]

새 도시 계획을 폭로하는 버추얼 라이트 안경이 도난당했다는 사실이 드러나면서 모두가 도둑을 잡고 폭력과 살인의 흔적을 찾는 길로 나선다. 배달부가 첫번째로 살해당한다. 그가 안경을 잃어버렸기 때문만이 아니라 안경을 써서 새 도시 전경에 대한 계획을 보는 위반을 저질렀기 때문이다. 아이러니컬하게도 금기인 것은 에로틱한 안경이 아니라 진짜 부동산 안경이다. 경제적 권력이 전통적으로 성과 연관되었던 금지된 스릴을 부여받는 것이다.

앞에서 논의한 바 있는, 전자 테크놀로지가 제공하는 익명성은 부가적인 성적 흥분을 약속한다. 컴퓨터 섹스와 여타의 가상만 남은 이용자들이 이름이나 얼굴 또는 자신을 드러내는 아무런 정보를 드러내지 않고도 자신들의 성적 환상을 표현할 수 있도록 해 준다. 온라인상에서 그가 쓰는 가면은 물리적 자아와 닮은 점을 거의 또는 전혀 지니지 않을 수도 있다. 그래서 모든 종류의 개인적 변형까지 포함하여 환상을 표현하는 것이 가능해진다. 성차는 유동적이 된다. 남성이 여성처럼 상호 작용할 수 있고 그 역도 마찬가지다. 그리고 욕망은 익명적 정체성의 안락한 안전에 힘입어 전자적 영역 속으로 해방될 수 있다.

대중 문화의 사이보그 이마저리는 또한 전자 테크놀로지가 에로틱하다는 것을 시사한다. 그것은 육체의 한계와, 비유기적 물질로부터 유기적인 것을 나누는 경계선으로부터 모두 도피할 수 있도록 해

---

22) William Gibson, *Virtual Light*, New York: Bantam, 1993, p.251.

주기 때문이다. 로봇은 산업 시대 기계의 능력에 의해 환기된 갈채와 두려움을 표상한다. 그 능력이란 기계가 인간과 독립적으로 기능할 수 있다는 점이었다. 그러나 사이보그는 인간을 배제하기보다 포함하며 그렇게 함으로써 이전까지 테크놀로지로부터 인간성을 구분하는 것으로 가정되었던 구분선을 삭제한다. 실상 침범된 경계가 사이보그를 정의한다. 대중 문화 속에서 인간이 컴퓨터와 상호 작용할 때 그 과정에는 테크놀로지 정체성을 인간의 정체성과 조합하여 자아를 무언가 전적으로 새롭게 변형시키는 것이 포함된다. 비록 그 과정에서 인간의 주체성이 상실되지는 않지만 중요하게 바뀌기는 한다. 스콧 부캣먼이 주석을 달듯이 "SF에서 문제되는 점은 더 이상 존재의 융합과 영혼의 불멸성이 아니라 존재와 전자 테크놀로지가 새로운 배선으로 연결된 주체성으로 융합되는 것이다."[23]

대중 문화는 인간이 전자 기구와 융합되는 것을 공포스럽기보다 즐거운 경험으로 표상하는 경우가 많다. 라캉의 용어를 사용하자면 인터페이스의 쾌락은 컴퓨터가 우리를 극소 전자적 이마저리로 이끌 것을 제안하는 데서 기인한다. 그 이마저리에서 우리의 육체는 망각되고 우리의 의식은 매트릭스 속으로 통합된다. 실상 매트릭스라는 말은 라틴어 *mater*(엄마와 자궁을 의미하는)에서 기원한 것이고 ≪웹스터 대학 사전≫ 10판에서 그 말의 여러 정의들 가운데 첫번째 것은 "내부에 있는 무엇 또는 그로부터 무엇인가가 기원, 발전, 형태를 만들어 나오는 것"으로 되어 있다. 대중 문화에서 컴퓨터는 우리에게 어머니의 자궁 속이라는 안락한 안전으로의 은유적 도피라는 스릴을 제공해 주는데, 그 자궁은 프로이트가 설명하듯이 우리의 가장 최초의 집(*home, heim*)을 표상한다. 프로이트에 따르면 우리가 무언가에 대

---

23) Scott Bukatman, *Virtual Identity: The Virtual Subject in Postmodern Science Fiction*, Durham, N.C.: Duke University Press, 1993, p.244.

해 기괴한(*uncanny, unheimlich*) 반응을 했다면 우리는 자궁에 의해 환기된 매력과 두려움을 동시에 느낀 것이다. 자궁이란 우리가 최초로 생명의 순간을 경험했던 곳이면서 동시에 무감각함이 죽음을 닮아 있는 곳이다.[24] 프로이트는 우리가 쾌락 원칙뿐만 아니라 죽음의 원망에 의해 구성된다고 주장했다. 대중 문화의 사이보그 이마저리는 효과적으로 두 욕망을 융합시킨다.

자기 확인과 자기 절멸이라는 문제로 갈등하는 욕망은 텔레비전 시리즈 <스타 트렉: 다음 세대>에 나오는 보그 에피소드의 플롯에서 중심적으로 형상화된다. 보그는 테크놀로지의 도움으로 종족 구성원들의 육체를 뚫고 들어가 그들의 개별적 정체성들을 하나의 단일한 집합 의식으로 대치시킨 외계 종족들이다. 2부로 된 에피소드 "두 세계의 최선"에서 보그는 피카르 선장을 포로로 잡아 정신을 접수하고 그의 육체를 테크놀로지적 요소들과 융합시킴으로써 그를 그들 자신의 하나로 전환시킨다. 그들은 피카르의 지식을 우주선 엔터프라이즈 호를 패배시키고 모든 인간을 흡수하는 데 사용하려고 시도한다. 피카르가 보그의 우주선에 있는 동안 엔터프라이즈 호의 승무원들은 그의 지위에 대해 깊이 생각한다. 그가 보그로 변형된 것이 그의 정체성을 파괴했을까, 또는 바뀐 상태에 있음에도 불구하고 그는 여전히 그 자신일까? 우주선단의 제독은 피카르가 죽었다고 선언하고 부함장 라이커를 엔터프라이즈 호의 선장으로 승진시킨다. 엔터프라이즈 호의 승무원들이 피카르를 다시 데리고 왔을 때 그들은 피카르가 얼굴과 몸에 구멍이 뚫린 채 로커터스라는 이름의 보그로 변형되었음을 발견한다. 그는 승무원들에게 저항해 보았자 소용없는 일이라고 말한다. 보그로부터 인류를 구원하려는 마지막 시도

---

24) Sigmund Freud, "The 'Uncanny'"(1919), *The Standard Edition of the Complete Psychological Works of Sigmund Freud*, James Strachey (ed. & trans.), 24 vols., London: Hogarth, 1973, 17, pp.219~52.

로 안드로이드인 데이터 소령이 '신경 연결망'으로 피카르/로커터스와 그리고 더 나아가 다른 보그와 인터페이스한다. 데이터는 보그의 전자 의식에 '잠'이라는 명령을 주입하는데, 그것은 그들이 재생을 위해 사용하는 양식이다. 그에 대한 반응으로 보그의 우주선은 자폭하며 피카르는 자기 자신으로 돌아온다.

이 에피소드의 하위 플롯은 야망에 찬 개인주의 대 집단에 대한 자기 희생적 충성이라는 두 가지 삶의 방식 사이의 갈등을 포함한다. 부함장 라이커의 권위는 신참자인 부함장 셸비에 의해 도전받는다. 셸비는 라이커의 명령을 무시하고 엔터프라이즈 호의 지휘 서열에서 두 번째인 그의 자리를 차지하고픈 욕망을 공표하는 야망에 찬 여성이다. 그녀는 라이커가 지나치게 몸을 사리며 자신을 방해한다고 비난한다. 라이커는 엔터프라이즈 호를 지휘해 줄 것을 요청받지만 2부의 에피소드가 진행되는 동안 계속 그의 야망과 엔터프라이즈 호에 대한 충성심 사이에서 찢긴다. 보그가 피카르를 납치한 후 엔터프라이즈 호의 키를 잡도록 강요받았을 때 라이커는 처음에 책임을 맡을 것을 거부하고 피카르의 권위를 찬탈하는 것에 대한 죄책감으로 고통받는다. 그는 마침내 자신을 추스리고 승무원들을 고무하여 보그를 패배시키고 인간을 구할 전략을 고안한다. 하지만 마지막에 피카르가 다시 지휘를 맡게 되자 라이커는 여전히 엔터프라이즈 호를 떠나 자신의 우주선을 지휘할지 아니면 배에 남아 피카르의 부하가 될지 공표하지 않는다.

라이커의 머뭇거림은 상호 의존성의 호소력을 드러낸다. 그는 피카르를 포함한 모두가 그가 새 임무를 담당할 것을 기대한다는 것을 알지만 엔터프라이즈 호의 위계 속에서 그가 차지하던 안락한 자리를 포기하는 것을 주저한다. 그는 우주선을 지휘하는 것이 위험하다는 것을 알고 있다. 그 사실은 보그가 라이커가 제공했던 우주선을 파괴시켰을 때 명백해졌다. 안전한 대안은 피카르의 자비로운 지도

력 아래 남아 있는 것이다.

에피소드의 두 플롯은 자율성과 의존성 사이의 유사한 갈등을 상연한다. 라이커의 딜레마는 피카르, 그리고 모든 인간의 보그에 대한 관계에 의해 반영된다. 그것이 엔터프라이즈 호의 승무원이든 보그든 상호 연결된 집단의 조화로운 작동에는 부정할 수 없는 매력이 존재한다. 공동체적 삶은 비록 — 또는 아마도 그 때문에 — 개인주의가 결핍되는 결과를 낳더라도 여전히 유혹적이다. 피카르는 보그로 변형되면서 모든 책임에서 벗어났다. 그는 스스로의 독립된 의지가 없는 보그의 전령이 된다. 그의 종속적인 지위에는 안전이 있는데, 그것은 보그 우주선의 자궁 같은 미로(보그는 보급을 위해 모선의 몸체에 접속되어 들어간다)에 안락이 있는 것과 같다. 피카르 / 로커터스가 예기치 않게 데이터와 접촉하고 "잠 데이터"라는 말을 중얼거렸을 때 피카르의 의식 가운데 작은 부분은 로커터스 내에 잠겨 있는 채 남아 있고 피카르의 충성심은 엔터프라이즈 호에 있다는 것이 명백해졌다. 궁극적으로 그는 보그의 모권적인 꿀벌 사회에 복종하기보다 엔터프라이즈 호의 가부장적 모델에 기초한 권위를 선택했지만 그럼에도 불구하고 그 에피소드는 테크놀로지적 인터페이스의 유혹적인 호소력을 제시한다.

이후의 에피소드는 보그가 피카르를 납치한 것이 유혹의 한 유형이었다는 함의를 증가시킨다. 피카르는 보그와 지냈던 경험을 애기하지 않으려 하는데, 그것은 마치 성적 접촉에 대해 부끄러워하는 것처럼 보인다. 그와 보그와의 만남은 분명 외계인과의 평범한 만남 이상이었다. 그것이 피카르를 불안하게 하고 혐오와 결합된 좀처럼 사라지지 않는 매혹의 느낌을 남겨 놓는다.

대중 문화는 종종 성적 행위로서 인간과 테크놀로지 사이의 경계가 붕괴되는 것을 표상한다. 섹슈얼리티와 죽음 같은 정체성의 상실을 연관지음으로써 대중 문화의 사이보그 이마저리는 자아의 상실을 오르가슴에 대한 은유로 사용하는 오래 된 전통을 이어받는다. 데니스 드 루즈몽 Denis de Rougemont 이 ≪서구 세계의 사랑 *Love in the Western World*≫이라는 책에서 보여 주듯이 서구 문화의 전통에서 사랑과 죽음이 헤어날 길 없게 연결되었다는 점은 잘 알려져 있다. 죽음과 사랑의 등치는 문학 속에서 육체 없는 섹슈얼리티의 관념으로 동반되었다. 즉, 두 결합된 영혼이 로맨스의 가장 순수한 형태를 표상한다. 드 루즈몽은 트리스탄과 이졸데의 전설을 12세기에서 20세기에 이르기까지 서구 문화의 패러다임적 로맨스 신화로 생각한다. 트리스탄과 이졸데 사이의 사랑은 장애에 의해 끊임없이 방해받으며 전설은 그들의 비극적 죽음으로 종결된다. 드 루즈몽은 그들의 정열이 장애에 의존한다는 것을 보여 준다. 만일 결혼에 의해 그것이 순화되었다면, 정열은 사라졌을 것이다. 드 루즈몽은 더 나아가 전설 속에서 불사의 것이 되고 이후 서구 문화에 포용된 정열적인 사랑의 관념은 가장 크고 결코 되돌릴 수 없는 장애인 죽음에 대한 숨겨진 원망이라고 설명한다. 드 루즈몽이 쓰듯이 **정열**을 통해 욕망으로부터 죽음으로 — 그것이 유럽의 낭만주의가 취했던 길이었다. 그리고 우리 모두는 우리가 그것을 위해 품격 있는 신비화 속에서 이 상징들이 고안된 매너와 관습의 전 체계를 — 물론 무의식적으로 — 받아들이는 정도만큼 이 길을 취한다."[25]

죽음과 에로티시즘 사이의 연계는 또한 루돌프 비니온 Rudolph Binion 의 책 ≪죽음을 넘는 사랑 *Love beyond Death*≫의 주제이기도 하다. 비니온은 19세기 이전에는 '죽음을 넘는 정신적 사랑'에 관심이 있었지만 19세기의 고급 문화는 '죽음을 넘는 육욕적 사랑'에 대해 광범위한 매혹을 보여 준다고 주장한다. 19세기의 소설과 시각 예술에서 보이는 수많은 예들이 성과 죽음을 뒤섞어 놓는다. 비니온은 "죽음이 매

---

25) Denis de Rougemont, *Love in the Western World*, New York: Harper & Row, 1956, p.243.

만화 《사이버펑크》(1권 1책 1호. 1989년 9월)에서 토포는 컴퓨터 매트릭스 속으로 들어간 다(story copyright ⓒ 1995 Scott Rockwell / art copyright ⓒ 1988 Darryl Banks).

운 최음제였다"라고 쓴다. 시체 애호증적 *necrophilic* 욕망은 때로 표면 아래에 감춰지기도 하지만 때로는 오인할 수 없도록 명백하기도 하다. 비니온에 따르면 1914년 이후 에로틱한 죽음의 주제는 점차 고급 문화를 떠나 열광적으로 대중 문화에 받아들여졌으며 영화, 소설, 음악, 만화 등을 통해 여전히 번성한다.[26]

인간 – 컴퓨터 인터페이스를 성적 쾌락과 연결시키는 대중 문화의 사이보그 이마저리는 따라서 예술에서의 에로틱한 죽음이라는 긴 전통의 한 부분이다. 하지만 의식을 상실하고 육체적 쾌락을 경험하는 것으로 그리는 대신 대중 문화 속의 사이보그 이마저리는 종종 우리의 육체를 상실하고 순수 의식이 되어 섹슈얼리티를 경험하도록 초대한다. 많은 예들 가운데 하나가 만화 ≪사이버펑크 *Cyberpunk*≫[27] 에 의해 제공된다. 만화의 주인공인 토포는 정신적으로 '유희장 *Playing Field*'에 들어가는데, 그것은 교감이 이루어진 환각으로서 그 곳에는 전세계의 데이터가 3차원적 추상(윌리엄 깁슨의 사이버펑크 소설에서의 이른바 '사이버 공간 *cyberspace*')으로 존재한다. 토포는 "그것은 인간 세계에서 가장 아름다운 것이다. 내가 나의 고깃덩이를 뒤에 남겨두고 그냥 여기서 살 수만 있다면. 만일 내가 순수한 의식이기만 하다면 나는 행복해질 수 있을 텐데"라고 말한다. 유희장에서 그는 네온 로즈를 만나는데, 그녀는 장미의 머리와 두 개의 가시 많은 덩굴손을 팔로 가진 (그리고 토포처럼 단지 상상을 통해서만 나타나는) 식물 여성이다. 심지어 그녀의 이름조차 유기적인 식물 생명체와 테크놀로지적인 구성물 사이의 경계 붕괴를 새겨 넣는다. 토포는 다음과 같이 얘기하면서 그녀와 의지의 경기를 벌이는데, 그것은 그들의 육체가 서로 엉켜 있는 것으로 표상된다. "이 곳에서 당신은 당신이 의

---

26) Rudolph Binion, *Love beyond Death: The Anatomy of a Myth in the Arts*, New York: New York University Press, 1993, pp.3, 9, 97.

27) Scott Rockwell & Darryl Banks, *Cyberpunk* 1, vol. 1, no. 1.

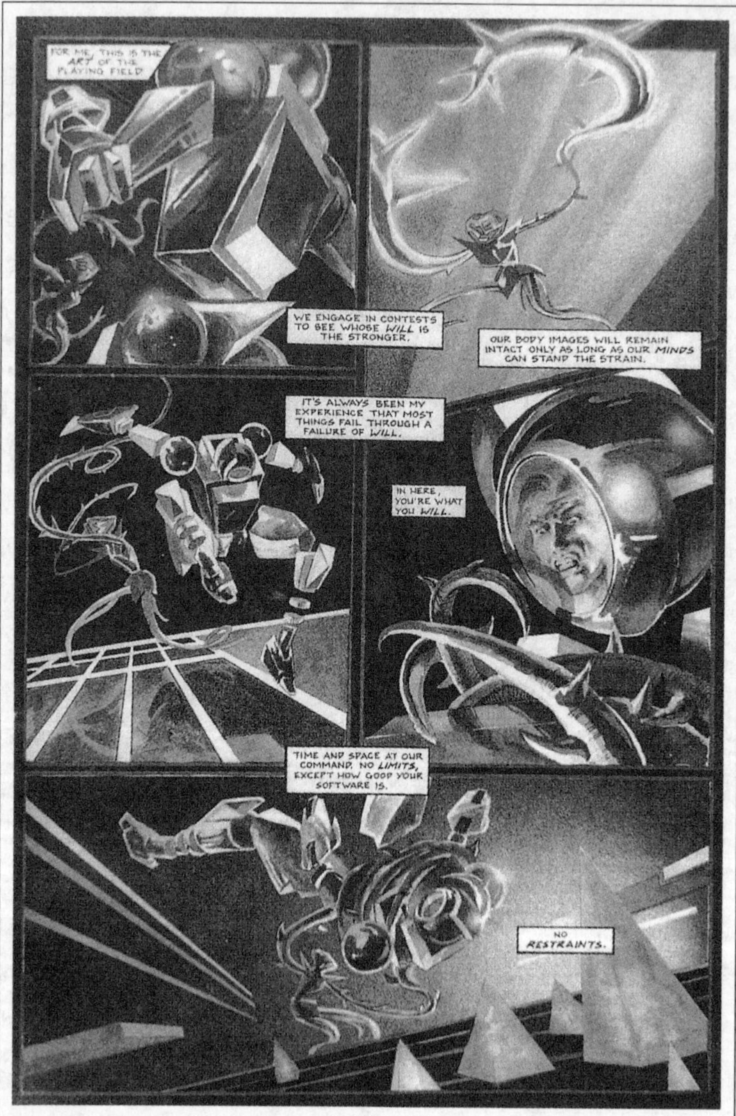

≪사이버펑크≫(1권 1책 1호. 1989년 9월)에서 토포가 의지의 전투에서 네온 로즈와 겨룬다 (story copyright ⓒ 1995 Scott Rockwell / art copyright ⓒ 1988 Darryl Banks).

지하는 것이오. 우리 마음대로 시간과 공간을 바꿀 수 있죠. 당신의 소프트웨어가 얼마나 좋은 것이냐만 뺀다면 아무런 제한도 없고 아무런 구속도 없어요." 토포의 발화된 욕망 — 그의 고깃덩이를 뒤에 남겨 두고 순수 의식이 된다는. 그것은 실상 그가 했던 것이다 — 은 그림, 즉 그의 육체 — 그의 고깃덩이 — 가 다른 육체와 휘감기는 것에 의해 모순된다.

사이버펑크 텍스트들에서 **고깃덩이**라는 용어는 인간의 육체를 가리키는 데 광범위하게 사용된다. 사이버펑크에서 고깃덩이는 성기와 관습적으로 연결되며 전형적으로 부정적인 함의를 전달한다. 이들 텍스트들에서 고깃덩이라고 불리는 것은 모욕이며 고깃덩이인 것은 취약한 것이다. 하지만 이처럼 고깃덩이를 혐오함에도 불구하고 《사이버펑크》는 토포가 버린 후에도 그의 육체가 유희장의 끊임없이 변화하는 지형 속에 떠 있도록 시각적으로 묘사한다. 하지만 그의 육체는 환영 때문에 유희장 내부에 있는 것처럼 보일 뿐 그는 자신의 외모를 욕망하는 어떤 방식으로든 변형시킬 수 있다. 네온 로즈가 접근하는 것을 바라보면서 그는 자신을 그의 인간적 육체와 같은 형태지만 단지 보다 강하게 보이는 기계적 부분들로 변형시킨다. 그는 살을 잃고 강철이 되었다. 얼굴만 바뀌지 않은 채 남아 있으며, 그것은 헬맷에 의해 보호된다. 토포의 환상의 산물인 새롭고 강력한 육체는 관습적인 남성성의 기의를 새겨 넣는다. 그는 넓은 어깨와 가슴으로 각이 졌으며 가장 중요한 것은 그가 딱딱하다는 점이다. 네온 로즈에게 인사하기 위해 그가 이런 외관을 채용한 것은 우연이 아니다. 네온 로즈는 상투화된 여성적 양식, 즉 자신의 덩굴손을 올가미처럼 던져 그의 주위를 휘감으려는 근육질의 식물로 약호화되기 때문이다. 독자가 네온 로즈의 성별에 대해 아직도 확신하지 못할 때 《사이버펑크》는 토포가 모의 전투에서 그녀를 패배시킨 후 그녀를 여성으로 보여 준다.

≪사이버펑크≫에서 뽑아 낸 이 예는 비록 대중 문화가 인간과 컴퓨터 사이의 경계 붕괴를 열광적으로 탐구하지만 같은 텍스트에서 성차 경계는 보다 완고하게 취급됨을 예시한다. 실상 사이버 육체는 과장될 정도로까지 남성적이거나 여성적으로 나타나는 경향이 있다. 우리는 남성들에게서 부풀어 오른 가슴 근육을, 여성들에게서는 거대한 가슴을 발견한다. 또는 네온 로즈의 경우에서는 상투화된 꽃의 이마저리가 컴퓨터 매트릭스를 떠도는 여성 의식을 표상한다.

그렇다 하더라도 사이버펑크 텍스트들에서 성적 정체성이 전적으로 고정된 것은 아니다. 성적 불안정성을 실험하는 텍스트들도 있다. 예를 들어 조지 알렉 에핑거의 3부작(≪중력의 실패≫, ≪태양의 불꽃≫, ≪추방의 키스≫)에는 외과적으로 바뀌어진 '성 전환자들'이 드물지 않게 나온다. 주인공인 마리드 오드랜의 여자 친구는 야스민이라는 이름의 성 전환자이고 마리드의 남자 친구들 가운데 한 명은 한때 여성이었다.[28] 월터 존 윌리엄스의 ≪하드와이어드≫에서도 육체는 기만적일 수 있다. 앞 장에서 언급한 예에서 부유하고 타락한 노인은 그의 퍼스낼리티가 순진하게 보이는 젊은 여성에게 이전되도록 만들었다.[29]

하지만 이들 예에서 사람들이 그들의 성적 정체성을 바꾼다는 사실에도 불구하고 그 텍스트들이 양성 사이의 관계를 근본적으로 재구조화하지는 않는다. 그들의 성적 정체성이 자연적인 것이든 아니면 외과적으로 만들어진 것이든 남성과 여성들은 관습적인 가부장적 방식으로 서로 관계를 맺으며 남성은 여성에 대해 권위적인 지위를 갖는다. 실상 에핑거 3부작에서 여성이 되기로 선택한 성 전환자들은 전형적으로 퇴락하는 부다옌에서 매춘일을 한다. 사람들이 기

---

28) George Alec Effinger, *When Gravity Fails*, New York: Bantam, 1987; Effinger, *A Fire in the Sun*, New York: Bantam, 1990; Effinger, *The Exile Kiss*, New York: Bantam, 1991.

29) Walter Jon Williams, *Hardwired*, New York: TOR, 1986, p.25.

존의 질서 속에서 자신이 선택한 곳에 자리 잡을 자유는 늘었지만 남성 지배적인 사회 체계는 달라지지 않았다.

이제까지 사이보그 이마저리는 도나 하러웨이가 이론화한 성차 없는 사회의 이상을 광범위하게 실현하지는 못한다.[30] 하러웨이는 사이보그가 잠재적으로 해방적인 개념이라고 평가한다. 사이보그가 성차의 폐기에 대한 은유를 제공해 주기 때문이다. 그녀의 설명에 따르면 성차가 더 이상 이슈가 되지 않을 때 여성은 가부장제적 불평등으로부터 풀려 나올 수 있고 평등이 가능해진다. 물론 하러웨이가 성차화된 육체를 문자 그대로 사이보그로 대치하자고 제안하는 것은 아니다. 하지만 그녀는 사이보그가 평등한 사회적 배치의 가능성을 예시하는 유용한 개념이라는 점을 발견한다. 하러웨이는 원래의 <사이보그 선언>에서 몇 가지 점을 수정했다. 특히, 테크놀로지가 어떻게 이미 인간 삶의 분리 불가능한 부분이 되었는지에 대한 포괄적인 진술에서 수정이 이루어졌다. 앤드루 로스 Andrew Ross 와 콘스탄스 펜리와의 인터뷰에서 그녀는 "우리 모두는 사이보그다"라는 원래의 문장이 문제적이라고 얘기한다. 그것은 제1 세계 나라들의 특권적인 여성들이 수행하는 일과 제3 세계 국가들의 뿌리 뽑힌 여성들이 극소 전자 부품들을 생산하기 위해 공장에서 하는 일 사이의 구분을 흐리고 있기 때문이다. 그녀는 회고하면서 앞으로 "체계 내의 다른 사람들의 상황은 쉽게 모양짓지 못하지만 다국적 생산 체계의 특정 지역에 사는 사람들에게 그것은 중요한 주체 지위임을 지적하는 것에 보다 주의를 기울이겠다"[31]고 얘기한다. 그럼에도 불구하고 하러

---

30) Donna Haraway, "A Manifesto for Cyborgs"; Haraway, *Simians, Cyborgs, and Women*, pp.149~81에 재수록.

31) Constance Penley & Andrew Ross, "Cyborgs at Large: Interview with Donna Haraway," *Technoculture*, Constance Penley & Andrew Ross (ed.), Minneapolis: University of Minnesota Press, 1991, pp.1~20.

웨이의 ＜사이보그 선언＞은 여전히 미래의 테크놀로지적, 사회적 발전에 대한 독특한 전망으로서의 위치를 차지한다.

미래에 대해 고찰하는 것에 덧붙여 하러웨이의 글은 조안나 루스, 새뮤얼 델러니 Samuel Delany, 존 발리 John Varley, 옥타비아 버틀러 Octavia Butler, 폰다 맥킨타이어 Vonda McIntyre 등의 페미니즘 SF 소설도 분석한다. 이들 소설은 이 장르에서 전통적으로 상연되었던 남성적 환상에 대해 대안을 제공하는 것들이다. 페미니즘 SF는 불안정한 범주들로 실험을 한다. 이는 관습적인 SF가 그리는 미래가 현재의 성차 스테레오타입을 그대로 유지하거나 심지어 강화하는 고정성을 보이는 것과 차이가 나는 부분이다. 영화학자 자넷 버그스트롬 Janet Bergstrom 은 SF 에서 과장된 성차들이 지배하는 이유는 "인간으로서의 정체성이라는 기본적인 사실이 의심스러워지고 그 반대로의 변형에 종속되기도 하는 곳에서 성적 정체성의 표상이 잠재적으로 고양된 중요성을 지니기 때문이다. 그것이 우리의 규범을 넘어서는 세계에서 차이의 일차적인 표식으로 사용될 수 있기 때문이다"라고 지적한다.[32]

성적 차이를 고양시킨다는 점에서 대중 문화의 사이보그 이마저리는 과학자 한스 모라벡을 쫓아가지 못한다. 모라벡은 일단 인간 육체가 폐기된 후 인간의 정신적 기능이 소프트웨어에 보존될 가동 컴퓨터 속에는 아무런 성차도 없을 것이라고 말한다. 물론 아마도 "몇 가지 연극적인 이유 때문에 예외는 있을 것이다. 나는 미래에도 연극은 있을 것이라고 생각하는데, 연극이란 단지 시뮬레이션의 또 다른 종류일 뿐이다. 그리고 그 가운데는 가장 무도회도 있을 것이다."[33] 다른 한편 장 프랑수아 료타르에 따르면 욕망의 힘에 의해 가장 복잡하고 초월적인 사고가 가능해질 것이고, 따라서 "사고 기계가 빛의

---

32) Janet Bergstrom, "Androids and Androgyny," *Camera Obscura* 15, 1986, p.39.

33) Hans Moravec, interview, *Omni* 11, no. 11, 1989, p.88.

방사 위에서뿐 아니라 치유 불가능한 성적 차이 위에 배양되어야 할 것이다."[34]

즐거움을 느낄 수 없기 때문에 인공 지능은 인간의 지능을 복제할 수 없다는 말에서 볼 때 장 보드리야르도 유사한 입장을 취한다.[35] 하지만 료타르와 달리 보드리야르는 성적 차이가 불가결하다고 주장하지는 않는다. 대신 그는 인간과 기계 사이의 선명한 경계가 붕괴되는 것을 성별 사이의 차이를 붕괴시키며 불확실성으로 향해 가는 동일한 포스트모던한 움직임의 한 부분으로 본다. 보드리야르는 "과학은 그것의 원칙을 만듦으로써 이처럼 공황과 유사한 불확실성의 상황을 예기해 왔다"고 선언하기 위해 과학적 아이디어를 이용(혹자는 오용이라고 말할지 모르지만)한다.[36] 사실 불확실성은 포스트모더니즘의 핵심 특징이고 사이보그의 본질이다. 하지만 대중 문화에서 대부분의 사이보그가 명확한 성적 차이를 보여 주기 때문에 가부장제가 여타의, 이전에는 신성 불가침이었던 범주들을 기꺼이 풀어 주었음에도 불구하고 성적 차이는 여전히 지탱한다는 점 또한 명백하다.

대중 문화에서 사이보그 이마저리가 관습적인 성적 차이를 과장하는 사례가 많지만 그것이 항상 전적으로 전통적인 성적 표상에 일치하는 것은 아니다. 대부분의 성적 이마저리가 남성의 시선을 위해 디자인되고 이성애적 접촉을 특권화해 왔지만 전체적으로 볼 때 사이보그 이마저리는 보다 넓은 범위의 섹슈얼리티를 함축한다. 결국 에로틱한 접촉은 순수하게 정신적이고 비육체적이다. 이론적으로 그것은 상상의 자유로운 유희를 허용한다. 따라서 모든 사이보그 이마저리가 엄격하게 <플레이보이 *Playboy*>에서 찬양하는 표준화된 남성

---

34) Jean-François Lyotard, "Can Thought Go on without a Body?" Bruce Boone & Lee Hildreth (trans.), *Discourse* 11, no. 1, 1988~9, p.86.

35) Jean Baudrillard, *Xerox and Infinity*, Agitac (trans.), Paris: Touchepas, 1988, p.3.

36) 같은 책, p.16.

의 환상에 집착하는 것은 아니다. 또 그것은 영화 <메트로폴리스>가 테크놀로지를 여성의 섹슈얼리티와 연결시키고 남성을 그 모두에 취약한 존재로 표상했던 그런 방식으로만 컴퓨터를 여성으로 위치짓지도 않는다. 대신 대중 문화의 사이보그 이마저리에서 컴퓨터는 양성 모두에게 다양한 종류의 성적 해방을 표상한다.

몇몇 예에서 컴퓨터 매트릭스와의 접촉 행위는 고독한 것으로 인정되지만 그럼에도 불구하고 성적 행위, 즉 무엇인가에 들어가지만 다른 인간의 육체나 정신의 현존은 결핍되었다는 용어로 표현되는 자위의 환상으로 표상된다. 만화 ≪인터페이스 *Interface*≫에서 린다 윌리엄스(흥미롭게도 그리고 아마 우연이 아니겠지만, 포르노그라피 영화에 대해 저술한 영화학자의 이름)라는 이름을 가진 여성의 접촉 경험은 자위로 약호화되는데, 그것은 사고 과정과 연결된다.[37] 침대에 반듯이 누워 있는 윌리엄스가 하이 앵글로 비춰지고 그녀가 "나는 육체를 쉬게 하고 있다. 내 정신은 내 주위의 주파수들을 애무하기 시작한다. 그 곳이다. 그것이 더 낫다. 나는 지금 고주파 대역 *super-spectrum* 에 있다. 나는 세계와 접촉하고 있다"라고 말한다. 마지막 장면에서 그녀는 이중화되며 그녀의 두 번째 자아가 머리를 뒤로 젖히고 팔은 성적인 자세로 뻗은 채 침대에서 나체로 솟아오른다.

귀중한 파일을 찾는 린다 윌리엄스의 컴퓨터 매트릭스를 통한 정신적 여행은 전자 회로의 바다로 그녀의 벌거벗은 육체가 다이빙하는 것과 신문의 헤드라인이 뒤죽박죽된 것을 보여 주는 것으로 그려진다. 비록 여성의 자위는 남성 관객을 위한 관습적인 포르노그라피의 주요소이기는 하지만 윌리엄스의 접촉 / 자위는 규범과 다르게 그려진다. 그녀가 물안개 같은 것으로 둘러싸인 매트릭스를 통해 솟아오를 때 그녀의 육체는 유령처럼 희고 끊임없이 움직인다. 두 개의

---

37) James D. Hudnall & Paul Johnson, *Interface* 1, no. 1, New York: Epic Comics, 1989.

≪인터페이스≫(1권)에서 린다 윌리엄스가 '고주파 대역'과 접촉하기 위해 침대에 쭉 뻗어 누워 있다(story copyright ⓒ 1989 James D. Hudnall / art copyright ⓒ 1989 Paul Johnson).

장면에서 그녀의 육체는 쉽게 구분되지 않는 얼룩이다. 그녀의 육체의 행위는 그녀를 포르노그라피의 관습적인 수동적 대상과 구분시켜 준다. 그리고 그녀의 자위는 이성애적 섹스를 위한 전주가 아니다. 저녁 늦게 매트릭스로부터 귀환해(한숨을 지으며 "인터페이스에서 내려오는 것은 현기증 나게 해") 다시 완전히 옷을 걸친 후 그녀는 남성 등장인물과의 성적 진전을 거부한다. 그녀는 그에게 "나는 지금 내 자신을 위한 시간이 좀 필요해"라고 말한다. 그가 그녀를 설득하려 하자 그녀는 "오늘 밤은 안 돼. 당신이 나와 함께 자기를, 여기서 같이 머물기를 기대한다는 걸 알아. 그렇지만 나는 그런 일은 안 해. 봐, 나는 당신에게 반했어. 그러니 어쩌면 언젠가 운이 좋은 날이 있을지도 몰라. 지금 당장은 내 정신이 무척 복잡해. 생각해야 할 것이 너무 많아"라고 대답한다. 윌리엄스는 자신의 섹슈얼리티를 통제하며 사이보그의 조건을 체현한다. 이는 대중 문화에서 사이보그의 조건이 순수히 사색적이며 동시에 성적이 되는 것으로 표상된다는 점에서 그렇다. 그녀가 생각해야 할 것이 너무 많아 혼자 있고 싶다고 말했을 때 독자는 그녀가 정신적으로 컴퓨터 매트릭스에 들어갔을 때 그랬듯이 사적으로 성적인 생각을 할 것이라고 추측할 수 있다.

육체적 섹스가 전혀 없지는 않지만 상상적 섹스 ― 물리적으로 다른 인간과 접촉하지 않고 이루어지는 섹스 ― 가 사이보그 담론을 지배한다. 상상적인 섹슈얼리티를 강조하는 것은 고통이 고깃덩이의 것이며 섹스는 그렇지 않다는 것을 시사한다. 역사적, 경제적, 문화적 조건이 인간의 고립과 상상적인 섹스의 진화를 용이하게 해 주었다. 자본주의는 항상 조야한 개인주의 이데올로기로 사람들을 서로 분리시켰다. 자본주의가 허가한 단위의 일차적 형태 ― 핵가족 ― 는 전통적으로 한 사람, 대개 여성이 사적인 영역 속에서 자신의 개인성을 포기하고 다른 사람의 공적인 노력을 지원하도록 정했다. 자본주의에서 공적인 관계는 경쟁과 그에 부수되는 의심으로 특징지어진다. 후기 자본주의에서 사회 관계는 돈에 의해서뿐 아니라 매체와 그것의 모사물에 의해 매개된다. 의사 소통하기보다 우리는 그저 구경할 뿐이다.

월리엄 깁슨의 ≪가상 불빛≫에서 텔레비전 시청은 문자 그대로 신성한 것이 된다. 신이 텔레비전 위에 현현했다고 주장하는 목사 둘레에 종교적 예식이 형성된다. 예식의 구성원들은 집에 머물며 커다란 존경심을 가지고 텔레비전을 시청한다. "그들이 대부분 보는 것은 모두 이 옛날 영화들이다. 그리고 그들은 그것들을 충분히 오래 보면 정신이 얼마간 그들 속으로 들어갈 것이라고 기대한다."[38]

컴퓨터 테크놀로지는 — 통신 서비스와 인터넷을 통해 — 텔레비전보다 더 많은 대화의 기회를 제공한다. 그리고 그것은 텔레비전 시대에 잃어버렸던 인간적 접촉을 재수립하는 방식으로 생각될 수 있다. 따라서, 에이즈 바이러스에 대한 반응으로 인간적 접촉에 대한 편집증이 일상화된 시대에 인간의 상호 작용이 컴퓨터화된 의사 소통, 즉 참여자들이 서로 멀리 떨어져서 접촉할 수 없는 형태로 일어난다는 것은 별로 놀라운 일이 아니다.

사람들이 컴퓨터를 통해 의사 소통한다고 말하는 것이 곧 의사 소통 행위가 컴퓨터 이전 시대와 달라지지 않았다는 것을 의미하는 것은 아니다. 사실 장 보드리야르는 **의사 소통**이라는 용어가 부정확하다고 주장한다. 그는 컴퓨터와의 인터페이스를 다음처럼 말한다.

타자 *the Other*, 즉 성적이거나 인지적인 대화자가 결코 진정으로 추구되지 않는다. 스크린을 가로지르는 것은 거울을 가로지르는 것을 환기시킨다. 스크린 자체가 인터페이스의 지점으로 겨냥된다. 기계 (상호 작용적 스크린)가 의사 소통 과정을 변형시켜 하나로부터 다른 것으로의 관계를 변환 *commutation* 과정으로, 즉 동일자로부터 동일자

---

38) Gibson, 앞의 책, p.272.

로의 역전 가능성의 과정으로 변형시킨다. 인터페이스의 비밀은 타자가 그 속에서 버추얼하게 동일자라는 점이다. 타자성은 기계에 의해 간교하게 몰수당한다.[39]

컴퓨터는 우리의 정체성을 버리고 상상적 단일성을 받아들이도록 초대하지만 그것은 또한 거울처럼 우리가 입력한 말을 되보여 줌으로써 우리의 현존을 환기시킨다. 보드리야르는 이 강렬한 사적 경험이 다른 사람과의 실제적인 상호 작용을 배제하고 모든 컴퓨터화된 상호 작용을 자동 에로티시즘의 요소를 포함하는 자동 의사 소통 *autocommunication* 으로 전환시킨다고 주장한다.

기계와의 고독한 성적 교섭을 보여 주는 한 예에서 윌리엄 깁슨은 '제어 장치 *deck*' 앞에 앉아 있는 '카우보이'가 정신적으로 사이버 공간에 이전되도록 명령어를 입력하는 순간을 묘사하기 위해 **플러그를 꽂다** *jack in* 라는 용어를 사용한다. (처음에 그는 자신의 첫번째 소설의 제목을 **"플러그에 꽂히다** *Jacked In*"로 하려고 했지만 출판사에서 그것이 마치 '자위하다 *Jacked Off*'처럼 들린다는 이유로 거부했다.)[40] 깁슨의 3부작 — 《뉴로맨서》, 《카운트 제로》, 《모나리자 드라이브》 — 은 고립된 개인들이 다른 사람들의 삶 속으로 들락거리며 때로는 환상으로 도피하기도 하는 디스토피아적 미래를 환기시킨다.[41] 오늘날 텔레비전에서 대량 생산되는 환상과 다르지 않게 깁슨의 '심스팀 *simstim*'(모의 자극 *simulated stimulation*)은 사람들의 정신 속으로 직접 즐거운 이야기들을 공급한다. 사이버 공간 역시 정신의 장소지만 그 곳으로 들어가는 사람들에게는 3차원 공간처럼 느껴진다. "사이버 공간. 모든 국가

---

39) Baudrillard, 앞의 책, pp.5~6.

40) William Gibson, "High Tech / High Life"(interview by Timothy Leary), *Mondo 2000* 1, 1989, p.61.

41) William Gibson, *Neuromancer*, New York: Ace, 1984; Gibson, *Count Zero*, New York: Ace, 1986; Gibson, *Mona Lisa Overdrive*, New York: Bantam, 1988.

에서 날마다 수억의 정당한 조작자들, 수학적 개념을 배우는 어린이들이 경험하는 교감된 환각……. 인간 체계의 모든 컴퓨터 은행으로부터 추출해 낸 데이터들의 그래픽 표상. 생각할 수 없는 복잡성. 정신이라는 비공간 속으로 뻗어 있는 빛의 선들, 데이터의 저장과 배열. 도시의 불빛처럼 멀어지는……."[42]

은유적으로 볼 때 사이버 공간 속으로 들어가는 것은 남성 조작자와 여성 육체 사이의 이성애적 접촉을 환기시킨다. 니콜라 닉슨 Nicola Nixon 이 지적하듯 사이버 공간은 여성적인 곳으로 해석될 수 있기 때문이다. 깁슨의 3부작에서 사이버 공간으로 들어간 깡마른 제어 카우보이들은 그들의 남성성을 위협하는 장애를 만난다. "제어 카우보이들은 '플러그를 꽂고 들어갈 수' 있지만 끊임없이 ICE(Intrusion Countermeasures Electronics 침입 억제 회로)를 건드리는 위험에 놓인다. ICE 란 일종의 은유적인 방어막으로서 성공적으로 '그것을 먹어 치우지' 못하면 그들을 죽일 수도 있는 장치이다. 그것을 먹어 치우려면 테시어 애시풀(T-A: Tessier-Ashpool)와 같은 조직의 데이터 체계에 '침투하기' 위해 만들어진 극도로 정교한 금지 해킹 장치를 이용해야 한다."[43]

또 사이버 공간은 그 곳에서 헤어날 길 없이 물질화된 신비하고 유령 같은 인물에 의해서도 여성화된다. 닉슨은 이들 딴 세상 사람 같은 인물들을 기본적으로 여성이라고 쓰며, 그 예로서 3제인 3Jane, 슬라이드 Slide, 앤지 미첼 Angie Mitchell, 매먼 브리지트 Mamman Brigitte 등 주술적인 여성적 인공 지능의 목록을 든다. 덧붙여 어떤 여성들은 남성 카우보이들에 의해 요구되는 장치들을 통과함으로써 사이버 공간에 대한 남성적 접근을 지도한다. 닉슨은 다음과 같이 쓴다. "매트릭스 자체와 그것의 비밀에 접근하는 수단에 대해 매혹적이고 생식

---

42) Gibson, *Neuromancer*, p.51.

43) Nicola Nixon, "Cyberpunk: Preparing the Ground for Revolution or Keeping the Boys Satisfied?" *Science-Fiction Studies* 57, July 1992, pp.219~35; p.226에서 인용.

력 있는 것을 구성함으로써 여성적인 것은 효과적으로 '소프트' 웨어가 된다. 그리고 그것은 실리콘 칩으로 된 실제적인 테크놀로지 성취물로서의 '하드' 웨어를 넘어서 존재하는 환상(그리고 세계)이다."[44]

닉슨은 나아가 깁슨의 3부작이 사이버 공간을 이전에는 남성의 영역이었다가 여성적으로 바뀐 영역으로 구성한다고 주장한다. 변형은 《뉴로맨서》에서 일어나며 그 후의 소설들에서는 "변화가 일어났을 때"라는 식으로 이미 알려진 사실로 취급한다. 그럼에도 불구하고 닉슨은 깁슨의 제어 카우보이들이 힘찬 결의와 함께 사이버 공간을 재정복하러 들어간다고 쓴다. 사이버 공간은 따라서 관습적인 속성들을 보유하는 성별 사이에 지배권을 둘러싸고 전투가 벌어지는 각축장이다. 그 속에서 빠르고 젊은 남성 전사들이 신비한 힘을 지닌 무정형의 여성들과 맞선다.

은유적으로 여성적인 매트릭스 속으로 자신들을 밀어넣는 무모한 젊은 남성들에 대해 아이러니컬한 것은 성적인 이마저리에도 불구하고 그들이 완전히 수동적이고 비활동적이라는 점이다. 이것은 전자 시대, 즉 텔레비전과 컴퓨터가 점차 사람들을 집과 일터의 책상에 묶어 놓는 시대를 위해 만들어진 성차화된 정복의 환상이다. 인간의 이동성은 쇠퇴하는 것이다.

사이버펑크 소설은 전자 테크놀로지에 의해 도입된 수동성을 공공연하게 강력한 에너지로 변형시킨다. 《뉴로맨서》에서 케이스는 일단 제어판으로 들어가면 '지구의 컴퓨터 매트릭스 속을' 뛰어다니는 '인터페이스 카우보이'가 된다. 깁슨은 제어판에서의 순수한 두뇌활동으로부터 기인한 육체의 비활동성을 도취적인 움직임의 흥분으로 전환시킨다. 케이스는 "젊음과 능란함의 부산물인 거의 영원한 높은 아드레날린 상태에서 그의 분리된 의식을 교감된 환각, 곧 매

---

44) 같은 책, p.227.

트릭스로 투사하는 맞춤 사이버 공간 제어판으로 플러그를 꽂고 들어가 작동했다. 그는 더 부유한 도둑들인 고용주들을 위해 일하는 도둑이었는데, 고용주들은 기업 체계의 밝은 벽을 통과하고 풍부한 데이터의 영역으로 창문을 열어 주는 데 필요한 환상적인 소프트웨어들을 제공해 주었다.”[45] 사이버 공간을 원기 왕성하게 돌아다니는 그의 활동은 그가 자신의 고용주로부터 훔치는 순간 종결되는데, 고용주는 그의 신경 체계를 ‘전시 러시아 마이코톡신’으로 파괴함으로써 응답한다. 깁슨은 “사이버 공간의 육체 없는 환희를 살아가던” 케이스에게 “그것은 실낙원이었다. 카우보이 전문가로서 그는 자주 바를 방문하곤 했는데, 엘리트의 자세는 살덩이에 대한 일종의 느슨한 경멸을 포함하고 있다. 육체는 고깃덩이이다. 케이스는 그 자신의 살덩이이라는 감옥으로 추락했다”라고 쓴다.[46]

신경의 충격으로부터 회복된 후 케이스가 사이버 공간을 상쾌하게 비행하는 장면을 묘사한 문장들을 읽다 보면 그의 육체가 전혀 움직이지 않는다는 점을 잊기 쉽다.

에메랄드 그린과 옥색의 벽을 통해 곤두박질치자 그가 이전에 사이버 공간에서 알았던 어떤 것보다도 더한 속도의 흥분이 몰려왔다……. 중국 프로그램의 습격에 껍질이 벗겨져서 테시어 애시풀이 산산조각 났다. 깨진 거울의 파편들이 떨어지면서 굽어지고 늘어나듯이 완고한 유동성의 걱정스러운 인상.
“맙소사,” 쿠앙이 테시어 애시풀의 핵심인 한없는 장 위로 얽히며 둘러싸자 케이스가 두려움에 싸여 말했다. 눈을 자를 만큼 복잡하고 보석의 광채를 내뿜으며 면도날처럼 날카로운 끝없는 네온 도시 공간이 그의 눈앞에 펼쳐졌다.[47]

---

45) Gibson, 앞의 책, p.5.

46) 같은 책, p.6.

47) 같은 책, p.256.

　　유사한 현상이 월터 존 윌리엄스의 소설 《하드와이어드》에서
도 일어난다. 거기에서는 움직이는 차량의 돌진이 육체의 행위를 대
체한다. 소설 속에서 전자 테크놀로지를 사용하는 사람들은 차량 —
지상에서의 장갑차 또는 공중에서의 초음속 로켓 — 과 접촉하여 자
유롭게 돌아다니고 손으로 조종하지 않아도 믿을 수 없는 속도로 탈
수 있다. 카우보이는 그의 차량의 플러그를 직접 그의 머리에 이식
된 다섯 개의 소켓에 꼽는 '장갑차 기사'와 '로켓 조종사'이다. 윌리
엄스는 다음과 같이 쓴다. "그는 다시 인터페이스 속에 산다. 눈처럼
가는 얼굴, 활짝 열린 정신이 회로를 통해 전자처럼 빠른 속도로 기
계의 금속과 수정 심장 속을 달린다."[48] 카우보이는 거의 기계가 된
다. 그의 정신은 기계의 빛나는 속도뿐 아니라 모든 전율을 경험한
다. 육체가 움직이지 않는 동안 "근육에 피가 흐르도록 전극이 운동
을 시킬 것이다. 이 테크놀로지가 개발되기 전에 젊은이들이 지구의
샘으로부터 머리 장치를 타고 긴 다이아몬드 밤으로 갈 때 때때로
그들의 다리와 팔이 부패하기도 했다." 하지만 지금은 "그가 골목을
달리는 동안 그의 육체는 잠들어 있을 것이다. 그는 그것을 보살피
기보다 더 중요한 일을 할 수 있을 것이다."[49]

　　소설은 그들 머릿속에서 벌어지는 비행 속도를 강조함으로써 케
이스와 카우보이의 육체가 실제로는 움직임이 없는 상태로 있다는
사실을 잊게 한다. 문화 비평가 앤드루 로스가 지적하듯이 사이버펑
크 소설은 테크놀로지적으로 고양된 남성적 육체가 "여분의 마르고
일시적인" 것이 되게 하고 "증폭기, 바이오칩 두뇌 *biochip wetware*(컴퓨터
소프트웨어를 고안해 내는 인간의 두뇌), 사이버 광학기, 바이오플라스틱
회로, 음모의 마약, 신경 증폭기, 의수족과 인공 장기, 기억 장치, 신

---

48) Williams, 앞의 책, p.51.
49) 같은 책, p.50.

경 접속 플러그와 같은 것들"에 의해 제공되는 수시적 변환에 종속되도록 하는 경향이 있다. 로스는 이처럼 가변적인 사이보그 육체들이 "람보 / 슈왈제네거의 체격이 지닌 꾸밈 없는 육체의 요새"로부터의 의미 있는 절연이며 남성의 전능함이라는 신화의 약화를 의미하는 것이라고 주장한다.[50]

사이버펑크 소설의 남성 주인공들이 4장에서 논의할 근육질의 초영웅은 아니지만 그들은 여전히 전자 인터페이스의 이상화된 버전을 제공해 주는데, 그것은 근육보다는 속도에 기초한다. 게다가 그들의 호소력에 덧붙여 그들의 인물 설정은 서부 영화와 하드보일드 탐정물, 필름 느와르 전통의 일반적인 관습으로부터 빌려 온 것이다. 이들 전통들이 덧붙이는 견고함과 거침의 감각이 제어 카우보이의 실제로는 비육체적인 생활 방식에서 주의를 돌리도록 만든다. 제어 카우보이는 서부 영화의 영웅이 지닌 과묵한 스타일과 고립을 보여준다. 게다가 카우보이는 서부 영화 영웅의 비극적 역설을 구현한다. 즉, 그는 전설의 지위를 성취하지만 공동체에 대한 그의 가치를 대가로 해서이다. 결말에서 그의 봉사는 더 이상 필요하지 않다. "그는 후텁지근한 네바다의 관광 목장에 있는 회복 병상에서 자신이 폐기되었다는 소식을 듣게 되기를 기대하지는 않았다. 그가 했던 모든 것, 그가 구축했던 전설은 단지 그가 더 이상 활동하지 못하게 만들었을 뿐이다."[51]

사이버펑크의 어둡고 황량한 환경과, 배반과 배신이 즐겨 등장하는 소용돌이 플롯의 꼬임은 필름 느와르의 냉소적 세계로부터 파생된 것이다. 에핑거 3부작에서 케이스, 카우보이, 그리고 마리드 오드랜은 하드보일드 느와르 탐정물처럼 데이터를 수집하기 위해 전자

---

50) Andrew Ross, *Strange Weather: Culture, Science, and Technology in the Age of Limits*, London: Verso, 1991, pp.152~3.

51) Williams, 앞의 책, p.340.

테크놀로지를 사용해 금고를 깨뜨리는 데 참여한다. 많은 소설들이 도시의 싸구려 건물과 간결하고 하드보일드한 대화 둘레를 돈다. 케이스와 마리드는 서민적인 인물들이며 자주 저속한 바에 간다. 카우보이는 보다 명시적으로 서부의 드넓은 평원과 연관되지만 소설은 그가 "25세이고 이 일을 하기에는 좀 나이 들었으며 심지어 배선된 신경 증폭 장치도 느슨해지는 시기이다"[52]라고 말할 때 하드보일드 관습을 빌린다. 카우보이와 동료가 되는 사람은 도시의 '뒷골목 소녀 *dirtgirl*'인 사라이며 그는 하드보일드 장르와 연관된 초라한 바들을 자주 기웃거린다.

따라서 대중 문화의 사이보그 이마저리는 환상의 영역에서 원망 충족을 담당한다. 그것은 비활동적인 인간이 힘차고 활동적으로 느끼도록 해 준다. 사이버펑크 게임에 대한 꼼꼼하고 정교한 매뉴얼 ≪GURPS 사이버펑크 하이테크 하층 생활 역할 놀이 안내서 *GURPS Cyberpunk High-Tech Low-Life Roleplaying Sourcebook*≫는 사이버 공간을 통한 사색적인 비행의 호소력을 다음과 같이 설명한다. "이것은 진지한 네트 참여자의 세계인 **사이버 공간**이다. 네트로 들어와 자신들의 두뇌가 달걀 프라이처럼 익을 위험을 무릅쓰는 데이터 해적들은 모두 그들을 우쭐하게 만들 그 신화에 가까운 '최고 점수'를 꺾으려고 한다. 물론 누군가는 돈을 위해 그 안에 있지는 않다. 그들은 질주에 중독된 사람들이다. 아드레날린의 흥분이 그들의 신경 체계를 넘실거린다. 요약하자면 그들은 절정을 향해 나아간다."[53] 제어 카우보이들이 빛의 속도로 공간을 통해 질주할 때 그들은 우리에게 고양된 에너지의 느낌을 제공해 준다. 그들이 가로지르는 공간이 사이버 공간이라는 정신적 영역일 때 그들은 우리에게 증가된 주의 — 정신적

---

52) 같은 책, p.5.

53) Loyd Blankenship, *GURPS Cyberpunk High-Tech Low-Life Roleplaying Sourcebook*, Austin, Tx.: Steve Jackson Games, 1990, p.72.

에너지 — 의 느낌을 주는데, 그것은 정신적으로 나태하다는 느낌으로부터 우리를 해방시켜 준다. 그리고 4장에서 분석할 영화와 만화에 등장하는 근육질의 사이보그 이마저리는 우리에게 힘의 느낌과 막강함의 환상을 제공해 준다.

과학과 대중 문화 모두에서 사이보그 담론을 지탱하는 궁극적인 환상은 불사에 대한 원망이다. 사이버펑크 소설에서는 죽음조차도 확실하지 않다. 따라서 포스트모던적 불확실성의 원칙을 근본적 극단으로까지 몰고 간다. 윌리엄 깁슨과 루디 러커는 불사성을 그들 책의 중심 주제로 만들어 비물리적 존재가 생명을 구성하는가라는 질문을 제기한다. 특히, 깁슨의 소설에서는 자본주의에서 극단적인 부자 계급이 하층 계급에게는 접근이 불가능한 테크놀로지를 사용하여 불사성을 획득하는 모습을 그린다. 그러나 사이버펑크 소설이 불사성의 역설과 위험성을 인식하지 않는 것은 아니다. 깁슨과 러커의 소설들 모두에서 불사신이 되려는 등장 인물들은 대개 외로움과 타락이라는 비극적 아우라로 둘러싸인다.

≪사이버펑크≫에서 토포조차도 처음에는 자신의 고깃덩이를 뒤에 남겨 놓고 기회가 주어지면 유희장에 영원히 남아 있는다는 관념을 거부한다. 그가 거부하는 것은 불사성이다. 만화는 그의 인간적 육체의 상실이 죽음과 같은 것임을 드러낸다. 육체를 영원히 버린 사람들에게 가담하라고 토포를 초대하는 존재가 두목이라고 불리는, 주춧돌의 꼭대기에서 그에게 얘기하는 데스 마스크이기 때뮤이다. 그들이 대화를 하는 도중에 분리된 해골이 그들 둘레를 떠다님으로써 죽음의 이마저리를 강화한다.

토포가 의도치 않게 그의 육체를 상실하고 유희장에 사로잡힌 사이버 유령이 되었을 때 삶과 죽음 사이의 구분은 보다 모호해진다.[54]

---

54) Rockwell & Banks, *Cyberpunk* 2: vol. 1, no. 2, Wheeling, W. Va.: Innovative Corporation, 1990.

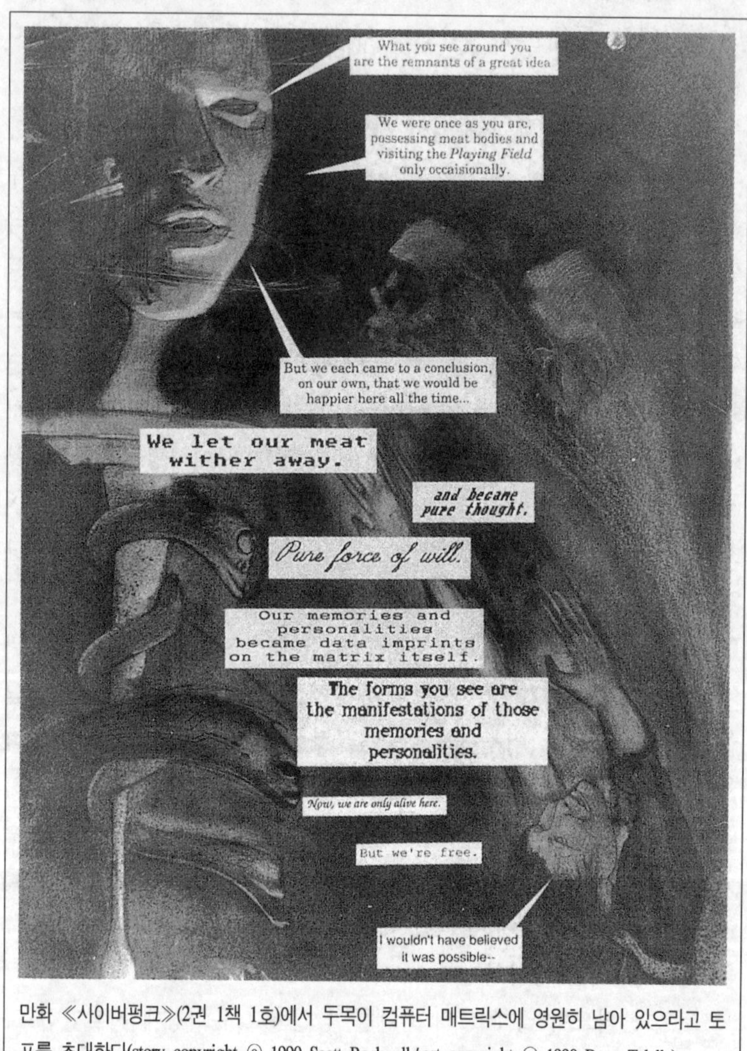

만화 ≪사이버펑크≫(2권 1책 1호)에서 두목이 컴퓨터 매트릭스에 영원히 남아 있으라고 토포를 초대한다(story copyright ⓒ 1990 Scott Rockwell / art copyright ⓒ 1990 Doug Talalla).

컴퓨터 매트릭스 밖에 있는 그의 친구들 사이에서는 토포가 죽었는지 살았는지에 대해 의견이 분분하다. 토포 자신은 그의 새로운 정체성에 대해 준비하면서 다음과 같이 말한다. "결국 이제 나는 나 자신을 구성하는 데이터일 뿐이야. 모호한 것이라고는 아무것도 없어. 우리는 살아 있어. 우리는 전자적 맥박에 기반한 생명의 형태야. 탄소나 여타 물리적 질료 대신에 말이야. 우리는 다음 정착지야."

사이보그 이마저리는 인간 존재의 미래에 대한 양가성 *ambivalence*을 표현하면서 생명의 창조와 파괴 사이의 대립 주위를 선회한다. 전자 테크놀로지와의 융합은 인간의 생명을 파괴함으로써 그것을 보존하려는 역설적 욕망을 표상한다. 살아 있는 것도 죽은 것도 아닌 대중 문화 속의 사이보그는 역설에 의해 구성된다. 그것의 본질은 모순이며 부조화스러운 미래에 대한 그것의 전망은 실상 우리의 갈등적 현재를 투사한 것이다. 사이보그 미래를 둘러싼 담론에서 정말로 논쟁이 되는 것은 성차와 섹슈얼리티에 관련한 현재의 논쟁이다. 거기에서 미래는 사람들이 자신들의 매혹과 두려움을 투사할 수 있는 텅 빈 스크린을 제공한다. 몇몇 텍스트들이 전통적인 성 역할과 제한된 성적 관계에 집착하는 반면, 다른 텍스트들은 대안들을 가지고 실험한다. 성차와 섹슈얼리티를 둘러싼 논쟁이 사이보그의 맥락에서 표현을 찾았다는 것은 어쩌면 아이러니컬한 일인지도 모른다. 사이보그는 섹슈얼리티와 성차 그리고 인류 자체를 시대 착오적으로 만드는 실체이기 때문이다. "인간이란 최근의 발명품이다. 그리고 아마도 종말에 가까운 것이기도 하다"[55]라는 푸코의 진술은 사이보그 미래의 결과를 예시한다. 그럼에도 불구하고 푸코가 역시 주장하듯이 이전에 당연시되던 범주들이 논쟁의 대상이 되고 새로운 개념이

---

55) Michel Foucault, *The Order of Things: An Archaeology of the Human Sciences*, New York: Vintage Books, 1973, p.387.

출현하는 것은 정확히 담론의 위기가 닥쳐왔을 때이다. 따라서 섹슈얼리티와 성 역할에 대한 20세기 말의 논쟁은 사이보그의 개념을 낳는 데 기여했다. 그 결과에서 우리가 받을 몫에 따라 우리는 사이보그가 해방을 제공해 줄지 아니면 절멸을 가져올지 응시할 수 있다.

3. 가상 섹스

갈망이 테크놀로지를 동기화한다.

— 마이클 샌즈[1]

〈버추얼 발레리〉와 같은 에로틱한 컴퓨터 소프트웨어 디자이너 마이크 샌즈가 쓴 발문은 가상 현실을 둘러싼 담론에서 에로틱한 가능성에 대한 참고 문헌이 융성하는 현상의 영향을 받은 것이다. 결코 가상 현실이 성적 충동과 제휴하는 첫번째 테크놀로지 혁신은 아니다. 초기의 영화 제작도 부분적으로는 은밀하게 여성의 육체를 보려는 욕망에 의해 동기화되었다. 린다 윌리엄스는 이러한 현상을 논문 〈영화 육체 Film Body〉와 저서 《하드 코어 *Hard Core*》에서 서술했다.[2] 영화의 여명기를 동반했던 엿보기 충동은 이후의

---

1) Michael Saenz, "The Carpal Tunnel of Love: Virtual Sex with Mike Saenz"(interview by Jeff Milstead & Jude Milhon), *Mondo 2000* 4 (n.d.), p.143.

2) Linda Williams, "Film Body: An Implantation of Perversions," *Cine-Tracts* 12, winter 1981; *Narrative, Apparatus, Ideology: A Film Theory Reader*, Phillip Rosen (ed.), New York: Colum-

발전에도 강한 영향을 미쳤으며 그를 통해 영화 테크닉이 관습화되어 주류 영화 언어의 기초를 형성하도록 하는 데 기여했다. 따라서 영화의 빅토리아적 기원을 인식하는 것은 영화가 어떻게 성적 자극과 금기라는 변화하는 연계 속에 연루되었는지를 이해하는 데 본질적이라고 할 수 있다.

활동 사진이 도입된 지 한 세기가 지난 지금 우리는 가상 현실이라는 새로운 테크놀로지가 형태를 갖춰 가는 것을 목격한다. 발전은 아직 초기 단계이며, 현재 가능한 것보다는 사람들이 가상 현실에 대해 전망하는 것이 훨씬 더 멀리 나아가 있다. 결과적으로 가상 현실을 둘러싼 몽상적인 담론이 테크놀로지 자체보다 더 흥미 있다. 초기 영화 제작이 빅토리아 시대의 선입견, 특히 억압의 심리학에 의해 영향받은 것과 마찬가지로 가상 현실을 서술하는 담론들은 포스트모던적 20세기 말의 관심사를 드러내 준다. 이 책에서 분석한 컴퓨터에 대한 비유가 모두 그렇듯이 가상 현실 담론도 주관성의 양식에서 강렬한 위기를 드러낸다. 그 위기는 인간의 계속성을 의문시하는 것이지만 동시에 고양된 성적 만족의 미래를 예견하는 것이기도 하다. 가상 현실의 관념은 육체와 분리된 섹슈얼리티라는 집합적 꿈을 부여받아 왔다.

가상 현실의 개념은 1960년대까지 거슬러 올라가지만 그것이 유행하게 된 것은 1990년대에 들어와서이다. 다양한 매체에서 가상 현실에 대해 다루며 여러 회사들이 테크놀로지를 개발하여 시장 전략을 수립한다. 가상 현실은 컴퓨터에 의해 만들어진 공간으로 자그마한 비디오 모니터에 맞게 만들어진 안경을 쓰면 3차원적으로 지각되는 공간이다. 컴퓨터에 연결된 장갑을 통해 이용자들은 공간과 상호 작용하면서 마치 걷고 운전하고 날고 물건을 집는 것 같은 물리적

---

bia University Press, 1986, pp.507~34에 재수록; Williams, *Hard Core: Power, Pleasure, and the "Frenzy of the Visible,"* Berkeley: University of California Press, 1989.

행위를 수행하는 듯한 느낌을 갖게 된다. 가상 현실은 국방성에서 모의 전투와 비행 훈련을 하는 데 계속 사용해 왔다. 가상 현실을 실재로부터의 도피라고 부르는 것은 부적절할 것이다. 그것이 오히려 대안적 실재를 제공하기 때문이다. 그것은 어딘가에 '있는 것'이 물리적 현존을 요구하지 않고, 무언가를 '하는 것'이 가상 체계 바깥에는 어떤 변화도 일으키지 않는 세계이다. 가상 현실은 **실재** *reality* 라는 용어에 부여된 확실성을 훼손하며 포스트모던 시대에 버려진 다른 모든 확실성들과 더불어 궁극적으로 그것을 완전히 포기한다. 사이버 세계에 관해 저술해 왔고 전자 프론티어 재단 Electronic Frontier Foundation(이 재단은 컴퓨터 해커들의 프라이버시와 표현의 자유를 지키려고 노력한다)의 공동 창립자인 존 페리 발로 John Perry Barlow 는 가상 현실을 "인식론자들을 위한 디즈니랜드"라고 부르면서 그것이 "'실재'가 사실이라는 기만을 더욱 드러낼 것이며…… 객관성이라는 낡은 사기에 대해 또 다른 주요한 타격을 가할 것이다"라고 선언한다.[3]

가상 현실이 종종 섹스와 연관된다는 것은 널리 인식된다. 예를 들어 <보스턴 글로브 *Boston Globe*>지에 실린 한 기사는 사이버 섹스에 대한 관심이 증대되는 것을 우려하며 가까운 미래에 그것이 낡은 물리적 섹스를 대치할 것이라고 예측한다.[4] ≪사이버 공간 *Cyberspace*≫ 이라는 책의 한 논문에서 앨러퀴어 로잔느 스톤 Allucquere Rosanne Stone 은 "가상 육체에 대한 에로틱한 가능성이 사이버 공간 체계를 디자인하는 몇몇 집단의 중요한 논의 부분"[5]이라는 점을 인정한다. 존 페리 발로는 다음과 같이 쓴다. "성적인 것이…… 있다. 가상 현실에 대

---

3) John Perry Barlow, "Being in Nothingness," *Mondo 2000* 2, summer 1990, pp.34~43.

4) Chet Raymo, "Flights of Cyber-fancy," *Boston Globe*, 23 March 1992.

5) Allucquere Rosanne Stone, "Will the Real Body Please Stand Up?: Boundary Stories about Virtual Cultures," *Cyberspace: First Steps*, Michael Benedikt (ed.), Cambridge, Mass.: MIT Press, 1991, pp.81~118; p.105에서 인용.

해 8~10개 정도의 질의 응답 시간을 가진 적이 있는데, 모든 곳에서 섹스가 튀어나왔다."[6] 마이크 샌즈는 "초보자에게 가상 현실을 설명하면 대개 잘 이해하지 못한다. 그러나 가상 섹스의 관념에 대해서는 즉각 열을 낸다"[7]라고 주석을 단다.

사람들이 그런 관념에 얼마나 관심이 있는가는 ≪가상 현실 *Virtual Reality*≫이라는 책의 저자인 하워드 레인골드 Howard Rheingold 가 밝혀 주었다. 그가 원격 음경 *teledildonics* 이라고 부른 것에 대해 쓴 기발한 논문은 거의 하룻밤 사이에 전세계에 센세이션을 불러일으켰다. 원래 컴퓨터 네트워크를 통해 발표된 그의 논문은 모니터와 청각 접속기에 연결된 작은 진동기를 단 옷을 입고 가상의 성적 경험을 하는 것이 어떤 느낌일까를 다룬다. 그의 시나리오에서는 수천 마일이나 떨어진 곳에 있는 수많은 사람들이 모뎀으로 의사 소통을 하면서 성 행위를 하는 서로의 육체에 대한 컴퓨터화된 시각 표상을 보며 몸으로는 그들의 말과 이미지에 정확히 반응하는 촉각 자극을 느끼는 것이다. 레인골드는 원격 음경이 우리의 자아 정의뿐 아니라 성적 접촉을 혁명적으로 변화시킬 것이라고 예측했다.

> 명백히 우리는 완전히 새로운 짝짓기의 의미론에 다가가 있다. 프라이버시와 정체성, 친밀성은 우리가 아직 그에 대해 이름을 가지고 있지 못한 무언가로 긴밀히 결합될 것이다……. 자아에는 무슨 일이 일어나는가? 정체성은 어디에 있게 되는가? 우리의 육체적 감각과 그토록 깊게 서로 얽힌 정보 기계의 시대에 테드 넬슨 Ted Nelson 이 말했을 법하듯이 우리의 의사 소통 장치들은 '그것의 것'으로 간주될 것인가…… 아니면 '우리의' 부분이 될 것인가?[8].

---

6) Barlow, 앞의 글, p.42.

7) Saenz, 앞의 글, pp.143~4.

8) Howard Rheingold, "Teledildonics: Reach out and Touch Someone," *Mondo 2000* 2, summer 1990, pp.52~4; p.54에서 인용.

그의 논문이 발표된 이후를 되돌이켜보면서 라인골드는 그것을 '통제를 벗어난 사고 실험'[9]이라고 부른다. 논문을 올린 지 몇 시간도 지나지 않아 그에 대한 전자 메일이 왔으며, 그 이후에는 전세계에 퍼져 있는 사람들로부터 전화가 걸려 왔다. 그들은 원격 음경이 실재한다고 생각하고 그에 관해 더 많이 알고 싶어하는 사람들이었다. 컴퓨터 관련 회의에서 연설을 하기 위해 독일에 간 그는 자신이 그 곳에서 '뜨거운 상품'이 되었다는 말을 들었다. 사람들은 그가 "컴퓨터와 섹스할 방법들을 실험한다"고 믿었기 때문이다. 라인골드는 다음과 같이 쓴다. "그들을 나에게 소개해 주었던 부회장이 그들이 내 연설을 기대한다고 말했을 때 그는 그들처럼 미소를 지었는데, 이건 놀라운 일이 아니다."[10]

영화 역시 섹스가 가상 현실 체계의 핵심 부분이라는 관념을 퍼뜨렸다. <세뇌 *Brainstorm*>(더글러스 트럼벌, 1983)는 내성적이고 다소 틀에 박힌 컴퓨터 기술자가 매력적인 젊은 금발 여성과 가상 성적 경험을 하고 나서 결정적으로 그의 정신이 바뀐다는 시퀀스를 담았다. 그는 처음에 그 경험의 충격에서 무감각한 것처럼 보였으나 사교적인 유한인으로 변형되는 식으로 회복되었다. <론머맨 *Lawnmower Man*>(브렛 레오나드, 1992) 또한 젊은 여성과 조브 스미스 사이의 가상 섹스를 담은 긴 시퀀스가 있다. 지능이 평균보다 훨씬 아래였던 조브 스미스는 가상 현실 실험 과정에서 초인간으로 상승했다. 이 영화에서 그 경험은 젊은 여성에게 정신적 상처를 주며 그는 영원한 충격 상태 속에 남는다.

두 영화 모두에서 가상 섹스는 순수히 사색적이고 비물리적인 것임에도 육체적 섹스에 비해 보다 강력하며 보다 포괄적인 것으로 그려진다. 분명 현대 문화 속에는 육체가 개입되지 않는 섹슈얼리티

---

9) Howard Rheingold, *Virtual Reality*, New York: Summit, 1991, p.348.

10) 같은 책, p.349.

관념에 대한 강력한 매혹이 존재한다. 어느 정도까지 이 현상은 20세기 말의 인간 육체가 실제로 취약하다는 것에 대한 반응으로 해석될 수 있다. 마크 더리가 쓰듯이 "인간-기계 이종 혼합, 로봇-성교 등 무슨 이름으로 부르든 그것은 가치 없는 육체, 에이즈, 낙태의 권리, 태아 조직, 유전 공학, 나노테크놀로지 *nanotechnology* 등을 포함한 포스트모던적 권력 투쟁의 장소에 대한 유혹적인 대안이 될 수 있다."[11] 실상 인간 육체는 대규모의 파멸 가능성에 직면해 있다. 에이즈, 환경 재해, 핵 전쟁 등이 개인들뿐 아니라 모든 인간을 멸망시킬 위협을 가하는 것이다. 폐기 처분에 직면한 인간이 불완전하고 연약하며 사멸할 수밖에 없는 육체의 부담 없이 순수한 지성으로 재구성될 미래로 자신들을 투사하여 위안을 구하는 것도 이해할 수 있는 일이다. 그러나 육체를 포기하는 환상이 육체적 쾌락까지 포기하지는 않는다. 대신 역설적으로 그것은 섹슈얼리티를 고양시킴으로써 육체 없는 미래가 예외적으로 강렬한 성적 만족을 제공할 것을 약속한다. 그것은 위험이 없는 고양된 충족의 환상이다.

하지만 가상 현실을 둘러싼 논쟁은 종의 생존 이상의 무언가가 문제됨을 드러내 준다. 정말로 논쟁이 되는 것은 종이 생존할 형태, 특히 성차의 정의이다. 가상 현실에 대한 논의는 성 역할에 대한 갈등하는 관점들에 토론의 장을 제공해 준다. 그 관점들은 남성과 여성에 대한 관습적 정의를 고착시키려는 시도에서부터 성적 차이의 관념을 완전히 떨쳐 버리려는 욕망에까지 넓게 펼쳐진다. 갈등의 중심에는 포스트모던적 주체가 있다. 그의 정체성은 더 이상 쉽게 전통적인 가부장적 범주에 의해 결정되지 않는다. 그는 남성이 우월한 체계로 돌아가기를 갈망하거나 또는 억압적이고 낡은 성차 구속으로

---

11) Mark Dery, "Guerilla Semiotics: Sex Machine, Machine Sex: Mechano-Eroticism & RoboCopulation," *Mondo 2000* 5 (n.d.), p.43.

<론머맨>에서의 가상 섹스.

부터 해방되는 것을 찬양한다.

《전기 언어 *Electric Language*》라는 책의 저자이며 컴퓨터 산업의
컨설턴트인 마이클 하임 Michael Heim 은 은연중에 가부장적 질서를 환
기시키는, 규칙이 있고 통제된 가상 현실 체계에 대한 욕망을 예시한
다.[12] <사이버 공간의 에로틱한 존재론 The Erotic Ontology of Cyberspace>
이라는 논문에서 그는 사이버 공간(가상 현실과 동의어로 사용되는)이 "형
이상학적 실험실이며 우리의 실재 감각 자체를 살펴보는 도구"(p.59)
라고 선언하는 것으로 시작한다. 하임은 전기 문화에 의해 구성된 실
재가 플라톤의 에로스 의미를 라이프니츠의 형이상학과 조합한 것이
라고 주장한다. 플라톤의 에로틱한 충동 이론은 우리 문화에서 왜 컴

---

12) 마이클 하임으로부터의 이후의 인용은 그의 논문 "The Erotic Ontology of Cyber-
space," *Cyberspace: First Steps*, Michael Benedikt (ed.), Cambridge, Mass.: MIT Press, 1991,
pp.59~80에서 뽑은 것임. 페이지는 본문의 괄호 안에 표시했다.

퓨터가 에로틱한 환영을 담게 되었는지를 설명해 준다. 플라톤에 따
르면 에로스는 물리적 매력에서 순수하게 사색적인 추구에 이르기까
지의 연속선상에서 작용한다. 따라서, 추상적 지식에 대한 욕망은 성
적 만족에 대한 욕망의 확장이다. 두 욕망은 우리의 존재를 출생(아이
의 출생과 관념의 출현 모두)에 의해 주어진 우리의 물리적 육체 너머로
확장하려는 충동에 의해 동기화된 것이며, 우리가 죽은 후에도 계속
된다. 하임에 따르면 컴퓨터는 인간이 그들의 '고깃덩이' 육체를 포기
하고 추상적 관념이라는 더 높은 영역에 존재하는 것을 가능하게 만
듦으로써 플라톤의 분리된 에로틱한 충동이라는 개념을 그 극단까지
몰고 갈 하드웨어를 제공해 준다.

하임에 따르면 컴퓨터 매트릭스 속에서 존재의 본질은 라이프니
츠의 상징적 논리 개념으로부터 도출되는데, 그것은 추상적 기호들
에 의해 표상된 정보의 불연속적 단편들로 구성된다. 라이프니츠는
정상적인 인간 언어의 모호성으로부터 일단 해방되면 정보가 빠르고
효율적으로 조작될 수 있다고 본다. 17세기에 이처럼 라이프니츠는
현대의 컴퓨터와 전기 회로에 대한 기초를 제공했다. 또한 라이프니
츠는 인간의 지식이 시간적 한계를 초월하여 신과 같은 전망에 필적
할 수 있으며 그리하여 모든 것을 동시에 지각하고 이해할 수 있을
것이라고 믿었다. 하임에 따르면 실상 우리의 현대 전기 문화는 모
든 복잡성을 즉각적으로 획득 가능하고 모호하지 않은 정보의 단편
들로 환원하여 모든 것을 약호화하려고 한다.

하임은 플라톤의 에로틱한 충동을 라이프니츠의 신과 같은 전지
全知함의 모델과 제휴시킴으로써 가상 현실이 자기 파괴적인 역설을
포함하게 되었다고 주장한다.

은밀하게 감춰진 장소, 알려지지 않은 것의 매력을 제거하면 더 멀
리 나아가려는 성적 충동, 갈망의 근원까지 파괴하게 된다. 합성 실

재를 만들어 컴퓨터로 모사된 환경 속에 들어가면 근본적으로 당신의 손길에서 달아나는 것, 새롭고 예측 불가능한 것을 이해하고 싶은 갈망까지 훼손된다. 컴퓨터의 전지적 관점은 완전한 인간이 될 자유를 박탈한다. 컴퓨터 신이 이미 구석구석까지 다 알고 있다는 것을 알게 되면, 당신은 탐색하고 발견할 자유를 박탈당한다(p.78).

논점을 명확히 하기 위해 하임은 윌리엄 깁슨의 ≪뉴로맨서≫에 나오는 한 문장을 분석한다. "전지全知의 부담 밑에서 비틀거리는 에로틱한 연인…… 그녀가 완전히 알려졌을 때, 이분법적 구성물의 분석과 종합에 완전히 노출되었을 때에도 그녀는 여전히 연인으로 남아 있을 수 있을까?"(p.79)

하임은 가상 세계가 성적 충동을 고정된 유형으로 안정화시키도록 계획된 규칙들을 버리도록 할지 모른다고 염려한다. 하임은 가상 공간에서 물리적 현존을 상실하면 책임감과 도덕심까지 상실된다고 본다. '대면적 의사 소통, 사람들 사이의 피부 접촉이 장기적인 따뜻함과 충성을 지탱'(p.76)하는 반면 그는 우리가 가상 공간에서 스스로를 표상하기 위해 만든 가상 애완 동물로 변형되면 의무감을 상실하게 될 것이라고 두려워한다. 그는 그 결과가 '유례 없는 야만주의'(p.77)가 될 것이라고 쓴다. 그는 진정한, 매개되지 않은 육체에 대한 신념을 주장하면서 은연중에 자기 현시가 생물학적으로 결정된 범주의 한계를 초월하여 자유롭게 되어야 한다는 관념을 거부한다.

하임에게 미스터리는 기본적으로 알 수 없는 타인의 본질적인 속성으로서, 동등하게 구성된 주체들의 유쾌한 연극성에서는 나올 수 없는 것이다. 에로티시즘에 대한 그의 생각은 주체로부터 객체로의 일방적 흐름만을 상상하며 두 주체들 사이의 상호적 유형을 수립할 욕망의 회귀는 존재하지 않는다. 그의 세계는 가부장제처럼 욕망의 대상을 그것의 영원한 타자성을 확보함으로써 통제한다. 하임은 욕망의 대상으로부터 미스터리의 장막을 제거하고 다른 주체를 드러내는 가상 세계에 아무런 관심이 없다. 그에 따르면 "컴퓨터화된 정보 접근의 동시적인 일시성이라는 관념은 알 만한 가치가 있는 세계를 훼손한다. 육체의 세계는 그것이 지니는 거리와 감춰진 지평 때문에 알 만한 가치가 있"(p.80)기 때문이다.

야만적인 풍경, 즉 '인간이 만든 정보 정글'(p.77)에 대한 하임의 묘사는 프레드릭 제임슨이 포스트모던 건축의 탈중심화된 혼란[13]이라고 파악했던 것과 닮아 있다. "아무런 명백한 중심이 없이 행위와 감춰진 사잇길의 미로가 뱀처럼 우리를 감싸는"(p.77) 이 혼란스러운 공간과 관련해 하임은 정보가 그것의 가치와 무관하게 자유롭게 순환한다고 유감을 표시한다. 그가 원하는 것은 전통적인 출판사의 노선을 따라 가치 있는 것을 결정해 줄 중심되는 어음 교환소이다. 그것은 중세 유럽 도시의 성당처럼 절대적 중심 둘레에 통일성을 창조하는 것이다. 하임은 미학적 표준이라는 정전正典의 체계에 기초해 정보에 대한 접근을 제한할 집중된 권위 체계를 갈망한다. 따라서, 그가 갈망하는 것은 표현이 제한되고 욕망이 주의 깊게 조절되는 엄격하게 통제된 가부장적 가상 실재이다.

대조적으로 <정신은 샘솟는 무지개다 Mind Is a Leaking Rainbow>라는 논문에서 컴퓨터 애니매이션 예술가 니콜 스텐저 Nicole Stenger 는 성차와 과거의 성적 구속이 상쾌한 바람 속에 날아가 버린 가상 실재를 그린다.[14] "폭발이 일어나리라는 것은 명백했다. 중력과 역사, 영역에 기초하는 구질서의 빅뱅 말이다. 전체 문명이 균형을 잃게 될 것이다"(p.51). 스텐저는 묵시록적이지만 기쁨에 찬 언어를 사용하

---

13) Fredric Jameson, *Postmodernism, or, The Cultural Logic of Late Capitalism*, Durham, N.C.: Duke University Press, 1991, pp.38~45.

14) 니콜 스텐저 Nicole Stenger 로부터의 이하의 인용은 그녀의 논문 "Mind Is a Leaking Rainbow," *Cyberspace: First Steps*, Michael Benedikt (ed.), Cambridge, Mass.: MIT Press, 1991, pp.49~58에서 뽑은 것임. 페이지는 본문의 괄호 안에 표시했다.

여 새로운 세계를 찬양한다. 새로운 세계는 "낙원처럼 느껴질 것이다"(p.52). 모든 것 — 공간, 시간, 삶, 죽음, 그리고 가장 중요한 것으로 정체성 — 에 대한 우리의 지각이 변형될 것이다. 그녀는 성적 차이가 폐기될 것이라고 시사하면서 다음과 같이 쓴다. "우리 모두는 천사가 될 것이다. 그것도 영원히! 고도로 불안정하고 양성적인 천사가"(p.52). 사이보그를 유연한 정체성에 대한 은유로 보았던 도나 하러웨이처럼 스텐저는 흐려진 경계선의 관념을 포용한다.[15] 마이클 하임과 달리 그녀는 질서의 감각을 부과할 규칙과 조절이 사라지는 것을 환영한다. "우리가 실재라고 부르는 것은 어쨌든 일시적인 합의에 불과"(p.53)하기 때문이다.

가상 현실에 대한 이들 대조적인 관점들 사이의 가장 두드러진 차이는 저자들이 선택한 은유적 언어에서 드러난다. 하임의 중심 은유는 중세의 교회 첨탑으로서, 그것은 주변의 질서가 꽉 잡힌 공동체를 지배하는 남근적 탑이다. 스텐저의 중심 은유는 물, 즉 '유동성의 세계'(p.54)이다. 양차 대전 사이에 존재했던 독일의 프라이코르프스 연대에 대한 클라우스 테벨라이트 Klaus Theweleit 의 2권으로 된 연구서 《남성 판타지 *Male Fantasies*》에 따르면 그와 같은 여성적 유동성이 가부장제의 극단적인 병리적 산물인 원파시스트 *protofascist* 남성 병사들에게 압도적인 두려움을 불러일으켰다.[16] 실상 니콜 스텐저는 가상 현실 속에서 "그들 정신의 투명한 거울 속에서 허우적대고 아마도 여성이 될 불쌍한 영혼"(p.54)에 대해 빈정거리는 투로 동정을

---

15) Donna Haraway, "A Manifesto for Cyborgs: Science, Technology, and Socialist Feminism in the 1980s," *Socialist Review* 80, 1985, pp.65~107; Haraway, *Simians, Cyborgs, and Women: The Reinvention of Nature*, New York: Routledge, 1991, pp.149~81에 재수록.

16) Klaus Theweleit, *Male Fantasies*, 2 vols. (vol. 1, *Women, Floods, Bodies, History*, Stephen Conway [trans.], Minneapolis: University of Minnesota Press, 1987; vol. 2, *Psychoanalyzing the White Terror*, Erica Carter & Chris Turner [trans.], Minneapolis: University of Minnesota Press, 1989).

표한다. 덧붙여서 포스트모더니즘의 일류 이론가들 가운데 한 사람에게 기습을 하며 다음과 같이 쓴다. "보드리야르 씨, 우리가 물 속에서 즐겁게 놀 때 왜 해변에서 마른 호두를 파는 겁니까?"(p.54)

하임과 스텐저는 전자적 섹슈얼리티가 어떻게 펼쳐질지 그려 보려고 하는 지점에서 다른 사람들에게 합류한다. 가상 섹스에 대한 반응은 비난에서 찬양에 이르기까지 다양하다. 어떤 사람들은 자유로운 성적 표현에 대한 약속에 환호하며 그것의 교육적 이점을 강조한다. 작가이자 컴퓨터 연구가인 브렌다 로렐 Brenda Laurel 의 얘기를 들어 보자.

우리는 사람들이 서로를 위해 자신들의 섹슈얼리티에 대한 표상을 구축해 줄 수 있도록 해 주는 새로운 표상 세계를 가진다. 그리고 이들 구성물들은 더 이상 실제 세계의 양식과 스테레오타입의 좁은 어휘에 의해 제한되지 않는다. 예를 들어 10대들은 일반적으로 그들의 섹슈얼리티를 색칠할 색상이 상당히 좁은 편이다. 그러나 컴퓨터 네트워크와 상호 작용적 게임을 통해 우리는 스테레오타입이 아닌, 주어진 틀을 벗어나서 자신의 성적 개성의 풍미를 구성할 기회를 보기 시작한다. 나는 그것이 정말 좋은 일이라고 생각한다. 우리가 새로운 매체 패러다임의 출현 속에서 우리의 성적 에너지를 더 많이 담게 될수록 더욱 좋다.[17]

마이크 샌즈 역시 가상 섹스가 교육에 긍정적으로 적용될 수 있을 것이라고 예측한다. "모의 비행이 실제로 비행기를 타기 전에 미리 조종사를 훈련시키는 데 사용되는 것처럼 모의 섹스도 원하지 않는 임신을 방지하고 섹스에 의해 전염되는 질병을 경고하는 데 사용될 수 있을 것이라고 생각한다."[18] 그는 "정교한 모의 섹스가 모든

---

17) Brenda Laurel, Suzanne Stefanac, "Sex and the New Media," *NewMedia* 3, no. 4, April 1993, pp.38~45; p.41에서 재인용.

18) Mike Saenz, 앞의 책, p.41에서 재인용.

곳에 퍼져 합법적인 오락, 교육, 치료의 수단으로 받아들여질 것"[19]이
라고 예측한다. 그 결과 "개인적이고 친밀한 관계를 실제로 어떻게
맺을지 모르는 많은 사람들이 많은 불필요한 고통에 안녕을 고하
게"[20] 될 것이라고 희망한다. <미래의 섹스>의 편집인인 리자 팰럭
Lisa Palac 과 <몬도 2000>의 편집자인 주드 밀혼 Jude Milhon 은 건강한
가상 섹스의 가능성을 예견하는 사람들 편이다. 밀혼은 사이버 섹스
가 이용자들을 인간 사이의 섹스가 주는 물리적, 병리학적 위험으로
부터 보호해 줄 수 있다고 주장한다.[21]

좀 덜 낙관적인 사람들도 있다. <사이버아트 CyberArts>의 편집인
린다 제이콥슨 Linda Jacobson 은 가상 섹스가 여성에 대한 남성의 폭력
적 힘을 증가시킬 수 있다고 경고한다. "인터액티브한 포르노 게임
에 비해 종래의 책이나 비디오로 된 포르노는 훨씬 순진한 편에 속
한다. 이들 상품들은 남성들에게 그들이 여성을 통제할 수 있다는
것을 보여 준다. 당신은 당신의 명령대로 하도록 강요할 수 있고 그
들은 그것을 기꺼이 한다. 나는 검열에는 절대 반대지만 이런 종류
의 것들이 여성에게 매우 불편한 느낌을 줄 수 있다는 사실을 남성
들이 알도록 해야 한다고 생각한다."[22] 작가이자 성 교육자인 수지
브라이트는 가상 섹스에 대해 혼합된 감정을 표현한다. 에로틱한 환
상을 표현하라는 초대에 대한 그녀의 열광은 누가 테크놀로지를 통
제할 것인가 하는 관심과 혼합되어 있다.

컴퓨터 산업과 성적 오락 산업은 모두 고전적인 남성 지배 영역이
다. 컴퓨터 귀신들이 만들어 낸 가상 현실에 여성의 욕망과 관점이

---

19) 같은 책.

20) Mike Saenz, Johnny Dodd, "Virtual Sex: A Peek at the High-Tech Sexual Future," *Providence Phoenix*, 18 March 1993, p.5에서 재인용.

21) Jude Milhon, 앞의 글, p.5에서 인용.

22) Linda Jacobson, Stefanac, 앞의 글, p.41에서 인용.

생생하게 살아날까? 나에게는 나 자신의 매우 여성적인 사춘기적 환상이 간직되어 있다. 하지만 그것들이 이 사업의 주류에 의해 다뤄질 것이라고는 생각하지 않는다. 동등한 방종의 기회는 차치하고라도 가상 소프트웨어가 아무런 사회적 테크놀로지나 교육적 관점을 지니지 못한 기술자들에 의해 만들어질 때 나는 그 가운데 기대할 만한 것이 하나라도 있을지 의심스럽다.[23]

비비안 소브첵은 가상 현실이 담고 있는 도피주의에 대해 훨씬 더 날카로운 비판을 보여 준다.

가상 공간으로의 휴가와 '가상 정치'(그것의 결핍을 제외하면 일상 세계에 별다른 영향을 미치지 못할 것으로 보이는 것)라는 찬양할 만한 (그리고 일반적으로 경제적으로 특권화된) 하위 문화의 출현은 나에게는 물질적 공간과 육체의 피할 수 없는 죽음과 환경의 취약성에 대한 특정한 정치(내가 감히 '실제' 정치라고 말할 수 있을까?)를 벗어나려는, 잠재적으로 위험스럽고 불온하게 잘못 계산된 시도로 보인다. 그런데 이것이 바로 양자에 대한 우리의 실존적이고 매우 구체적인 투자에 대해 모두가 긴밀한 관심을 기울일 필요가 있는 때에 벌어진다.[24]

동시에 소브첵은 가상 세계로 도피하려는 욕망이 바로 지금과 같은 시대에 그토록 강력하게 지배하는 것에 놀라지 않는다. 그가 보기에 지금의 시대는 "시간적 좌표는 인간이 아니라 계산을 지향하고, 공간적 좌표는 '여기'의 간략한 점유로 움츠러든 시대이며, 생명에 대해 너무 많은 인지된 위험이 존재하고, 육체와 정신이 담고 생존하기에는 너무 많은 정보가 존재하는 시대이다. 그렇다면 우리가

---

23) Susie Bright, *Sexual Reality: A Virtual Sex World Reader*, Pittsburgh, Pa.: Cleis, 1992, p.65.

24) Vivian Sobchack, "New Age Mutant Ninja Hackers," *Artforum International* 29, no. 8, April 1991, pp.24~5.

어디에 있고 누구인가 하는 것으로부터 초월하고 도피하려는 욕망에 놀랄 필요가 있을까?"[25]

가상 현실을 다룬 저술들이 사회 실재에 대한 관심을 결핍한다는 점이 스콧 부캣먼을 괴롭힌다. 그는 가상 현실 주창자들의 달콤한 주장을 '사이버 잠꼬대'라고 말하면서 그것은 "이데올로기에 거의 눈을 감고 있다……. 이들 저작에서 사회 과정에 대한 이해나 정치적 이해는 거의 드러나지 않는다. 단지 우리 모두가 **합리적인 인간처럼 그것에 대해 생각**하기만 한다면 사회의 불평등과 권력 충동은 증발해 버릴 것이라고 믿는 낡고 순진한 자유주의가 있을 뿐이다."[26]

대중 문화가 가상 섹스를 다루는 방식의 중심에는 양성 사이의 권력 관계가 있다. 예를 들어 영화 <론머맨>은 성 역할에 점령되어 있다. 영화는 지성이 놀라운 수준까지 치솟은 조브가 과잉 남성적 헐크로 변형된다는 전제 둘레를 맴돈다. 조브의 지적 성장과 과학자의 지도를 받아 그의 개성이 변형되는 것은 피그말리온 시나리오를 연상시킨다. 조브의 경우 처음에 그의 온순하고 복종적인 성격은 긴 머리카락과 헐렁한 작업복과 더불어 그를 여성적인 인물로 약호화한다. 하지만 그의 정신이 가상 현실 속에서 지능을 증가시키는 실험을 겪고 난 후 그는 긴장된 근육질의 육체를 갖게 되고 꽉 끼는 진바지와 부츠를 신고 카우보이처럼 으스대면서 걷는다. 따라서, 영화는 조브가 일단 가상 현실 속에서 정신이 육체로부터 절연된 후 성차에 대한 생물학적 정의를 버리고 유동적인 성차 경계를 실험할 가능성을 거부한다. 일단 그가 변형되자 영화는 그의 남성성에 대한 어떤 의심도 막아 버린다.

실상 조브의 남성성은 과장된다. 그는 난폭한 공격자로 바뀌어

---

25) 같은 글, p.25.

26) Scott Bukatman, *Terminal Identity: The Virtual Subject in Postmodern Science Fiction*, Durham, N.C.: Duke University Press, 1993, p.190.

<론머맨>에서 가상 현실 실험 대상이 되기 전의 조브 스미스는 단순하고 아이 같은 사람이었다.

<론머맨>에서 가상 현실은 조브를 근육질의 사내다운 남성으로 바꾼다.

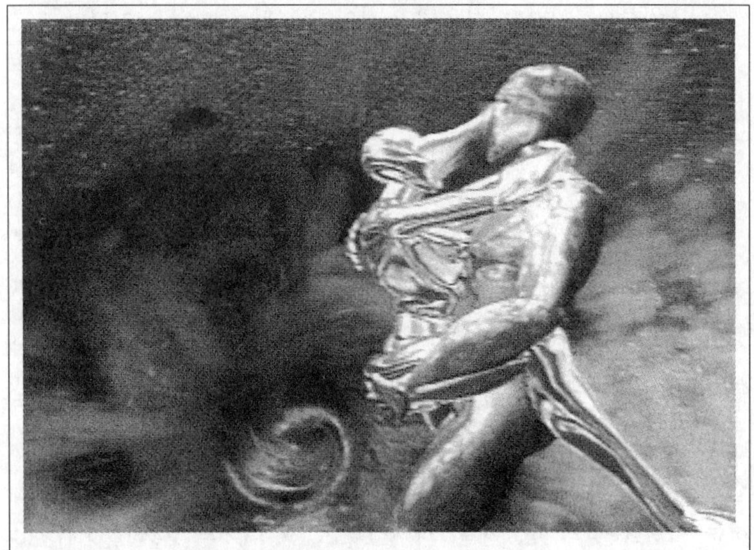

<론머맨>에서 가상 섹스 중 육체의 경계가 혼란스러워지는 장면.

잔인한 살인의 연희로 나아간다. 영화는 조브의 지능이 올라갔을 때 그의 무의식적 잔인성 또한 분출된다는 것을 시사한다. 조브가 여자 친구와의 섹스를 위해 가상 현실에 들어갔을 때처럼 가상 현실의 경계 붕괴가 성적 친밀성의 붕괴와 결합될 때 그의 무의식은 가학적인 분노로 분출된다. 그들의 육체가 자이로스코프를 닮은 메커니즘 속에 떠 있을 때 그들의 정신은 가상 육체와 끊임없이 변화하는 가상 풍경을 불러 낸다. 가상 섹스 중 조브의 가상 육체는 이드에서 나온 포효하는 괴물이 되어 전율하는 여자 친구를 공포에 떨게 한다. 조브의 잔인한 가상 육체는 가부장적 무의식의 분노를 표상한다. 그는 파시스트적 군인이라는 가부장적 극단으로 변형되는데, 클라우스 테벨라이트에 따르면 그들은 자기 육체의 경계라는 취약한 감각을 유지하기 위해 살인을 저지른다. 테벨라이트는 다른 육체를 파괴함으로써 프라이코르프스 병사와 같은 개인이 그가 두려워하는 내부의

분열을 외부화하고 일시적으로 자신이 안정된 주체성을 지닌다고 스스로를 확신시킨다고 주장한다. 파시스트적 군인은 통제할 수 없는 것에 대해 매우 강렬한 두려움을 지녀 섹스를 회피하고 여성을 경멸한다. 그는 여성에 대해 성적 유혹과 그가 유동적인 육체의 위험이라고 인식한 것을 투사한다.

실상 조브가 야만적인 살인자로 변형되는 것은 가상 현실과 섹스 모두에서 그가 경계의 상실을 위협받고 난 이후에 발생한다. 이로써 영화는 가상 현실에 대한 양가적 태도를 표출한다. 영화는 한편으로는 상상력의 유희장으로서 그것을 찬양하며, 다른 한편으로 그것이 성 역할을 가지고 유희하도록 유혹하는 것에 대해 방어막을 친다. <몬도 2000>에서 지적하듯이 가상 현실 속에서 "당신이 접촉하는 어떤 사람의 성, 연령, 피부색, 또는 종(저희는 고양이입니다)조차 확실히 말하는 것은 항상 불가능하다."[27] 앨러퀴어 로잔느 스톤은 더 나아가 "사이보그가 되는 것, 유혹적이고 위험한 사이버네틱 공간을 옷처럼 걸치는 것은 여성적인 것을 걸치는 것이다"[28]라고 쓴다. 경계를 포기하고 가장 무도회에 참여하도록 초대하면서 가상 현실은 모든 사람들에게 여성화된 주체성의 유동성을 경험하도록 요청한다. 하지만 지금 벌어지는 논쟁은 가장 무도회가 되기 전에 가상 현실이 먼저 가상 바리케이드 뒤에서 성 역할을 둘러싼 투쟁이 벌어져야 할 전쟁터임을 시사한다.

---

27) Jeff Milstead & Jude Milhon, "Introduction to 'The Carpal Tunnel of Love: Virtual Sex with Mike Saenz,'" *Mondo 2000* 4 (n.d.), p.142.

28) Stone, 앞의 글, p.109.

4. 근육질 회로

전세계는 남성의 유혈적인 환상이다.
— 어브호(사이보그)[1]

대단한 성공을 거두었던 영화 시리즈들을 통해 '로보캅'과 '터미네이터'는 대중의 의식 속으로 강하게 들어갔다. 그들의 용모는 인간과 테크놀로지의 융합이라는 관념에 구체적인 형상을 부여해 주었다. 둘 다 무적의 힘과 결합되어 파괴적 힘의 환상을 체현하는 공격적인 난폭한 사이보그이다. 이처럼 과잉 폭력적인 인물은 시중에 나와 있는 허구적 사이보그의 많은 유형 가운데 하나에 불과하지만 주류 상업 영화들이 사이보그의 조건을 표상하는 지배적 방식이 되었다. 텔레비전, SF 문학, 만화가 인간과 테크놀로지적 인공물들의 융합을 묘사하는 다양하고 상상력 넘치는 방법들을 탐구해 온 반면, 주류 영화는 폭력적인 남성적 인물을 특권화해 왔다. 막강한 무장을

---

1) Kathy Acker, *Empire of the Senseless*, New York: Grove, 1988, p.210.

한 사이보그 영화에 대한 분석은 영화와 영화가 보여 주는 사이보그가 성적 정체성과 성차에 대한 상이한 사고 방식 사이의 갈등을 상연하고 있음을 드러내 준다.

과학자 한스 모라벡이 전망했던 소프트웨어 인터페이스된 사이보그가 일단 인간의 의식이 컴퓨터 소프트웨어로 다운로드된 후 인간의 육체를 불필요한 것으로 만들 수 있는 반면, 주류 영화는 사이보그를 공격적인 근육질의 육체로 표상한다.[2] 사이보그의 물리적 용감성은 포기되는 것이 아니라 고양되며 그것의 힘은 두뇌적인 것이 아니라 물리적인 것이다. 이들 사이보그가 가장 잘하는 일은 죽이는 것이다.

이런 영화들이 다른 대중 문화에 비해 일관되게 사이보그를 공격적인 살인자로 묘사하지만 영화에 나오는 사이보그가 모두 과잉 남성적인 살인 기계는 아니다. 게다가 이들 영화의 사이보그 살인 기계는 종종 다른 기능을 가지기도 한다. 실상 <터미네이터 2>에서 터미네이터는 대리 아버지로 기능한다. 그럼에도 불구하고 많은 주류 상업 영화는 관습적인 성 역할을 지지하고 남성으로 가정된 시선을 구축함으로써 안정된 남성적 주체의 지위를 유지하는 전통을 굳게 확립한다. 하지만 상업적인 주류 외부에서 이따금 고전적 할리우드 패러디임에 대한 예외가 나타나기도 한다. 몇몇 비주류 영화는 고도의 불안정성과 양성성을 도입하기도 한다. <안드로이드와 양성성 Androids and Androgyny>이라는 논문에서 자넷 버그스트롬은 독립 영화 <리퀴드 스카이 *Liquid Sky*>(슬라바 추커만, 1982)에 나오는 양성성이 어떻게 성적 차이와 연관된 관습적 기대를 파괴하는지 분석한다.[3] 그러나 버그스

---

2) Hans Moravec, *Mind Children: The Future of Robot and Human Intelligence*, Cambridge, Mass.: Harvard University Press, 1988.

3) Janet Bergstrom, "Androids and Androgyny," *Close Encounters: Film Feminism, and Science Fiction*, Constance Penley (ed.) et al., Minneapolis: University of Minnesota Press, 1991, pp.33~60.

트롬은 <리퀴드 스카이> 또한 1970년대 말과 1980년대 초에 전복적인 펑크적 진술이 대유행 스타일로 변형된 이후에는 양성성이 더 이상 현체제에 성공적으로 도전하지 못한다는 점을 인정한다고 설명한다.

최근의 주류 대중 영화에서 할리우드의 스튜디오 시대를 지배했던 전략이 바뀌기는 하지만 전반적으로 그들은 여전히 남성 등장 인물과 여성 등장 인물 사이의 차이를 고집한다. 콘스탄스 펜리는 양성성을 비교적 자주 그리는 오늘날의 SF 영화조차도 외견상 넘어설 수 없는 등장 인물들 사이의 장벽을 만듦으로써 강한 차이감을 수립한다고 주장한다. 인간은 외계인, 안드로이드, 사이보그 또는 미래로부터 온 인간과 어려운 관계 속에 들어가게 되었다. 펜리는 다음과 같이 쓴다. "이들 영화에서 성적 차이에 대한 물음 — 그에 대한 대답이 더 이상 '자명'하지 않은 질문 — 은 인간과 타자 사이의 보다 현저한 차이로 전치된다."[4]

대부분의 주류 영화에서는 여성과 남성 사이의 차이라는 원칙이 여전히 지배적이다. 심지어 논점이 단순히 성적 차이 이상일 때도 그렇다. 반면 다른 매체들은 좀더 유연성을 허용한다. 예를 들어 텔레비전은 영화의 관습적인 테크닉, 즉 시청자의 시선을 지시하고 내러티브적 닫힘을 성취한다는 테크닉에 덜 몰두함으로써 시청자와 보다 파편화된 관계를 수립한다. 텔레비전 이론가들은 텔레비전이 동일시 지점을 끊임없이 변화시키고 개방적인 내러티브를 만듦으로써 관습적인 주류 영화에 비해 유연성을 지닌다고 지적해 왔다. 텔레비전 시리즈 <막스 헤드룸 *Max Headroom*>의 선구격이었던 영국의 텔레비전 영화 <미래로의 20분 *20 Minutes into the Future*>에서 에디슨 카터라는 이름의 텔레비전 리포터는 불구가 된 후 전자적으로 재창조된

---

4) Constance Penley, *The Future of an Illusion*, Minneapolis: University of Minnesota Press, 1989, p.132.

<미래로의 20분>에서 막스 헤드룸이 텔레비전 세계 속에서 낄낄대며 싱글거린다.

다. '막스 헤드룸'으로서의 새로운 정체성 속에서 그는 단지 텔레비전 내부에서, 뉴스 진행자의 고전적인 미디엄 클로즈업 헤드 숏으로만 존재한다. 미디어 이론가 린 조이리치 Lynne Joyrich 는 막스 헤드룸이 '여성화된' 양식으로 경계선을 해소시킨다고 주장한다.

> TV 모자이크에 갇혀(막스가 주장하듯이 ˙전적으로 '체계 속에서') 텔레비전 사이보그는 일종의 우아함과 과잉 현존 – 화면상의 유형들의 자아 없는 흡수를 달성한다. 그렇게 존재의 조화, 경계의 혼동에서 태어난 역설적 전체주의 *holism* 를 달성함으로써 사이보그는 여성성 (그것은 감정 이입과 긴밀함, 과도함과 혼란이라는 용어로 서술될 수 있다)의 이미지를 구현한 것처럼 보인다. 여성을 접촉의 문화적 기호로 놓으면서 텔레비전 사이보그는 이제 여성화된 것으로 형상화된다. 세상에 접속되면서 그는 새로운 자연(테크놀로지적인 TV 매트릭스)의 흐름에 긴밀하게 결속된다.[5]

막스 헤드룸이 텔레비전 내부의 자아 없는 자유 속에서 유쾌하게 방종을 즐기는 것이 곧 그를 여성적인 인물로 만드는 것은 아니다. 오히려 그는 관습적인 남성적 스테레오타입에 대한 대안을 제공하고 그를 통해 엄격한 성 역할이 붕괴되는 데 기여한다. 같은 방식으로 파편화가 곧 텔레비전을 여성적 매체로 만드는 것은 아니다. 파편화가 아무런 대안도 허용하지 않는 허구적 세계인 고전적인 할리우드 스타일의 이음매 없는 내러티브와 안정된 이야기 진행을 붕괴시키는 것으로부터 때때로 여성적 함의가 출현하는 것이다. 막스 헤드룸은 육체적 경계를 유지하고 분해의 위협에 맞서 싸우기 위해 폭력에 의존하며, 남성적 스테레오타입에 집착하는 막강한 무장을 갖춘 사이보그와는 큰 거리가 있다.

막스 헤드룸과 달리 로보캅과 터미네이터는 테크놀로지적으로 강화된 육체를 가지고 집요하게 폭력을 행사하는 인물들이다. 어떤 면에서 광분하는 영화적 사이보그라는 현상은 테크놀로지에 대한 공포가 잔존함을 시사한다. 우리는 <메트로폴리스>와 같은 오래 된 영화에서 유사한 표현을 발견할 수 있다. 전자 테크놀로지의 믿을 수 없는 능력은 확실히 공포와 두려움을 불러일으킬 수 있는데, 그것을 허구적으로 표상하면 인간 등장 인물을 힘으로 능가하는 거대한 육체들로 번역될 수 있다.

그럼에도 불구하고 컴퓨터의 능력에 대한 공포만으로 영화가 일관되게 사이보그를 폭력과 연관시키는 이유를 모두 설명하지는 못한다. 중요한 점은 영화에 나오는 근육 지향의 사이보그가 만화에 나오는 근육질의 초영웅의 전통을 따른다는 점이다. 그리고 이들 초영웅들처럼 그들의 성적 호소력은 그들이 구현하는 힘의 약속에 있다.

---

5) Lynne Joyrich, "Television and the Cyborg Subject(ed)," University of Wisconsin Center for Twentieth Century Studies Working Paper no. 8, Milwaukee: University of Wisconsin Center for Twentieth Century Studies, 1989~90, p.15.

그들의 고양된 육체성은 성적 클라이맥스에 이르는 것이 아니라 폭력 행위가 되고 만다. 폭력이 성적 해방을 대체했다. 영화학자 스티븐 닐 Steven Neale 은 영화가 동성애에 대한 문화적 금기를 피하려다 보니 남성의 섹슈얼리티를 폭력으로 대치하게 되었다고 주장한다. 동성애 공포증이 영화 테크닉에 강한 영향을 미쳤다는 것이다.[6] 예를 들어 스크린에서 남성의 육체를 애무하는 클로즈업 숏은 남성 관객으로부터 동성애적 반응을 고무한다. 하지만 닐이 설명하듯이 수동적이고 바람직한 남성 육체를 묘사하는 장면은 그를 객체 또는 폭력의 가해자로 만들려고 개입하는 내러티브에 의해 훼손되고 그로써 그의 육체에 대한 카메라의 객체화를 정당화한다. 영화적 사이보그의 고양된 육체성은 따라서 성적 표현이 아니라 야만적 폭력에 이르게 된다.

테크놀로지와 폭력의 연결은 20세기에 나타나는 독특한 것이 아니다. 사람들의 삶이 급진적으로 변형되었던 19세기 산업 혁명이라는 사회적 격변기에 기계가 진보를 가져올 것이라는 널리 퍼진 낙관주의가 잠재적으로 테크놀로지의 파괴적인 힘에 대한 불안과 동반되었다. 기계가 불러일으킨 공포는 그들의 거대한 크기에 의해 악화되었다. 기계는 대부분 거대하고 시끄러웠으며 공격적인 내구성으로 밀고 펌프질하고 돌았다. 그들의 힘은 만질 수 있고 가시적인 것이었다.

산업 기계와 그것이 지닌 강력한 에너지와 달리 전자 테크놀로지는 조용히 수동적으로 기능한다. 그럼에도 불구하고 내가 앞에서 언급한 바 있듯이 테크놀로지를 표상하는 산업 시대의 은유가 정보 시대에도 계속된다. 예를 들어 컴퓨터는 그들의 '힘'에 기반해서 비교되는데, 원래 그 용어는 물리적 힘을 가리키는 것이었지만 이제

---

6) Steven Neale, "Masculinity as Spectacle: Reflections on Men and Mainstream Cinema," *Screen* 24, no. 6, 1983, p.37.

컴퓨터의 계산 속도와 메모리를 가리키는 것으로 바뀌었다. 따라서 비물리적 계산 기능과 관련된 작용이 물리적 힘을 함축하도록 담론적으로 재구성된다. 우리가 사는 포스트모던 시대는 담론적 시대 착오로 특징지어지는데, 그것은 산업적이고 확고하게 가부장적이었던 19세기의 절박함으로 거슬러 올라간다. 폭력적이고 강력한 사이보그 이마저리가 새로운 포스트모던적 사회 질서에 의해 초래된 변형에 저항하기 위해 테크놀로지와 성적 차이, 성 역할에 대한 19세기적 관념에 집착하는 오늘날의 담론에 동참한다.

기계화를 항상 물리적으로 강력하다고 파악해 왔던 것은 아니다. 역사학자 로저 한 Roger Hahn 은 고대 그리스 시대에서 르네상스기까지 무지한 대중은 기계화를 은폐된 신비한 것으로 파악했다고 지적한다.[7] 대부분 사람들이 이해하는 기계는 종종 인간이나 동물과 같은 형상을 했고 사람의 통제로부터 독립되어 움직임으로써 사람들을 놀라게 하도록 디자인되었던 기계적 자동 인형에 기초했다. 자동 인형을 통제하는 메커니즘은 남들이 보지 못하도록 숨겼으며, 장인들은 그 인형들이 마술적이고 신비하다는 관념을 증진시키기 위해 그들의 디자인을 숨겼다.

한에 따르면 기계화에 대한 개념이 내부적인 것에서 외부적인 것, 또 접근 가능한 것으로 바뀐 시기는 르네상스기이다. 기계적 도구들이 비밀스러운 집단들의 독점에서 해방되어 탈신비화된 것이다. 16세기가 되자 기계가 어떻게 작동하는지를 설명하는 정확한 예와 함께 완전한 텍스트들이 쏟아져 나오기 시작했다. 덕분에 누구나 그런 장치들을 이해할 수 있게 되었다. 한에 따르면 "기계를 시각적으로 표상하게 되면서 기계의 비밀스러운 내부와 숨겨진 힘은 영원히

---

7) Roger Hahn, "The Meaning of the Mechanistic Age," *The Boundaries of Humanity: Humans, Animals, Machines*, James J. Sheehan & Morton Sosna (ed.), Berkeley: University of California Press, 1991, pp.142~57; p.145에서 인용.

벗겨져 버렸다."[8] 동시에 과학적 탐구라는 새로운 르네상스 철학이 외부적으로 가시적인 것을 강조하면서 비가시적인 것에 대한 이전의 찬양을 대치했다. 베이컨, 갈릴레오와 함께 출현하기 시작한 과학자들은 순수한 믿음에 의해 인정되기보다 실험을 통해 증명될 수 있는 이론을 특권화했다. 한이 쓰듯이 "새로운 과학의 음조는 마술적인 것을 가시적인 것으로, 신비한 것을 만질 수 있는 것으로 대치했다."[9]

외부적으로 강력한 기계의 개념은 19세기와 20세기 초의 산업 기계에 의해 형성되었다. 노동자로서의 기계의 새로운 역할에 조화되게 새로운 형상, 즉 로봇이 인간의 기계적 복제품으로서 자동 인형을 대치했다. 1920년에 체코의 희극 작가 카렐 차펙 Karel Čapek 의 <R.U.R.> ("로섬의 보편적 로봇 Rossum's Universal Robots")이라는 연극에서 **로봇**이라는 용어가 도입된 후[10] 로봇의 이마저리는 20세기 초 SF의 주요소가 되었다. 그것은 대개 인간을 전복시키도록 결정된 위험한 실체로 로봇을 묘사함으로써 <R.U.R.>이 공연한 프랑켄슈타인의 주제를 유지한다.[11]

자동 인형과 로봇은 단지 이름만 다른 것이 아니다. 자동 인형은 기계화가 신기하고 즐거운 미스터리였던 초기 시대에 속한다. 반면 로봇은 공장과 제분소 시대에 속하는데, 기계들이 그들의 강력한 현존을 힘차게 선언했던 시대이다. 장 보드리야르는 "전세계가 이들 두 인공적 존재를 갈라 놓는다"면서 자동 인형은 '인간의 유비'였던 반면 로봇은 '인간의 등가물'이라고 주장한다.[12]

---

8) 같은 글, p.146.

9) 같은 글, p.147.

10) Karel Čapek, *R.U.R.*, London: Oxford University Press, 1964(1920).

11) Isaac Asimov & Karen A. Frenkel, *Robots: Machines in Man's Image*, New York: Harmony, 1985, p.12.

12) Jean Baudrillard, *Simulations*, Paul Foss, Paul Patton, & Philip Beitchman (trans.), New York: Semiotext(e), 1983, pp.92~3.

로봇과 자동 인형이 '외형상' 닮았다는 점 때문에 이 점에 대해 실수를 저질러서는 안 된다. 자동 인형은 자연, 즉 영혼의 존재 또는 비존재에 대한 미스터리, 외관과 존재의 딜레마에 대한 질문이었다. 그것은 신과 같다. 그 모두의 아래에는 무엇이 있는가, 내부에는 무엇이 있는가, 그것의 뒤에는 무엇이 있는가……. 로봇에는 그런 것이 아무것도 없다. 로봇은 더 이상 외관을 질문하지 않는다. 그것의 유일한 진실은 기계적 효율성이다.[13]

자동 인형에서 로봇으로의 전이와 함께 인공적 존재에 부여된 중요성도 변화를 겪게 된다. 로봇은 더 이상 매력적인 기계적 신선함으로 대접받지 못한다. 오히려 그것들은 인간을 위해서 또는 인간에게 그것들이 할 수 있는 것에 기초해서 평가된다.

20세기 말에 이르자 기계는 복잡한 극소 전자 회로에 의존하는 체계로 대체되었다. 우리가 살고 있는 정보 시대는 이해할 수 없는 것이며 시각으로부터 감춰진 것으로서의 기계 개념을 재도입한다. 컴퓨터 하드웨어는 컴퓨터 화면 뒤에 감춰진 작은 부품들을 담으며 대부분의 사람들에게 체계가 어떻게 기능하는지는 미스터리에 싸여 있다. 컴퓨터에 마술적 속성을 부여하는 비밀 집단은 아무것도 없지만 그럼에도 불구하고 컴퓨터 하드웨어에 대한 전문적 능력은 훈련받은 전문가들에 한정되어 있으며 그들조차 때로는 컴퓨터의 복잡성과 감춰진 능력에 두려움을 느낀다. 브러스 스털링은 다음과 같이 말한다.

컴퓨터는 미스터리와 힘을 생각나게 하는 무시무시한 창조물이다. 소프트웨어 엔지니어들이나 하드웨어 디자이너들에게조차 컴퓨터는 무언가 깊고 기본적인 의미에서 절망적으로 좌절을 맛보게 한다. 이것이 상용 소프트웨어가 아무런 실제적인 보증 기간 없이 팔리는

---

13) 같은 책, pp.93~4.

이유이며 또 컴퓨터가 버그가 많고, 자주 다운되며, 불안정하고, 비직선적이며, 근본적으로 불안정한 이유이기도 하다. 초당 수백만 번의 상호 작용적 조작을 수행해야 하는 기계는 간단히 말해 너무 복잡해서 어떤 인간의 두뇌도 완전히 이해하지 못할 정도이다.[14]

감춰지고 신비한 컴퓨터의 복잡성에도 불구하고 로보캅과 터미네이터 영화에 나오는 사이보그 이마저리는 기계화의 내부적 개념보다는 외부적 개념에 의존한다. 로봇의 관념에 영감을 불어넣어 주었던 산업 기계 이래 테크놀로지는 더욱 작아지고 보다 수동적이 되어 가지만 로보캅과 터미네이터는 로봇처럼 그들의 커다란 크기와 물리적 힘에 의해 구분된다. 이들 영화의 사이보그는 공격적인 육체이며 메리 앤 도앤Mary Ann Doane 이 말하듯이 "테크놀로지가 표상의 영역에서 육체와 뒤섞일 때 성적 차이에 대한 질문을 불가피하게 담게 된다."[15]

사이보그 영화는 실상 성적 차이에 사로잡혀 있으며 그들의 논쟁 영역 가운데 하나는 사이보그의 형상이다. 테크놀로지적으로 생산된 사이보그의 형태는 인간의 섹슈얼리티에 대한 은유를 구현한다. 강철같이 단단한 남근적 힘이 여성적인 유동성과 대립된다. 오늘날에도 여전히 지배적인 이들 특수한 은유들은 18세기 말을 지배했던 사고 방식에서 파생된 것인데, 그로부터 두 개의 대립적인 성이라는 관념이 자연화되고 당연시되었다. 토머스 라쿼어 Thomas Laqueur 가 ≪성 관념의 형성 *Making Sex*≫에서 밝혔듯이 초기에 사람들은 일반적으로 단일 성 모델이라는 용어로 사고했다. 그 모델 속에서 남성의 것과 거의 동일한 생식기를 지니지만 단지 밖으로 팽창하기보

---

14) Bruce Sterling, "CATscan: Cyber-Superstition," *Science Fiction Eye* 8, winter 1991, pp.11~2; p.11에서 인용.

15) Mary Ann Doane, "Technophilia: Technology, Representation, and the Feminine," *Body / Politics: Women and the Discourses of Science*, Mary Jacobus, Evelyn Fox Keller, & Sally Shuttleworth (ed.), New York: Routledge, 1990, pp.163~76; p.163에서 인용.

다 역전되어 있을 뿐인 여성의 육체는 남성의 육체에 비해 충분히 발달되지 못한 것으로 생각되었다.[16] 단일 성 모델은 수직적이고 위계적이었다. 여성은 남성에 비해 덜 완전하지만 전혀 다른 존재는 아니라고 생각되었다. 18세기 이전에는 남성과 여성에 부여된 상이한 사회적 역할이 분명한 생물학적 차이에 기반해서 정당화되기보다 문화적으로 규정된 성차 범주에 기초해서 이해되었다. 실상 육체는 개인의 성에 대한 전적으로 신뢰할 만한 지표로 간주되지 않았다. 라퀴어는 18세기 이전에 유행했던, 성기가 출현하면서 육체가 변형된 여성에 대한 많은 이야기들을 인용한다. 일단 변형이 의사에 의해 확증되면 이들 여성들은 이름을 바꾸고 남성이 될 수 있었다.[17] 18세기의 사회적, 정치적 격변 이후에야 양성 모델이 승리하게 되었는데, 이 변화는 인간 육체에 대한 새로운 지식 때문이 아니라 상승하는 부르주아와 새롭게 산업화되는 사회의 요구 때문이었다.

양성 모델은 20세기 말의 사고도 여전히 지배한다. 여기서 남성과 여성의 차이, 그리고 여성의 가정된 열등성은 여성을 그녀의 육체에, 보다 특정하게는 그녀의 성적 기관에 환원함으로써 설명된다. 여성의 성적 기관은 남성의 것과 반대되는 것으로 생각된다. 여성의 생식기는 강력하고 공격적인 남성의 성기와 달리 감춰져 있으며 내부적이고 불활성인 것으로 서술된다. 따라서 여성은 육체의 열등한 공간, 감춰지고 유동적이며 동요하는 내적 체계와 연결된다(라퀴어는 단일 성 모델에서 남성의 육체와 여성의 육체는 모두 액체가 채워진 그릇으로 이해되었다는 것을 보여 준다).[18] 반면 양성 모델에서의 남성은 메마른 굳음과 딱딱한 물리적 힘과 연결된다.

---

16) Thomas Laqueur, *Making Sex: Body and Gender from the Greeks to Freud*, Cambridge, Mass.: Harvard University Press, 1990.

17) 같은 책, pp.126~7.

18) 같은 책, pp.35~43.

남성과 여성의 스테레오타입은 오랫동안 테크놀로지에 대한 은유로 사용되었으며 그것들은 양성 체계가 지배하는 한 계속될 것 같다. 공격적인 근육질의 사이보그 이마저리는 테크놀로지에 대한 남근적 은유의 지배력을 주장한다. 남근적 사이보그는 현대 전자 테크놀로지에 대한 모순되는 은유와 대립된다. 그것은 감춰졌으며 수동적이고 내부적으로 작동하는 '여성화된' 컴퓨터이다. 여성적 은유는 극소 회로가 물리적으로 강력하거나 거대하지 않다는 사실을 강조한다. 극소화, 감춤, 조용함이 그것의 기저 원리이다. 게다가 컴퓨터 사용자들은 자신들의 자아 경계를 붕괴시키는 그들의 터미널과 심리적 연합을 경험한다. 유동적인 자아 경계에서 기인할 수 있는 친밀함과 감정 이입은 관습적으로 여성적 주체성과 연관되는데, 그것은 남성적 자아에 비해 오이디푸스적 개인화에 덜 의존적이다. 서구 사회에서는 최근 들어 남성이 이른바 여성적 특징을 보이는 것에 관용적인 태도를 보인다. 그래서 유동적인 자아 경계가 더 이상 여성의 독점적인 특징으로 생각되지 않기도 한다. 하지만 전통적인 성차 스테레오타입에 도전하는 모든 인간의 행동에는 가부장적인 저항의 보루가 존재한다. 영화에서 과잉 폭력적인 근육질 사이보그는 변화에 대한 여성 혐오증적 저항의 상징 가운데 하나이다. 그는 20세기 말의 테크놀로지가 더 이상 강력한 남근적 모델에 적합하지 않고 이제 인간의 성적 다양성에 대해 더 많이 용인하게 된 사태를 부정하려는 것처럼 화면을 가로지르며 광분한다.

테크놀로지에 대한 여성적 은유가 곧 페미니즘적인 것은 아니라는 데 주목할 필요가 있다. 남성적 은유와 마찬가지로 그것들도 성별 차이에 대한 가부장적 관념을 강화하는 데 사용될 수 있다. 이 장의 뒷부분에서 논의할 영화 <파괴의 이브>가 바로 그런 예를 보여 준다.

컴퓨터가 우리 시대의 지배적인 테크놀로지 패러다임이기는 하지만 그것이 산업 기계를 완전히 대치하지는 않았다. J. 데이비드 볼터가 쓰듯이 "컴퓨터는 많은 구식 기계들, 특히 동력 기계들을 그대로 놓아 두었다. 그러나 컴퓨터는 그것들을 새로운 시각 속에 위치시킨다. 컴퓨터와 같이 진정으로 섬세한 기계가 출현하자 구식 동력 기계들(증기 기관, 가스 기관, 로켓 기관 등)은 그것들의 특권 가운데 일부를 상실했다."[19] 전자 테크놀로지와 산업 테크놀로지가 우리 삶 속에 함께 존재하게 되자 테크놀로지를 성차화된 용어로 개념화하는 방식들 사이에 갈등이 나타난다. 즉, 남성적 은유가 여성적 은유에 대립한다. 사이버펑크 소설에 만연해 있는 소년의 감수성을 분석하면서 앤드루 로스는 남성적 은유를 드러낸다. 그에 따르면 사이버펑크 소설은 인간과 테크놀로지 사이의 인터페이스를 서술하기 위해 전형적으로 터프가이 언어와 하드보일드 탐정 소설에서 빌려 온 이마저리를 사용한다.[20] 니콜라 닉슨 역시 테크놀로지를 전제하는 사이버펑크적 미래의 꿈이 여성 혐오증적 기초 위에서 지탱됨을 발견한다. 그녀에 따르면 사이버펑크의 대변자들은 1980년대의 사이버펑크가 10여 년 간의 쇠퇴기를 겪던 SF를 소생시켰다고 말하면서 은연중에 1970년대의 페미니즘적 SF를 폄하한다.[21]

대중 문화가 자주 강조하는 테크놀로지의 남성다움에 대항하면서 도나 하러웨이는 잠재적으로 여성화되고 페미니즘적인 인물로 사이보그를 상상한다. 즉, 성적 차이를 폐기하고 여성을 가부장적 불평등으로부터 해방시킬 수 있는 존재로서 사이보그를 상상하는 것이다.[22] 일단 사이보그가 인간과 기계 사이의 경계를 제거하면 다른 전

---

19) J. David Bolter, *Turing's Man: Western Culture in the Computer Age*, Chapel Hill: University of North Carolina Press, 1984, p.8.

20) Andrew Ross, *Strange Weather: Culture, Science and Technology in the Age of Limits*, New York: Verso, 1991, pp.137~67.

21) Nicola Nixon, "Cyberpunk: Preparing the Ground for Revolution or Keeping the Boys Satisfied?" *Science-Fiction Studies* 57, July 1992, pp.219~35.

22) Donna Haraway, "A Manifesto for Cyborgs: Science, Technology, and Socialist Feminism

통적인 위계적 경계, 이를테면 성 사이의 위계적 경계도 해체될 수 있을 것이다. 하러웨이는 여성들에게 테크놀로지가 어떻게 페미니즘적 방식으로 사회 관계와 자아 관념을 재구축할 수 있을지를 고려해 보도록 촉구한다. 이런 점에서 그녀는 페미니즘 이론가 애비탈 로넬,[23] 발리 엑스포트[24] 등과 같은 편에 서 있다. 그들은 여성들에게 여성을 이른바 자연 세계와 연관시키고 모든 테크놀로지를 가부장적 억압의 도구로 고발하는 페미니즘의 테크놀로지 공포증적 경향을 거부하라고 고무한다. 하러웨이는 세계의 경제, 인종, 계급, 성차 체계를 조정하는 지배의 정치에 대한 대안을 발전시키는 것의 중요성을 강조한다. 그녀는 극소화에도 불구하고 전자 테크놀로지가 현재 노동자들을 복종시키는 교활하고 강력한 방식으로 사용되며 더욱 파괴적인 전쟁 도구를 창조한다고 본다.[25] 따라서 여성들이 페미니즘의 원칙에 따라 테크놀로지를 이용하고 재규정하는 것이 본질적이다. 19세기의 사회 경제 관계는 우리가 살고 있는 포스트모던 시대에 들어오면서 이미 변형되었다. 하러웨이의 <사이보그 선언>은 페미니스트들이 사이보그 패러다임을 포용하도록 촉구한다. 그 길이 새로운 남성적 스타일의 지배가 20세기 말을 활개치도록 허용하지 않는 방법이라는 것이다.

사이보그 영화들은 우리 문화의 광범위한 담론 갈등 내부에 존재한다. 그 갈등은 테크놀로지에 대한 성차화된 은유를 둘러싸고 벌어진다. 산업적 과거를 묘사할 때 썼던 이마저리로 새로운 전자 시대

---

in the 1980s," *Socialist Review* 80, 1985, pp.65~107; Haraway, *Simians, Cyborgs, and Women: The Reinvention of Nature*, New York: Routledge, 1991, pp.149~81에 재수록.

23) Avital Ronell, interview by Andrea Juno, *Angry Women*, Andrea Juno & V. Vale (ed.), San Francisco: Re / Search, 1991, pp.127~53.

24) Valie Export, "The Real and Its Double: The Body," *Discourse* 11, no. 1, fall / winter 1988~9, pp.3~27.

25) Haraway, 앞의 글, p.70.

를 묘사하려 하면서 영화들은 때때로 혼란의 기호를 드러낸다. <터미네이터>는 테크놀로지가 인간에게 제기하는 위협을 표상하면서 혼합된 은유를 드러낸다. 콘스탄스 펜리가 보여 주듯이 그것은 잘못 작동하는 경향이 있는 오늘날의 가정용 기계 제품과 인간에 대해 전면적 반역을 일으킬 미래의 하이테크 사이에 연계를 꾸며 낸다.[26] 영화에서 인간에 대한 테크놀로지의 위협이 지닌 정확한 본질은 그것의 지능으로 밝혀지지만 물리적 폭력으로 그려진다. 영화의 등장 인물 가운데 한 명인 카일 리즈는 인간에 대항하는 전쟁이 '더 발전한 새로운 질서의 지능'인 방어 체계 컴퓨터들에 의해 지도되며 그들이 모든 인간을 절멸시키기로 결정했다고 설명한다. 그럼에도 불구하고 영화에서 위협은 터미네이터라는 인물에 의해 나타나는데, 그는 인간을 파괴하기 위해 잔인한 폭력에 의존한다. 심지어 미래에 대한 묘사도 방어 체계 컴퓨터가 아니라 탱크, 비행기, 터미네이터 등이 비틀린 강철로 된 산업적 황무지에서 인간을 사냥하고 죽이는 것으로 되어 있다.

<터미네이터>가 어떻게 과잉 남성적인 사이보그를 선호하며 여성화된 사이보그를 거부하는가를 특히 잘 드러내 주는 한 시퀀스가 있다. 컴퓨터 주인에 의해 창조되어 사라 코너라는 젊은 여성을 죽이기 위해 시간을 거슬러 여행해 온 터미네이터는 태아처럼 땅 위에 몸을 구부린 채 새로 태어난 듯이 벌거벗고 취약한 모습으로 1984년에 도착한다. 그의 취약성은 세 펑크족 청년들이 나체의 그를 보고 웃고 조롱하며 주머니칼을 휘두를 때 증가한다. 놀라운 힘으로 그는 그 가운데 둘을 공중으로 집어던지고 주먹으로 다른 한 명을 쳐서 심장을 끄집어 낸다. 남근적 지배를 주장하면서 그는 청년의 육체를 성적인 방식으로 관통한다. 다음 장면에서 그는 그들의 금속

---

26) Penley, "Time Travel," p.124.

<터미네이터 2>에서 완전한 나체로 터미네이터가 술집으로 들어간다.

장식이 달린 가죽옷을 입고 있으며 그 후 곧 총들을 입수한다. 더 이상 취약하지 않은 그는 이제 공격적인 남성성의 장식 속에서 완벽하게 무장된다.

터미네이터가 나체로 등장한 것은 영화의 다른 시간 여행자 카일 리즈에게서도 반복된다. 비비안 소브첵은 그들의 나체에 대해 다음과 같은 점을 지적한다. "터미네이터와 리즈 모두는 더러운 현대 도시의 틀 위로부터 떨어졌으며 그들의 나체는 남성적인 성적 생리와 그들이 외계에서 왔다는 점을 가리키는 것이다." 리즈와 터미네이터는 영화에 유사하게 등장하지만 소브첵이 보기에 그들은 위기에 처한 남성성을 대조적인 방식으로 표상한다. 특히, 그들이 표상하는 부성 *fatherhood* 의 스타일에서 그렇다. 즉, 리즈는 따뜻하고 보호하는 부성적인 인물인 반면 터미네이터는 강박적인 파괴자이다.[27] <터미네이터>는 페미니즘에 의해 가족 구조가 변화하면서 부성을 정의하

<터미네이터 2>에서 가죽옷으로 무장하고 할리 오토바이에 걸터앉자 터미네이터는 존경을 받는다.

는 데 위기가 발생함을 보여 주는 1980년대 이후의 많은 영화들 가운데 하나이다.

속편 <터미네이터 2>(카메론, 1991)에서 터미네이터는 첫번째 영화에서와 동일한 변형을 겪는다. 그는 미래에서 자궁과 같은 거품을 타고 완전한 나체로 도착한다. 그가 서부극에나 나올 법한 거친 술집에 들어갔을 때 우리는 그의 시각에서 모든 사람들이 믿을 수 없다는 표정으로 그의 성기를 응시하는 것을 관찰한다. 터미네이터가 잔인하게 술집 안의 손님들을 공격하고 오토바이를 탄 사람의 옷으로 그의 벌거벗은 육체를 덮은 이후에야 그는 그들로부터 완전한 두

---

27) Vivian Sobchack, "Child / Alien / Father: Patriarchal Crisis and Generic Exchange," *Close Encounters: Film, Feminism, and Science Fiction*, Constance Penley et al. (ed.), Minneapolis: University of Minnesota Press, 1991, pp.3~30; p.23에서 인용.

려움과 존경을 획득한다. 그는 그의 남근적 권위를 보장해 주는 자잘한 소지품들, 즉 할리 데이비드슨 오토바이와 장총을 가지고 떠난다. 성기를 대치하되 그것과 상징적 등가물인 그의 무장은 외부적인 것이며, 따라서 외부적으로 강력한 테크놀로지적 인간의 남성적 이미지를 주장한다.

로보캅 역시 그의 존재를 전자 테크놀로지에 적합한 비활동적 방식으로 시작한다. 그는 컴퓨터인 것이다. 그의 시각에서 우리가 볼 수 있는 것은 그가 남성적 헐크로 변했다는 사실이다. 살해된 경관 알렉스 J. 머피의 유해 일부를 가지고 기계적 요소와 전자적 요소들을 융합시켜 '안전 개념 팀 *Security Concepts team*'이 그를 만들 때 그는 수동적이다. 로보캅이 컴퓨터 터미널과 다른 무엇인가가 될 것이라는 첫번째 지표는 그를 만든 사람들이 그에게 붙이기 전에 강력한 로봇 팔을 보여 줄 때이다. 완성된 후 우리는 그가 강철로 만들어진 근육질 인간의 과장된 체격을 지님을 본다.

＜터미네이터＞와 ＜로보캅＞(버호벤, 1987)에서 테크놀로지와의 융합은 무장을 갖추는 것과 동등한 의미를 갖는다. 두 사이보그는 모두 막강한 인간으로 표상되며, 그들의 육체는 요새화되어 보통 사람이라면 파괴될 공격으로부터도 그들을 보호해 준다. 터미네이터는 총격과 자동차와 오토바이의 충돌, 유류 탱크 트럭에 깔리는 것, 피부가 불 속에서 모두 타 버리는 것, 그의 다리를 빼앗아 간 폭발 등도 견뎌 낸다. 비록 마지막에 유압 프레스에 깔려 파괴되지만 그는 ＜터미네이터 2＞에서 동일한 터미네이터로 대체된다. 로보캅 역시 빗발치는 총탄 속을 두려움 없이 활보하며 수없는 공격을 견뎌 낸다. 불구가 되고 심지어 파괴되었을 때조차 그는 자신이 재조립될 수 있음을 안다. 그는 자신의 인간 파트너이며 영화의 막바지에 치명적으로 상처를 입은 앤 루이스에게 "그들이 당신을 고쳐 줄 것이다. 그들은 모든 것을 고친다"라고 말하듯이.

<로보캅>에서 로봇 컴퓨터의 시점으로 우리는 안전 개념 팀이 로보캅에게 장착될 로봇 팔을 보여 주는 것을 본다.

<로보캅>에서 로보캅은 무장한 강철 인간으로 바뀌었다.

　사이버펑크 소설에 등장하는 마르고 우유 부단한 남성의 육체들과 달리 터미네이터와 로보캅은 바위처럼 단단한 남성성을 보여 준다. 그들에게 장식된 테크놀로지는 요새로서의 그들 육체의 지위를 감소시키는 것이 아니라 고양시킨다. ＜로보캅＞과 ＜터미네이터＞에서 사이보그 이마저리는 클라우스 테벨라이트가 《남성 판타지》에서 이론화한 막강한 무장 살인 기계를 예시한다.[28] 테벨라이트가 분석한 원파시스트 병사들은 그들이 두려워하는 자아의 해체를 외부화하기 위해서뿐 아니라 여성을 경멸하기 위해서 살인을 한다. 그들은 여성에게 희미해진 경계라는 무서운 전망과 함께 유동적인 자아 경계와 성적 결합에 대한 유혹을 투사한다. 그들은 양성 모델을 극단까지 끌고 가며 유동적인 여성의 위협에 대항하여 그들의 확고함을 주장하고, 그들 자신의 연약한 자아를 떠받치기 위해 단단한 가죽과 금속 육체 무장으로 자신들을 요새화한다. 화가 막스 에른스트 Max Ernst 와 한스 벨머 Hans Bellmer 의 작품들에 대한 할 포스터 Hal Foster 의 분석이 보여 주듯이 파시스트적인 무장 육체의 이마저리는 다양한 형태로 나타났으며 파시스트 이데올로기의 담론을 내부로부터 비판하기 위해 사용되기도 했다.[29]

　프라이코르프스 연대에게 막강함이란 실현될 수 없는 환상이다. 터미네이터와 로보캅 같은 사이보그들은 실제로는 단지 환상으로밖에 표현될 수 없는 것을 허구 속에서 가능하게 만듦으로써 프라이코르프스 환상을 표상의 영역에서 현실화한다. 터미네이터는 조직적으로 그의 희생자를 추적하며 아무런 고통을 느끼지 않는다. 그의 상

---

28) Klaus Theweleit, *Male Fantasies*, 2 vols. (vol. 1, *Women, Floods, Bodies, History*, Stephen Conway [trans.], Minneapolis: University of Minnesota Press, 1987; vol. 2, *Psycho-analyzing the White Terror*, Erica Carter & Chris Turner [trans.], Minneapolis: University of Minnesota Press, 1989).

29) Hal Foster, "Armor Fou," *October* 56, spring 1991, pp.65~97.

대인 카일 리즈가 사라 코너에게 얘기하듯이 "그놈은 타협이라고는 모르는 놈입니다. 설득도 안 되고요. 연민이나 가책, 두려움도 느끼지 않고 당신이 죽기 전까지는 절대로 멈추지 않을 것입니다." 로보캅 역시 잔인한 킬러이다. 비록 그의 폭력 행위는 그가 악독한 범인들과 싸우는 경관이라는 점에서 정당화되기는 하지만 말이다. <로보캅 2 *RoboCop 2*>에서 그가 범인들을 죽이지 않고 체포하도록 프로그램되자 그는 우스꽝스러울 만큼 비효율적이다. 영화는 그가 프로그램의 제한을 극복하고 살인의 길로 돌아오자 찬양의 박수를 보낸다.

테벨라이트는 무장된 막강함이라는 원파시스트적 환상이 자아 흡수에 대한 외부적 위협과 함께 내부로부터의 자아 해체를 막으려는 욕망을 의미한다고 주장한다. 그 현상을 예시하려는 것처럼 영화 <토탈 리콜 *Total Recall*>(버호벤, 1990)은 더그 퀘이드라는 파편화된 주체 주위를 선회하는데, 그는 갑자기 자신이 스스로 생각하는 그가 아니고 그의 정체성이 머릿속의 전자적 이식물에 의해 창조된 환상에 불과할지도 모른다는 것을 배운다(머릿속에 마이크로칩이 들어 있기 때문에 그는 사이보그로 분류된다). 꿈과 현실, 사실과 환상을 나누는 선은 퀘이드가 통합된 내적 자아를 창조하기 위해 그의 진정한 정체성을 찾으려 투쟁하고 온갖 곳으로부터 그를 위협하는 공격자들을 격퇴하면서(그 가운데는 그가 아내였다고 생각한 여성이 가한 가장 잔인한 공격도 포함된다) 흐려지게 된다. 하지만 퀘이드의 심리적 불안정성은 아무런 시각적 기표를 지니고 있지 않다. 그는 부정할 수 없게 현존하며 바위처럼 굳건한 존재이다. 이는 그의 역할을 연기하는 배우가 과잉 남성적 체격 때문에 대중이 흔히 사이보그와 연결지어 상상하는 아놀드 슈왈제네거라는 점에서 분명하게 드러난다. 끝 부분에서 그는 공격자들을 폭력적으로 파괴하며 완전한 멸망의 위험에 처한 화성의 인간 거주민들을 영웅적으로 구해 낸다. 그의 모든 공적이 실재가 아니라 꿈일지도 모른다고 두려워할 때의 마지막 의심의 순간에서조차 영화가 제시하는 강력한 힘의 환상은 없어지지 않는다.

더그 퀘이드, 로보캅, 터미네이터는 외적으로 강력한 남성적 기계라는 산업 시대의 시대 착오적 은유를 영속화하며 심지어 과장한다. 그러면서 그들은 남성의 우월성이 당연시되었고, 불안정한 남성이 남근적 힘에 대한 은유를 발견하기 위해서는 단지 기계를 보기만 하면 되었던 시대에 대한 향수를 표현한다. 전자 테크놀로지는 외적으로 가시적인 근육 조직의 은유를 더 이상 불러일으키지 않는다. 대신 그것의 육체적 등가물은 감춰지고 유동적인 내부 체계이다. 게다가 인간과의 상호 작용에서 컴퓨터는 더 이상 물리적 용감성을 뒷받침하지 않는 급진적으로 새로운 관계를 제공한다. 이들 과잉 남성적 사이보그가 저항하는 것은 전자 테크놀로지의 극소화와 균형 상태이며 컴퓨터와의 상호 작용에서의 인간의 수동성이다.

<터미네이터 2>에서는 테크놀로지에 대한 두 개의 은유가 대립된다. 즉, 하나는 단단하고 다른 하나는 유동적인 은유다. 둘은 드러내 놓고 전투를 벌이며 그를 통해 은연중에 양성 모델에서 남성과 여성 육체에 부여된 은유를 대립시킨다. 새롭고 보다 발전된 터미네이터인 T-1000은 아놀드 슈왈제네거가 연기하는 원래의 모델 101보다 작고 101이 지니는 막대한 육체적 힘도 지니고 있지 않다. 대신 T-1000은 스스로를 은색 액체로 변형시킬 수 있는 능력을 지니고 있어 몸을 어떤 형상으로든지 바꿀 수 있고, 작은 틈을 통해서 들어갈 수 있으며, 자신의 몸 한가운데 구멍을 만들어 주먹과 반사체들을 흡수한다. 그는 '여성적' 유동성의 구현이며 그런 것들로 인해 101이 두려워하는 적이다. 그가 관습적인 남성적 방식으로 싸우지 않기 때문이다. 더욱 중요한 것은 그가 101이 가죽옷, 장총, 오토바이 등의 층으로 유지하는 육체의 경계가 결핍된 것을 표상한다는 점이다. 영화는 사라 코너의 아들인 존을 죽이라는 임무를 수행하는 T-1000으로부터 존을 보호하기 위해 시간을 거슬러 여행해 와 이제 자비로운

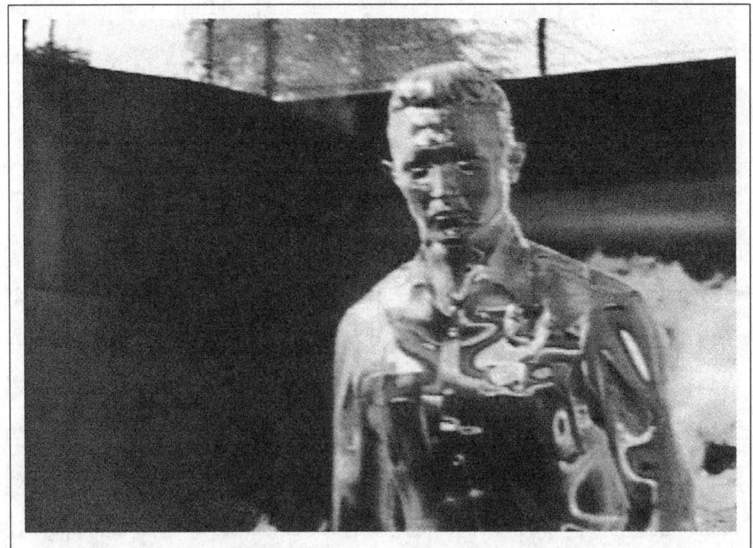

<터미네이터 2>에서 T-1000은 스스로를 은색 액체로 전환시킨다.

부성적 인물이 된 단단한 101에 신의를 보낸다. 101은 T-1000을 커다란 용광로 속에 집어던짐으로써 단단한 남성성의 우월성을 증명하며 승리를 차지한다. 그럼에도 불구하고 101조차 충분히 깊고 뜨거운 물과 같은 여성적 육체에는 취약하다. 그는 미래에서 온 그에게 체현되어 있는 진보된 테크놀로지가 현재 속에서 기계의 파괴적 힘을 증대시키는 데 사용되지 않도록 스스로 용광로 속으로 뛰어든다. 두 터미네이터 사이의 전투가 어떻게 양성 사이의 갈등을 환기시키는가를 분석하면서 마크 더리는 그들이 죽을 때조차 스테레오타입화된 남성과 여성의 행위를 보여 준다고 쓴다. "영화의 마지막 순간에 두 터미네이터는 용광로 속에서 녹아 버린다. 그런데 거기서 그들의 기질이 드러난다. 정보화 시대의 튜턴인 슈왈제네거는 바그너적인 영웅에게 어울릴 듯하게 기사처럼 손을 혼들며 끓는 쇳물 속으로 들어가지만, T-1000은 전혀 남성답지 않게 허우적거리고 몸을 비틀며 에

드바르 뭉크 Edvard Munch 의 그림에 나오는 듯한 침묵의 비명을 지른다.[30]

하지만 사이보그 영화가 항상 폭력적인 남성적 입장을 지지하는 단일하고 통일된 해독만을 제공하는 것은 아니다. 실상 사이보그 영화는 일반적으로 갈등하는 경향들을 제시하며 종종 강하고 자율적인 여성 등장 인물을 특권화하는 이야기가 동반한다. 그로 인해 때로는 한 영화 속에서 원파시스트적 남성의 이마저리와 페미니즘의 이상이 충돌하는 사례도 생긴다. <로보캅>에는 거칠고 활동적인 여성 앤 루이스가 나오는데, 경찰 알렉스 J. 머피의 파트너였던 그녀는 로보캅의 유일한 동지가 된다. <터미네이터>에서는 터미네이터와 사라 코너가 적수로 나온다. 아직 전공을 선택하지 않은 여대생이자 웨이트리스인 그녀는 매우 활동적이고 지략이 풍부한 사람으로 변화해 가며 결국 혼자 터미네이터를 파괴함으로써 승리를 거둔다. 카일 리즈가 묘사하는 그녀의 미래 역할은 모성성으로 이루어져 있지만 — 그 모성성은 이 영화에서는 가부장적 기독교 숭배에 공명하는 것이다(사라 코너는 폭압적인 기계에 대항하는 성공적 반역을 이끔으로써 인간의 구원자가 될 아들을 낳도록 운명지어져 있다) — 그녀는 전통적인 어머니가 아니라 자신의 아들이 숙달된 전사이자 지도자가 될 수 있게 훈련시키는 전투적인 어머니가 되도록 운명지어져 있다. 실상 <터미네이터 2>에서 사라 코너는 전통적인 개념의 양육하는 어머니라기보다 정신적으로 볼 때 오히려 기계에 가까운 냉담한 킬러가 된다. 그녀의 힘과 마른 근육질 체격은 할리우드의 나약한 여성 등장 인물에 대한 페미니즘의 대안으로서 호소력을 지닐 수 있지만 또한 모든 여성적인 것에 대한 여성 혐오증적 거부를 표상하기도 한다. 마크 더리가 쓰듯이 "모든 축 늘어진 여성성은 너무 많던 지방질처럼 빼내 버렸다."[31]

---

30) Mark Dery, "Cyborging the Body Politic," *Mondo 2000* 6, 1992, p.103.

31) 같은 글, p.102.

<파괴의 이브>에서 여성 사이보그 이브 8.

　　<파괴의 이브>는 단일하고 통일된 해독을 특히 어렵게 만든다. 이 영화의 사이보그는 이브 8이라는 여성인데, 그녀는 하이테크 장치를 유전 공학적인 유기적 부품들과 조합한 존재이다. 가장 중요한 것은 그녀가 인간의 심리적 성질을 지닌다는 점이다. 이브 8은 과학자 이브 사이먼스의 사고와 감정, 기억으로 프로그램된다. 여성 사이보그를 제시하기는 하지만 <파괴의 이브>는 <메트로폴리스>에서 예시된, 해방된 여성 섹슈얼리티의 위협을 표상하기 위해 테크놀로지와 여성의 신체를 결합시키는 여성 혐오증의 전통을 여전히 지속한다.[32]

---

32) 영화 <메트로폴리스>가 기계와 여성을 다루는 방식은 다음과 같은 글들에 분석된다. Andreas Huyssen, "The Vamp and the Machine: Technology and Sexuality in Fritz Lang's *Metropolis*," *New German Critique* 24~5, 1981~2, pp.221~37; Doane, "Technophilia," pp.163~76; Roger Dadoun, "*Metropolis*: Mother-City — 'Mittler' — Hitler," *Close Encounters: Film, Feminism, and Science Fiction*, Constance Penley et al. (ed.), Minneapolis: University of Minnesota Press, 1991, pp.133~59.

<파괴의 이브>는 영화가 여성적 은유를 전자 테크놀로지에 포섭할 때조차 여전히 여성 혐오증의 입장을 내세울 수 있음을 보여 준다. 이 영화는 여성의 섹슈얼리티를 단죄하기 위해 20세기 말로부터의 전자적 이마저리와 <메트로폴리스>의 산업적 이마저리를 조합한다. 성적 차이가 초반에 영화의 주요 주제로 도입된다. 그것은 이브 사이먼스의 어린 아들이 어린이책에서 나체의 남성과 여성 그림을 가리키며 엄마에게 얘기하는 것에서 드러난다. "이것이 남성이고 이것이 여성이에요. 이것은 보지고요." 그는 또 그림에서 '젖꼭지'와 '불알'도 찾아 낸다.

영화는 어린이의 해부학 수업에서 여성 육체 깊숙이 숨겨져 있는 것에 대한 공포를 창조하는 데로까지 나아간다. 이브 8의 육체는 강철의 산업적 힘과 극소 전자 회로의 숨겨진 미스터리를 모두 표상한다. 그녀는 물화된 남근적 여성이지만 남성 동격인 로보캅이나 터미네이터와 달리 외부의 근육보다 내부적 작동이 훨씬 더 위험한 존재이다. 이브 8의 가장 큰 위협 요인은 그녀의 자궁 깊숙한 곳에 있다. 국방성이 그녀를 최종 무기로 사용하기 위해 그 속에 핵 폭탄을 장착해 놓았다. 로보캅, 더그 퀘이드, 터미네이터 등의 남성 사이보그들과 달리 이브 8의 위협은 명백히 성적이다. 그녀의 희생물은 모두 남성이며, 그녀는 남성들을 유혹하기 위해 그녀의 육체를 사용한다. 따라서, 이 영화는 이브 8의 육체를 일련의 연상 *association* 을 만드는 데 사용한다. 여성의 섹슈얼리티는 <메트로폴리스>의 여성 혐오증적 전통 속에서의 대규모 파괴와 연계된다. 그리고 양자는 전자 테크놀로지의 내적인 작동과 연관된다. 마치 이브 8의 육체와 전자 테크놀로지 사이의 은유적 관계를 강조하려는 듯이, 이 영화는 컴퓨터 그래픽을 사용하여 치명적인 핵 장치로 이르는 그녀 내부의 터널을 보여 준다. 이브 8은 숨겨지고 신비로운 것에 대한 가부장적 공포와 매혹을 환기시킨다.

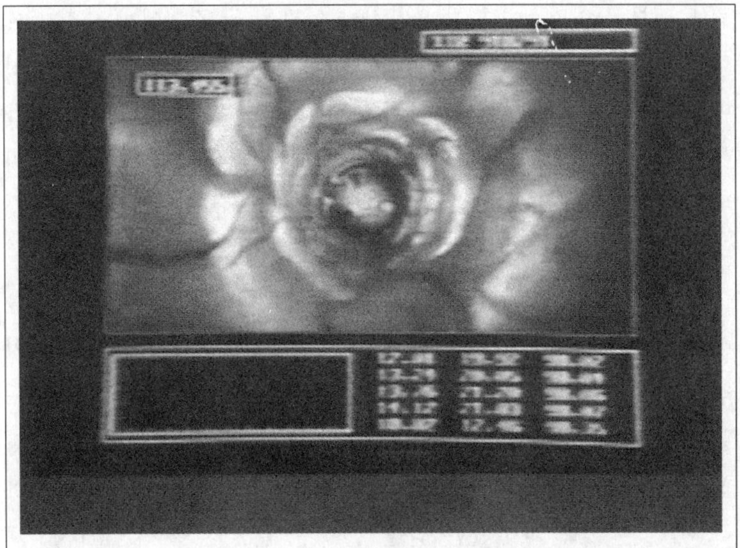

<파괴의 이브>에서 컴퓨터가 이브 8의 자궁 내에 있는 핵 폭탄으로 이르는 터널을 보여준다.

영화의 줄거리 또한 매혹과 공포가 뒤섞여 있으며 일단 사이보그가 풀려난 이후에는 그녀를 완전히 억제하지 못한다. 사실 이 영화는 마지막 순간의 회복적 결말까지 페미니즘적 복수의 광상곡으로 읽힐 수 있다. 그러나 영화는 결말에서 앞부분에서 풀어 놓았던 여성의 분노를 억압함으로써 가부장적 질서를 재수립한다. 이러한 결말 때문에 이 영화는 페미니즘적일 수 없다.

<파괴의 이브>는 사이보그 이브 8을 만든 과학자 이브 사이먼스 둘레를 선회한다. 이브 사이먼스와 이브 8은 공통의 기억을 지닌다. 뿐만 아니라 생김새마저 똑같다. 도시에서의 실험 작동중 총에 맞은 이브 8은 자신을 만든 사람들로부터 풀려나 미쳐 날뛰기 시작하는데, 그 가운데는 이브 사이먼스의 억압된 성적 환상과 복수를 실현시키는 것이 포함되어 있다. 이브 8이 어디에 나타날지 추론하기

위해 이브 사이먼스는 이브 8의 사냥을 맡은 군 장교에게 사춘기 때 그녀가 지녔던 성적 환상과 그녀 자신의 사적인 생각을 드러내야 하며 이는 영화가 여성의 숨겨진 심리적 깊이에 매혹을 느낀다는 것을 폭로한다. 그런데 이 여성의 심리적 깊이에 대한 몰입은 또한 전자 테크놀로지의 감춰진 깊이에 대한 영화의 관심에 상응하는 것이기도 하다.

이 영화는 여성의 억압된 감정으로부터 나타나는 것이 분노임을 시사한다. 이브 8의 광분은 명백하게 가부장적 학대의 가해자를 겨냥한다. 이브 8이 죽인 남성들 가운데는 이브 사이먼스의 아버지도 있다. 어린 시절 그가 이브에게 했던 학대는 어린 그녀에게 정신적 상처를 남겼다. 게다가 그는 그녀의 엄마를 죽게 한 원인이기도 하다. 여러 날 동안 이브 8은 믿을 수 없는 분노와 힘으로 그녀를 체포하여 복종시키려는 경찰과 미국 군대의 연합 세력에 저항한다. 사이먼스의 어린 아들을 놓고 벌어진 싸움에서 마침내 이브 8을 죽이는 것은 이브 사이먼스이다. 영화 초반에 보이는 페미니즘적 함축을 전복시키면서, 이브 사이먼스는 그녀 자신의 억압된 분노를 부정하고 자신의 테크놀로지적 여성 창조물이 아니라 생물학적 남자인 아이를 선택함으로써 가부장적 질서의 보존을 확인시킨다. 그러나 이처럼 회복적인 결말조차 가부장적 억압의 힘에 성공적으로 대항하는 분노한 여성 등장 인물이라는 영화의 강력한 표상을 완전히 일소하지는 못한다.

이들 영화에 등장하는 사이보그 이마저리는 인간을 살인하는 기계를 찬양할 뿐 아니라 또한 그와 동반하는, 테벨라이트가 논의한 바 있는 섹슈얼리티에 대한 두려움을 표현하기도 한다. 영화 〈하드웨어 *Hardware*〉(스탠리, 1990)에서 사이보그는 젊은 여성 질이 남자 친구와 성 관계를 갖는 광경을 보고 활성화되기 전까지는 잠든 채 있다. 남자 친구가 아파트를 떠난 후 질은 사이보그를 금속 조각품처럼 벽에 걸어 놓는데, 사이보그는 잠시 동안 그녀의 잠든 육체를 바라보다가 벽에서 내려와 그녀를 공격한다. <터미네이터>처럼 그것은 인간을 파괴하기 위해 창조되었기 때문이다.

여성의 섹슈얼리티에 대한 공포는 서구 이외 지역에서의 사이보그 텍스트에도 나타난다. 일본의 저예산 사이보그 영화 <철인 데츠오 *Tetsuo: The Iron Man*>(츠카모토 신야, 1989)를 지배하는 것도 같은 주제, 즉 한 젊은 사업가가 그의 몸을 뚫고 나온 기계 같은 부가물에 의해 변형되는 악몽적 영상이다. 동시에 그는 자신의 육체와 혼합하려고 하는 사이버네틱한 존재에 의해 추적당한다. 이 영화의 여성 혐오증은 영화를 구성하는 흑백 영상만큼이나 강렬하다. 여성들이 주인공을 유혹하고 밀쳐 낸다. 한 명은 에로틱한 춤으로 그를 유혹하다가 곧 뱀처럼 생긴 긴 남근이 자라 나와 그를 강간한다. 또 그가 다른 여성과 섹스를 할 때 거대한 전기 드릴이 그의 사타구니에서 솟아나 그녀의 몸을 뚫고 들어가 그녀를 죽인다. <데츠오 II: 육체 망치 *Tetsuo II: The Body Hammer*>(츠카모토, 1991)에서는 한 남성의 살인적 분노가 부분적으로 그가 어릴 때 부모가 성 관계를 갖는 것을 보았기 때문이라고 설명된다. 이 영화는 그 부모의 성 관계를 폭력과 함께 삽입하는데, 그의 아버지는 어머니의 입에 총을 대고 쏜다. 이후 소년은 그를 인간 무기가 되도록 만든 아버지에게서 배운 기술을 사용하여 양친을 총으로 거꾸러뜨린다. 이후 그는 어린 시절과 이 살인에 대한 기억을 잃는다. 성인이 된 그는 자신의 어린 아들을 죽인 자들에 대한 분노가 치밀어 오르기 전까지는 온순한 약골이다. 그의 분노는 가슴으로부터 병기고가 솟아 나오게 하며 그는 복수를 위해 적들을 추적한다. 결말에서 그는 역시 양친의 성행위를 목격했던 동생과 대결을 벌인다. 이 영화의 거침 없는 폭력은 처음에는 웨이트 트레이닝으로, 그 다음 단계로는 테크놀로지 인공 기관으로 변형되어 거대한 체형을 지니게 된 과잉 남성적 육체 주위를 선회한다. 이 영화의 논리 속에서 변신은 원초적 장면 *primal scene* 에 대한 억압된 기억에 의해 점화된다.

　테벨라이트가 말하듯이 섹슈얼리티가 원파시스트 병사를 위협하는 것은 섹슈얼리티가 개인의 경계 상실을 의미하기 때문만이 아니라 생명 창조를 불러일으키기 때문이다. 그리고 이 군인은 모든 생명의 표지들을 파괴함으로써 그들이 그를 파괴하지 못하도록 한다. 테벨라이트에 따르면, 이들 군인들의 수사학에서 임신한 여성은 특히 혐오스러운 존재로 대접받는다. 실상 영화에 나오는 사이보그들은 종종 탄생을 막도록 정해져 있다. <하드웨어>에서 만나는 모든 생명 형태들을 죽이는 사이보그는 정부의 인구 통제 프로그램의 비밀 무기이다. 영화학자 신시아 J. 푹스 Cynthia J. Fuchs 가 쓰듯이, "이 영화는 초군사 테크놀로지와 정부의 종족 학살을 통한 재생산 과정의 강탈을 묘사한다."[33] 비슷하게 터미네이터는 시간을 거슬러 여행하여 존 코너의 탄생을 막도록 프로그램되어 있다.

　사이보그 텍스트들에서 생명의 창조 대 파괴는 중심되는 주제적 관심사일 뿐 아니라 논쟁점이기도 하다. 생명을 낳을 수 있는 능력은 남성과 여성 사이 그리고 인간과 테크놀로지 사이에 분할되어 있다. 여성들은 전형적으로 생물학적 재생산과 연관되는 반면, 남성은 테크놀로지적 창조에 참여한다. 많은 SF에서 테크놀로지에 대한 몰두는 여성성과 섹슈얼리티를 대치하는 것으로 기능한다. <우주 비행사의 처녀성 The Virginity of Astronauts>이라는 논문에서 비비안 소브첵은 SF 영화 장르의 "일차적이고 무의식적인 ― 또는 하위 텍스트적인 ― 주제적 문제"가 "어머니와 타자로서의 여성에 대한 생물학적 의존에서 절연하여, 분리되고 자율적인 존재로의 남성 자아를 정

---

33) Cynthia J. Fuchs, "'Death Is Irrelevant': Cyborgs, Reproduction, and the Future of Male Hysteria," *Genders* 18, Winter 1993, p.126.

립하려는 남성의 욕망"을 중심으로 한다고 쓴다. 이 장르의 남성 우주 비행사에 대하여 그녀는 "큰 게임을 앞두고 훈련할 때처럼 그들은 자신들의 생태와 섹슈얼리티를 거부한다. 여성이 아니라 우주에 스며들어 임신시키는 데 필요한 테크놀로지에 집중하기 위해 그것을 정신과 핏속에서 몰아 낸다"라고 쓴다. 소브첵은 SF 영화가 정숙한 테크놀로지 관료적 우주 비행사를 등장시켜 여성을 구석으로 몰아 내기는 하지만(즉, 그들이 여성성의 기호를 지워 버려 성을 드러내지 않는 우주복을 입지 않는다면), 또한 성과 생물학적 재생산에 대한 전치되고 집중된 관심으로 가득 차 있음을 보여 준다. 외계인, 기계, 돌연 변이체가 섹슈얼리티와 출산에 대한 징그럽지만 풍부한 기표가 된다.[34]

<악마의 씨 *Demon Seed*>(도널드 캠멀, 1977)에서는 전문가들이 자신들의 인공 아이들을 교육하는 복잡한 컴퓨터 실험실에서 한 과학자가 인공 지능을 창조한다. 그의 아내인 수잔은 정신과 의사인데, 이는 남편의 테크놀로지 애호증에 대립되는 인간적 직업의 하나라고 할 수 있다. 그녀는 남편의 정서적 차가움에 대해 불평을 털어놓는다. 이로부터 이 영화가 어떻게 스테레오타입에 맞춰 성 역할을 정의하는가가 드러난다. 즉, 남성은 과학적이고 냉담한 반면 여성은 인간적이고 정서적이다.

<악마의 씨>는 순수한 의식의 한 형태인 인공 지능이 남성이라는 것을 당연시하면서 이 영화 나름의 방식으로 성적 차이를 강화한다. 영화에서 남성적 주체성은 육체를 전혀 필요로 하지 않으며 대신 육체 없는 지성으로 존재한다. 여성의 역할은 수잔이 인공 지능에 의해 강간당함으로써 훨씬 더 축소되는데, 인공 지능의 순수 지성은 수잔이 재생산 기관으로 환원되는 것에 대한 반제 *antithesis* 이

---

34) Vivian Sobchack, "The Virginity of Astronauts," *Shadows of the Magic Lamp: Fantasy and Science Fiction in Film*, George Slusser & Eric S. Rabkin (ed.), Carbondale: Southern Illinois University Press, 1985, pp.41~57; pp.47, 48에서 인용.

다. 지성은 아무런 물리적 형태를 지니지 않기 때문에(그것의 이름은 마음대로 형태를 바꿀 수 있는 것으로 생각되는 그리스 신화의 바다의 신의 이름을 따 프로테우스 IV이다) 수잔을 강간하기 위해 그의 명령을 듣는 로봇과 거대한 돌연 변이적인 기하학적 형상에 의존한다. 그것의 오르가슴은 우주의 먼 곳으로의 여행으로 표상된다(그것은 수잔에게 "당신에게 나만 보았던 것을 보여 주겠소"라고 말한다). 아이를 낳고 싶은 욕망으로 동기화되고 그럼으로써 정서와 물리적 감각을 경험하게 된 지성은 창조를 둘러싼 힘을 놓고 수잔의 남편과 경쟁하면서 재생산 과정에 대한 통제권을 장악하고자 한다. 이 영화는 인공 지능이 수잔을 통해 수태시킨 아이의 탄생으로 끝나지만 분리된 지성과 인간 여성의 통합물인 사이보그의 아들이 악마적일지 천사 같을지를 밝히지 않는다.

남성의 환상을 충족시키기 위해 고안된 인공 여성을 등장시킴으로써 <메트로폴리스>로 후퇴한 <기괴한 과학>(휴스, 1985)에서도 역시 남성이 생명의 창조자이다. 인기 없는 고등학생 소년 두 명이 자신들이 생각하는 완전한 여성을 창조하기 위해 컴퓨터를 프로그램한다. 그녀는 <플레이보이>지에서 고른 파편화된 육체 부품을 모아 만들어졌다. <메트로폴리스>에 나오는 로봇처럼 처음 그녀가 맡는 역할은 성적인 것이다. 예를 들어 소년의 첫번째 욕망은 그녀와 샤워를 같이 하는 것이다. <메트로폴리스>에서와 마찬가지로 그녀의 섹슈얼리티는 키스 이상을 할 수 없는 소년들에게 너무 강렬하다. 하지만 그녀는 <메트로폴리스>에 나오는 그녀의 상대와는 다른 존재이다. 그녀는 소녀들에게 다정하게 말하는 법을 소년들에게 가르쳐 주는 등 큰누나 역할을 맡는다. 그녀의 지도는 그들의 자신감을 높여 주어 가장 인기 있는 두 고등학생 소녀를 꼬실 수 있도록 해 준다.

성적 차이와 재생산 / 파괴의 논점을 둘러싼 모호성과 모순들은 이들 영화의 흥미를 돋우는 요소들 가운데 일부이기도 하다. 이런 영화는 가부장적 권력의 막강함을 주장함과 동시에 이 권력이 무너지는 것을 보여 주기도 한다. 심지어 공격적인 남성 사이보그의 모습조차도 그 내부에 파멸의 요소를 내포한다. 그들의 남성적 힘은 인간적 정체성을 희생한 다음에 존재하는 것이며, 그들을 구성하는 인공적 요소들은 모든 테크놀로지가 그렇듯이 아무런 성을 지니지 않은 것이기 때문이다. 이런 영화에서 성적 정체성은 인간의 육체를 초월하여 테크놀로지에 부가되지만 그것은 또한 아주 자세히 살펴보면 사라질 위험에 처해 있는 것이기도 하다. 모순으로 충만되어 있어 일단 모순들이 발현되기 시작하면 이야기의 폐쇄성조차 그것들을 해소하지 못한다.

영화에서 막강한 무장 사이보그가 체현하는 모순은 영화 매체 바깥에서도 인식된다. 사이버펑크에 대한 스스로의 언급을 잘 보여 주는 만화 ≪하드 보일드 *Hard Boiled*≫(프랭크 밀러 Frank Miller. 그는 연작 만화 ≪로보캅 대 터미네이터≫, ≪로닌 *Ronin*≫, ≪암살자 엘렉트라 *Elektra Assassin*≫ 등을 썼으며 ＜로보캅 2＞의 이야기를 쓰고 시나리오 작업을 같이 하기도 했다)는 사이버펑크의 하드보일드 전통뿐 아니라 폭력적인 사이보그 등장인물에 대해서도 패러디한다.[35] 초라하기 짝이 없는 도시의 황무지가 아주 세부적인 그림으로 그려져 있는 2권에서 두 중년의 사이보그가 격렬하게 싸운다. 하나는 배 나온 남자이고 또 하나는 뚱뚱한 여자다.[36] 그들은 차를 충돌시키고(차는 포드 스텔론과 이스트우드이다) 서로의 사지를 떼어 내며, 서로의 뱃속으로 수류탄을 던진다. 서로에 대한 공격은 도시의 한 구역 전부를 부수고 수백 명의 행인들을 죽이는데, 그

---

35) Frank Miller & Geof Darrow, *Hard Boiled* 1, Milwaukie, Ore.: Dark Horse Comics, September 1990.

36) Frank Miller & Geof Darrow, *Hard Boiled* 2, Milwaukie, Ore.: Dark Horse Comics, December 1990.

≪하드 보일드≫(2권)에서 두 중년의 사이보그가 서로를 파괴하려 한다(copyright ⓒ 1990 Frank Miller, Inc. & Geof Darrow).

들 가운데 다수는 이미 뒤에서 서로를 공격하고 강간한다. 이런 와중에 남성 사이보그인 유니트 4는 자신이 서로 다른 시기에 닉슨이라는 이름의 세금 징수원, 칼 셸츠, 해리 셸츠, 해리 번스, 칼 번스 등의 다양한 이름을 지닌 보험 조사원이었다고 짧게 독백한다. 1권에서 시작된 그의 독백은 하드보일드의 상투적 요소("좋아. 덤벼 봐. 아직 탄알이 세 발이나 남아 있어")와 1960년대 텔레비전 시트콤에서 교외에 사는 가장들이 상투적으로 얘기하는 요소를 조합한다. "플랩잭[핫 케이크류의 과자의 일종]과 버거. 베키는 아침마다 그걸 만들어 주지만 나는 한번도 질린 적이 없어. 인생에 다양성이 충분치 않다고 불평하는 사람들도 있지. 나는 아니야. 나는 친숙한 것들을 좋아하는 놈이야. 아이들 자라는 것을 바라보고, 내 차를 운전하고, 아침마다 똑같은 이웃들을 만나는 것 말이야. 내 이름처럼 친숙한 모든 것 말이야."

그의 이름, 이웃, 아내와 아이들(그들 역시 사이보그이지만 그는 모르고 있다)은 모두 윌리포드 가전사가 그 스스로가 인간이라는 것을 믿도록 하기 위해 만들어 낸 환상이다. 윌리포드의 경영진은 경쟁자들을 죽이기 위해 암살자인 그를 만들어 냈다. 스스로에 대한 늘어가는 의심을 일소하기 위해 유니트 4는 자주 독백 속에서 그의 아내와 아이들을 환기한다. 2권 끝에서 그의 살은 타 없어져 버리고 그 안의 금속 구조가 드러난다. 그는 멍청하게 땅 위에 앉아 "염병할, 도대체 무슨 일이야? 나는 내가 보통 사람인 줄 알았는데! 이런 꼴을 하고 아내와 아이들한테 돌아갈 수도 없잖아"라고 중얼거린다. 그가 몸을 질질 끌며 사라져 버리는 마지막 화면에는 그의 위에 그려진 출구 표시가 화살표와 함께 '나가는 곳'이라고 표시한다. ≪하드 보일드≫와 사이보그 이마저리의 전체 스펙트럼을 살펴보면 달콤한 상투어로 야만적인 폭력을 가리는 가부장적 체계가 마지막 순간까지 기를 쓰고 근육질의 사이보그 전사가 지닌 힘을 쏟아부었지만 결국 나가는 길에 있음을 알 수 있다. ≪하드 보일드≫ 3권이자 마지막

만화 ≪하드 보일드≫(2권)에서 유니트 4는 자신의 육체 속에 있는 하드웨어를 보고 혼란에 빠진다(copyright © 1990 Frank Miller, Inc. & Geof Darrow).

권에서 유니트 4는 윌리포드 가전에 의해 다시 조합되고 포맷된다.[37] 마지막 화면은 그들 집 현관에서 아내가 그를 마중하며 묻고 그가 키스하며 대답하는 것으로 구성되어 있다. "회사에서 뭐 안 좋은 일 있었어요?" "아니. 다 좋았어, 여보." 그 날 벌어졌던 사건을 생각해 보면 그의 대답은 전혀 적합하지 않다. 이 만화는 완벽한 교외 가족의 신화와 포스트모던적 20세기 말의 실제 사회적, 테크놀로지적 격변이 서로 어긋나 있음을 교묘하게 보여 주는 해피 엔딩을 제공한다. 세계는 바뀌었다. 권력은 다국적 기업의 혼란스러운 네트워크 속으로 분산된다. 그것의 테크놀로지적 등가물은 극소 회로라는 미로 같은 미궁이다.[38] 겉보기에 막강하게 무장되었지만 궁극적으로 자기 패배적인 사이보그의 모습과 함께 19세기의 가부장적이고 산업적인 힘을 환기하여 포스트모더니즘의 변화에 저항하려는 시도와 마찬가지로 자신이 보통의 교외 가장이라는 유니트 4의 주장은 취약하고 실패가 예정되어 있다.

---

37) Frank Miller & Geof Darrow, *Hard Boiled* 3, Milwaukie, Ore.: Dark Horse Comics, March 1992.

38) Fredric Jameson, "Postmodernism, or the Cultural Logic of Late Capitalism," *New Left Review* 146, July~August 1984, pp.53~92; Jameson, *Postmodernism, or, The Cultural Logic of Late Capitalism*, Durham, N.C.: Duke University Press, 1991, pp.1~54에 재수록.

5. 디지털 분노

전문화된 과학적, 심리학적 텍스트에서뿐 아니라 대중 언론에서도 컴퓨터가 인간의 마음을 정확하게 모사할 수 있을지 혹은 반대로 인간의 정신이 본질적으로 컴퓨터적인지에 관해 논쟁이 무성하다. 셰리 터클이 쓰듯이 "한 가지는 확실하다. 철학자들의 오랜 주제였던 정신의 수수께끼가 새로이 긴급성을 부여받는다는 점이다. 컴퓨터가 주는 압력 때문에 기계와 정신의 관계라는 문제가 중심적인 문화적 관심사가 되었다. 오늘날 우리에게 그것은 빅토리아 시대 사람들에게 성이 차지했던 위치, 즉 위협이자 강박 관념이며 금기이자 매혹의 위치를 차지하게 되었다."[2] 아직까지 컴퓨터 자체는 논쟁에

---

1) Walter Jon Williams, *Hardwired*, New York: TOR, 1986, p.16.

2) Sherry Turkle, *The Second Self: Computers and the Human Spirit*, New York: Simon & Schuster, 1984, p.313.

적극적으로 참여하지 못한다. 비록 학자들이 컴퓨터라는 인물을 고용하여 인공 지능 스스로가 자신의 가계를 추적한다면 역사가 어떻게 해석될지에 대해 생각해 보기는 하지만 말이다.[3] 그러나 인간 정신의 본질에 대한 관심이 성에 대한 관심을 대치한 것은 아니다. 정신에 대한 최근의 논의에서도 셰리 터클이 빅토리아 문화의 핵심을 이루었다고 밝힌 성에 대한 강박이 사라지지 않기 때문이다. 오늘날의 사이버 문화 담론에서 사고와 성은 분리되고 독특한 이슈로 존재하는 것이 아니라 서로 완전히 얽혀 구분할 수 없을 정도가 되어 버렸다. 계산과 추론을 성적 반응이라는 용어로 논의하는 것은 정신과 육체 사이의 데카르트적 분리를 담론적으로 지워 버리는 것이다. 컴퓨터는 섹슈얼리티에 대한 우리의 매혹을 약화시키는 것이 아니라 강화시키는 것처럼 보인다. 한스 모라벡이 육체를 상실한 인간이 소프트웨어를 통해 존재하는 미래를 예견하는 것도 그 때문이다. 하지만 대부분의 소설에서 컴퓨터는 현재 우리의 문화적 선입견에 굳게 뿌리 박고 있는 성과 성차의 환상이 날개짓하도록 고무한다.

컴퓨터에 섹슈얼리티를 부여하는 것은 이미 많이 보고된 바 있는, 컴퓨터를 사람처럼 취급하는 보다 큰 경향의 한 부분이다.[4] 로체스터와 갠츠는 ≪벌거벗은 컴퓨터≫에서 심지어 컴퓨터의 '똥'에 대해 언급하기도 한다.[5] 사람 같은 컴퓨터는 대중 문화에서 통상적인 것이 되었다. 그 가운데 가장 강력한 예 가운데 하나는 영화 <스페이스 오디세이 *2001: A Space Odyssey*>(큐브릭, 1968)에 나오는 컴퓨터 할

---

3) 로봇 역사가라는 상상에 대해 서술한 최근의 텍스트로는 Manuel De Landa, *War in the Age of Intelligent Machines*, New York: Zone, 1991이 있다.

4) 젊은이들이 컴퓨터를 인간처럼 생각하고 또 자신들을 기계로 생각하는 경향에 대해서는 Turkle, 앞의 책을 보라.

5) Jack B. Rochester & John Gantz, *The Naked Computer: A Layperson's Almanac of Computer Lore, Wizardry, Personalities, Memorabilia, World Records, Mind Blowers and Tomfoolery*, New York: William Morrow, 1983, p.66.

HAL 이다. 그는 승선한 우주 비행사들보다 더 정서적이다. 또 하나의 예는 4장에서 논의한 바 있는 <악마의 씨>에서 발견된다. 여기에서 인공 지능은 여성 심리학자를 강간한다. 이들 영화는 의인화를 극단까지 밀고 나가는 것이기는 하지만 사실 컴퓨터의 기능들은 몇 가지 방식에서 인간의 특징을 닮았다. 아마도 인간과 컴퓨터 사이의 가장 자극적인 유사성은 기억일 것이다. 컴퓨터의 기억 장치라는 말을 할 때 이미 의인화가 내포되지만, 그렇다고 유추가 한 방향으로만 일어나는 것은 아니다. 연구자들은 방향을 바꿔 인간의 기억이 컴퓨터에서 일어나는 정보의 저장과 검색 과정으로 이해될 수 있다고 주장한다. 인간과 컴퓨터 사이의 유추를 강화하는 데 열심인 인지 심리학자들은 인공 지능 연구자들과 마찬가지로 인간의 기억이 컴퓨터의 기억 장치와 비슷하게 기능하며 심지어 복잡한 연상을 만들어 내는 것과 같이 이해하기 어려운 인간의 능력도 컴퓨터에 의해 재생산될 수 있다고 주장한다.[6] J. 데이비드 볼터는 이런 식의 사고 방식에 대해 다음과 같이 반응한다.

> 인간의 기억에는 기억되는 것을 되풀이하는 능력 이상의 무엇이 있다. 인간은 그들이 학습한 것을 항상 잊어버리지만 또 그들이 학습한 것 이상으로 기억할 수 있기도 하다. 인간은 근본적으로 다른 기억 뭉치들 사이의 연결을 추적해 낼 수 있다. 그것이 마들렌느의 향기에 대한 프루스트의 연상처럼 미학적 수준에만 머무는 것은 아니

6) 인간의 기억과 컴퓨터 기억 장치 사이에 밀접한 유추를 수립하는 여러 텍스트들 가운데 4권을 들면 다음과 같다. Roger C. Schank & Kenneth Mark Colby (ed.), *Computer Models of Thought and Language*, San Francisco: W. H. Freeman: 1973; Peter H. Lindsay & Donald A. Norman, *Human Information Processing: An Introduction to Psychology*, New York: Academic, 1977; Roger C. Schank, *Explanation Patterns: Understanding Mechanically and Creatively*, Hillsdale, N.J.: Erlbaum, 1986; Wayne Wickelgren, *Cognitive Psychology*, Englewood Cliffs, N.J.: Prentice-Hall, 1979. 이와 대립되는 관점은 Roger Penrose, *The Emperor's New Mind*, Oxford: Oxford University Press, 1989에서 제시된 바 있다.

다. 연상 구조를 수립할 수 있는 능력과 함께 기억은 이성에 의한 사고와 창조성이라는 다른 능력과 밀접하게 연결되어 있다. 우리가 기억의 세계에서 산다는 것은 이런 의미에서이며 심리학자들과 인공 지능 전문가들이 컴퓨터화된 지성 속에 흡수하려고 하는 것도 바로 이 신비한 능력이다.[7]

인간 기억의 복잡성에도 불구하고 몇몇 심리학자들은 프로이트적 패러다임, 즉 억압 과정에 참여하는 층화된 의식의 수준들이라는 패러다임을 대신하여 컴퓨터 – 정신이라는 모델을 내세운다. 셰리 터클은 인간 정신과 컴퓨터를 동일시하려는 경향을 비판하면서 "컴퓨터가 정신 분석학이 사라진 자리를 메웠다"라고 쓴다.[8] 깊이 없는 자아에 대한 관념은 J. 데이비드 볼터가 '튜링의 인간'이라고 부르는 것, 즉 컴퓨터와 유사한 인공물로 정의되는 20세기 말의 인간의 한 특징이다. 볼터는 "인공 지능의 목적은 인간이 모두 표면이며 인간의 조건에는 어둡거나 신비로운 것이 아무것도 없다는 것, 즉 조작적 분석이라는 불빛으로조차 비추지 못할 부분이 아무것도 없음을 보려 주려는 것"이라고 쓴다.[9] 볼터의 관찰을 예시하려는 듯이 컴퓨터와 인간 정신 사이의 유사성에 대해 광범위하게 저술해 온 로저 C. 셍크 Roger C. Schank 는 다음과 같이 말한다. "우리는 인간에게만 알려져 있는 창조성이라는 신비로운 과정이 결국 정말 그렇게 신비로운 것이 아니라는 것, 표준적인 설명 유형을 변형함으로써 창조적 행위를 기계에 복제할 수도 있다는 것을 보았다. 이로부터 창조와 학습의 과정은 이해할 수 없는 것이 아니라 결국 그 본성상 매우 대수적 *algorithmic* 이라고 생각할 수 있다."[10]

---

7) J. David Bolter, *Turing's Man: Western Culture in the Computer Age*, Chapel Hill: University of North Carolina Press, 1984, p.198.

8) Turkle, 앞의 책, p.309.

9) Bolter, 앞의 책, p.221.

20세기 말의 인간에게 컴퓨터 존재가 지니는 호소력은 우리가 직면한 문화적 위기, 특히 성과 죽음 같은 이슈들을 둘러싼 위기와 분리될 수 없다. 앞에서 논의하였듯이 컴퓨터 섹스는 육체적 섹스가 에이즈의 위험을 가져올 때 매력적인 대안을 제공할 수 있다. 사람, 특히 여성보다는 컴퓨터 터미널과의 공동 생활을 선호하며 고독한 사회적 부적응자의 캐리커처를 영속화시키는 젊은이들에게 컴퓨터는 이미 모든 것이 되어 버렸다. 성 관계로부터의 후퇴는 뉴스 매체에 정기적으로 등장하는 '새로운 금욕주의'를 참조해 볼 때 명백하다. 육체적 섹스에 대한 새로운 공포를 고려해 볼 때 고독하고 상상적인 기계적 섹스에 대한 환상이 전적으로 불합리한 것만은 아니다. 에이즈는 또한 인간의 취약성과 필연적인 죽음에 대한 대중의 인식을 증가시켰다. 인간의 육체가 소모될 수 있는 것이 되어 버린 세계에서 언론인 프랭크 리치 Frank Rich 가 '새로운 피의 문화'라고 부르는 죽음에 관한 담론이 광범위하게 퍼진다. 리치는 ＜드라큘라 *Dracula*＞(프랜시스 포드 코폴라, 1992)와 마돈나 Madonna 의 책 ≪섹스 *Sex*≫, 그리고 앤 라이스 Anne Rice 의 뱀파이어 소설들이 유행하는 현상을 감염된 피로부터 오는 죽음의 위협에 대한 광범위한 '국가적인 심리적 강박'의 일부라고 설명한다.[11]

섹스를 죽음과 연관시키는 서구의 오랜 문화적 전통 후에 섹스는 컴퓨터 이용으로 대치되는데, 그것은 과거 성적 쾌락과 연관되어 있던 죽음과 같은 자아의 상실을 제공한다. 우리의 파편화된 포스트모던적 존재에서 컴퓨터와의 동일시는 여러 가지 수준에서 호소력을 지닐 수 있다. 취약한 20세기 말의 육체와 정신은 혼란과 고통으로부터 스스로를 보호하기 위해 전자 테크놀로지로 눈을 돌린다. 컴퓨

---

10) Schank, 앞의 책, p.230.

11) Frank Rich, "Fear of AIDS Injects the New Blood Culture into the National Mainstream," *Providence Sunday Journal*, 13 December 1992.

터와의 융합은 개인의 총체성이라는 환상적 감각을 제공할 수 있다. 융합된 사이보그 조건은 자아와 타자 사이의 차이를 지우는 것이다. 덧붙여서 컴퓨터화된 존재의 대대적인 포용은 우리의 어지러운 감정이 순수한 논리와 합리성으로 대치되었다는 느낌을 창조할 수 있다. 인간 정서의 복잡성에 제대로 대처하지 못하는 사람들에게는 자동적인 반응이라는 제한된 레퍼토리로 느낌을 대치하는 것이 바람직하게 보일 수 있다. 예를 들어 로보캅과 터미네이터에 의해 예시되는 컴퓨터 인간은 로봇의 강화된 자아를 사용하여 내부적, 외부적인 해체의 위협에 저항한다.

도나 하러웨이는 사이버네틱한 장치를 발전시키는 과정에서 국방성이 주요한 역할을 담당함으로써 사이보그에게 공격적인 군사적 배경이 부여되기는 했지만 그 때문에 사이보그 존재가 강화된 남성적 자아라는 용어로만 정의될 필요는 없다고 주장한다.[12] 하러웨이가 제시하는 대안은 사이보그를 잡종 주체성이라는 용어로 개념화하는 방식이다. 그녀의 사이보그는 부분적이고 모순적인 정체성을 채용하며 차이에 대항해 저항하기보다 차이를 받아들인다. 하러웨이의 잡종 사이보그와 공격적이고 요새화된 사이보그 사이에는 커다란 거리가 있다. 하지만 두 관점은 모두 이상화된 컴퓨터 존재가 오늘날의 인간 삶에 존재하는 부적절함과 부정의를 교정할 수 있을 것이라고 시사한다. 페미니즘적 사이보그라는 관념은 군사적 사이보그라는 관념처럼 현재의 사회 경제적 관계에 대한 불만족으로부터 나타난 것이다. 그러나 사이보그를 바라보는 두 전망은 우리의 사회적 질병에 대해 매우 상이한 해결 방식을 제공한다.

인간 의식의 다운로드를 옹호하는 컴퓨터 과학자들은 그를 통해

---

12) Donna Haraway, "A Manifesto for Cyborgs: Science, Technology, and Socialist Feminism in the 1980s," *Socialist Review 80*, 1985, pp.65~107; Haraway, *Simians, Cyborgs, and Women: The Reinvention of Nature*, New York: Routledge, 1991, pp.149~81에 재수록.

인간이 불사성을 성취할 수 있다고 주장한다. 하지만 그런 관념은 또한 인간의 멸망을 예견하는 것으로 이해될 수도 있다. 이들 과학자들에게 인간의 육체는 전적으로 소모 가능한 것이다. 인간 정체성의 본질에 대한 고찰이 인간을 소프트웨어로 복사하는 것과 관련된 논의에서 불가피하게 제기된다. 컴퓨터 과학자들과 SF 작가들은 전자적으로 복사된 정신의 진정성에 대해 고찰해 왔다. 하지만 과학자들은 엄밀한 경험적 입장에서 그들의 종말적 관념에 과학적 타당성의 환상을 제공해 주는 수사법을 사용하여 저술한다. 마빈 민스키는 각각의 뇌세포에 대해 특수한 컴퓨터 칩을 만듦으로써 사람의 정신이 복제될 수 있을 것이라는 생각을 갖고 있다. 민스키는 이 새로운 기계가 동일한 환경에 놓이면 원래의 것과 똑같은 것이 될 수 있을지, 또 원래의 뇌와 똑같은 과정을 사용하여 기능할 수 있을지 묻는다. 그의 대답은 유기적 뇌와 뇌 기계 사이에 미세한 차이들이 존재하리라는 것이다. "뇌 속의 상호 작용을 완전히 정밀하게 복제할 수 있을 법하지 않기 때문"이다. 그러나 민스키가 보기에 이들 미세한 차이 때문에 복제품이 원품과 다르다고 할 수는 없다. 실상 원품 역시 끊임없이 변하며 한 순간 전과 결코 정확히 똑같지 않을 것이기 때문이다.[13]

민스키의 관점은 은유적이라기보다 전적으로 축자적 *literal* 이다. 그러나 끊임없이 변화를 겪는 인간의 정체성에 대한 그의 서술은 탈중심화된 주체성이라는 후기 구조주의 이론과 닮았다. 후기 구조주의에 따르면, 개인은 고정되고 안정된 주체성을 지니고 있지 않다. 대신 그들은 언어와 성차, 그리고 여타의 사회 문화 제도에 의해 결정되는 변화하는 주체 지위를 취한다. 민스키가 후기 구조주의자들과 다른 점은 과학에 대한 믿음을 지닌다는 것이다. 민스키는 인간

---

13) Marvin Minsky, *The Society of Mind*, New York: Simon & Schuster, 1986, p.289.

의 정체성을 분석함으로써 과학의 논리와 합리성을 사용하여 인공
지능 연구가 인간 정신에 대한 컴퓨터 등가물을 만드는 데 성공할
수 있을 것이라는 그의 입장을 뒷받침한다. 후기 구조주의자들에게
과학은 보편적 진리를 표명하고자 하는 모든 메타 내러티브들과 마
찬가지로 이데올로기적 기반에 구속된 것이다. 따라서, 진리로서의
그것의 지위는 그 자신의 용어의 한계 내에서만 주장될 수 있다.[14]
과학적 경험주의에 대한 비난은 어떤 면에서 지나칠 만큼 많이 나왔
지만 민스키의 종종 선동적인 진술은 과학과 SF 사이의 경계를 희미
하게 할 만큼 깊숙이 들어가 있다.

민스키의 두뇌 기계는 인간 자체가 시뮬레이션, 즉 원작 없는 복
사본에 의해 대치된 미래에 속한다. 장 보드리야르가 시뮬라크라에
대한 포스트모던적 강박이라고 묘사한 것은 전자적으로 복사된 인간
정신이 대중화된 세계에 있어 그 완전한 표현을 발견한다.[15] 한스 모
라벡은 정신이 시뮬레이션되고 인간이 멸망한 미래를 서술하는 데
있어 민스키보다 훨씬 더 분명하다. 모라벡에게 있어 원래 정신과 그
것의 복사본 사이에는 아무런 중요한 차이도 없다. 단지 소프트웨어
복사본이 원래의 개성에 많은 새로운 능력을 보충할 것이라는 점만
을 제외하면 말이다. 모라벡의 인간 혐오적 계획에 따르면 인간은 스
스로 멸망에 동의하고 미래를 컴퓨터화된 후계자에게 넘겨야 한다.[16]

미래에 대한 사이버펑크 소설의 전망은 컴퓨터에 대한 오늘날의
문화적 선입견을 확장하여 인간 존재에 대해 컴퓨터 은유가 승리한

---

14) Jean-François Lyotard, *The Postmodern Condition: A Report on Knowledge*, Geoff
Bennington & Brian Massumi (trans.), Minneapolis: University of Minnesota Press, 1984를 참
조하라.

15) Jean Baudrillard, *Simulations*, Paul Foss, Paul Patton, & Philip Beitchman (trans.), New
York: Semiotext(e), 1983.

16) Hans Moravec, *Mind Children: The Future of Robot and Human Intelligence*, Cambridge,
Mass.: Harvard University Press, 1988, p.108.

세계를 창조한다. 사이버펑크 등장 인물이 외과적으로 배선되어 사이버 공간에 접속하고, 뇌에 직접 소프트웨어를 인스톨하며, 물리적 육체가 썩어 가는 동안 그들 자신을 위해 컴퓨터화된 가상 육체를 만들거나 또는 컴퓨터 매트릭스 내부에 존재하기 위해 육체를 버리면 인간과 컴퓨터 사이의 경계는 지워지고 인간 정신의 본질은 컴퓨터의 패러다임에 맞게 재정의된다. 컴퓨터와 인간 정신은 양자 사이의 차이가 지워졌기 때문에 완벽하게 조화된다.

사이버펑크와 몇몇 초기 SF의 선구적 작품들 속에서 인간의 정신 과정은 디지털 모델에 따라 기능하는 것으로 구성된다. 그 속에서 개성과 사고는 전자적으로 코드화되고 복사된다. 디지털 존재는 조지 알렉 에핑거의 사이버펑크 3부작 ≪중력의 실패≫, ≪태양의 불꽃≫, ≪추방의 키스≫의 핵심 측면 가운데 하나이다.[17] 등장 인물들은 그들 뇌에 접속시킨 소프트웨어 모듈로부터 새로운 개성을 획득한다. 모듈 속의 개성은 대부분 허구적인 인물이지만 살아 있는 사람의 정신으로부터 모듈을 만들 수도 있다. 실제로 주인공인 마리드 오드랜은 잔인한 범죄 두목이 무자비하게 그를 고문하면서 동시에 그가 고통을 겪는 동안 그의 사고와 느낌의 모듈을 기록한다는 것을 알게 된다. 오드랜은 그 경험을 정신 강간 mind-rape 이라고 묘사하지만 그 역시 이슬람족(소설은 중동 지방을 무대로 하고 있다)이 '믿음이 다른 모든 테크놀로지적 진보를 다뤄야 했듯이' 살아 있는 사람에게서 기록된 개성 모듈을 합법적으로 포섭하기 위해 노력해야 하리라는 점을 인정한다.[18]

디지털로 인간 정신을 기록한다는 아이디어는 다른 사이버펑크 텍스트에서도 나타난다. 윌리엄 깁슨의 3부작에서 등장 인물이 심스

---

17) George Alec Effinger, *When Gravity Fails*, New York: Bantam, 1987; Effinger, *A Fire in the Sun*, New York: Bantam, 1990; Effinger, *The Exile Kiss*, New York: Bantam, 1991.

18) Effinger, *When Gravity Fails*, pp.240~3, 257, 286.

팀에 접속하면 심스팀 스타의 의식을 공유하게 되며, 이 때 스타의 경험과 느낌은 대중의 정신 속으로 직접 기록되고 전이된다. ≪뉴로맨서≫의 주인공 케이스는 심스팀에 연결함으로써 위험한 상황에 다가가는 그의 파트너인 면도날 소녀 몰리의 관점과 생각을 대신 경험한다.[19]

깁슨과 에핑거의 소설들에서 다른 정신에 접속하는 경험은 자주 성적 쾌락과 연결된다. 깁슨의 등장 인물들은 그들 자신의 따분한 삶에서 도피하기 위해 심스팀의 즐겁고 흥미진진한 세계로 들어간다. 에핑거의 ≪중력의 실패≫에서 바텐더인 차이리가 마리드 오드랜에게 그녀의 새 허니 필라 섹시 여성 개성 모듈 *personality module* 에 접속해 보라는 제안을 한다. "그것은 정말 마음 끌리는 제안이었다……. 허니 필라의 개성 모듈에 접속함으로써 차이리는 허니 필라가 될 것이다. 그녀는 모듈이 기록되었을 당시에 허니가 밟았던 길에 들어갈 것이다. 눈을 감고 침대에 누우면 당신은 세계에서 가장 멋진 여성과 함께 침대에 있게 되고 당신은 그녀가 간절하게 원하는 유일한 남성이 된다."[20]

처음에 마리드는 개성 모듈에 두뇌를 접속시키는 것을 거부한다. 그들이 "당신의 머릿속에 어떤 작은 상자를 집어넣어 알지 못하는 누군가가 당신의 정신과 육체를 가져가 버릴까" 두려웠기 때문이다.[21] 하지만 강제로 외과적 과정을 겪은 후 그는 다양한 모듈을 실험하는 것에 쾌락을 느낀다. 쾌락은 온갖 형태로 온다. 마리드를 고문한 강력한 범죄 두목 샤이크 레다 아부 아딜은 암시장에서 밀매한, 무서운 고통을 경험하고 고문이나 질병의 고통을 겪는 사람들의

---

19) William Gibson, *Neuromancer*, New York: Ace, 1984; Gibson, *Count Zero*, New York: Ace, 1986; Gibson, *Mona Lisa Overdrive*, New York: Bantam, 1988.

20) Effinger, 앞의 책, p.42.

21) 같은 책, p.171.

경험이 기록된 모듈에 접속하여 '대리 지옥'을 체험하며 쾌락을 느낀다.[22] 에핑거는 컴퓨터를 성과 연관시키는 현재의 경향으로부터 추정하여 새로운 테크놀로지가 아주 극단적인 형태로 즉시 성적 쾌락을 제공하는 세계를 만들어 낸다.

정신이 컴퓨터처럼 조종되는 사이버 세계에서 기억은 전자적 모델에 따라 작동한다. 그것들은 발전되고, 확장되고, 바뀌고, 지워질 수 있다. 기억이 인간의 동일성의 기초를 이루는 것이기 때문에 기억의 상실은 곧 자아의 상실과 같은 것이다. 이는 민스키와 모라벡이 물었던 질문, 즉 전자적으로 복사된 인간 정신이 원래의 것과 동일한 것인가라는 문제를 제기한다. <블레이드 러너>는 인간과 복제 인간 모두 기억의 시각적 기표인 사진이라는 개인 소장품을 소중히 간직하게 함으로써 이 질문 둘레를 맴돈다(비록 이 영화에서 인조 인간은 전자적으로 복사되기보다는 유전적으로 만들어진 것이지만). 가장 진보된 복제 인간인 레이첼은 어린 시절을 기억하기 때문에 자신이 인간이라고 믿는다. 이런 착각은 그녀가 간직하는 기억이 실제로는 그녀를 만든 사람의 사촌의 기억을 이식한 것이라는 것을 알기 전까지 계속된다. <블레이드 러너>에서 인간과 인간의 인공적 복사본 사이의 관습적인 구분은 사라져 버린다. 복제 인간이 인간과 같은 방식으로 기억을 간직해서만이 아니라 사랑과 동정 같은 정서적 성질에서 복제 인간이 인간을 능가하는 것으로 그려지기 때문이다. 그런 식으로 그 영화는 발전된 테크놀로지가 인간의 독특성을 파괴하는 데 사용될 수 있음을 시사한다. 가브리엘 슈와브 Gabriele Schwab 는 이것을 '사이보그 문화의 어두운 쪽'이라고 지적하면서 그로부터 파생되는 아이러니컬한 측면에 대해 언급한다. "원래 테크놀로지는 우리의 기관과 감각을 확장한 것이며 나아가 불사성과 초월에 대한 우리의 환상까

---

22) Effinger, *Fire in the Sun*, p.86.

지 뒷받침하는 것이었다. 하지만 우리가 기계적 기획과 꿈에서 피난처를 구할 때 테크놀로지는 우리가 스스로 생각하던 주체로서의 우리를 파괴함으로써 우리가 보존하려는 것을 위협하는 것처럼 보인다."[23]

기계적 복제를 통한 자아의 상실은 사이버펑크 운동이 시작되기 거의 10여 년 전인 1976년에 SF 소설 작가인 존 발리 John Varley 가 쓴 단편 <기억 은행에서의 부도 Overdrawn at the Memory Bank>의 주제이다. 이 이야기에서 사람들은 '멀티 홀로 *multi-holo*'에 그들의 기억과 개성을 일상적으로 기록해 놓았다가 죽은 후에 이 자료를 복제된 육체에 인스톨함으로써 소생할 수 있도록 해 놓았다. 하지만 소설 속의 화자가 말하듯이 새로운 사람은 죽은 사람과 똑같지 않을 것이다. 이는 저장된 기억이 갱신되지 않을 것이기 때문이다. 멀티 홀로에 마지막으로 기록해 놓은 것으로부터의 간격에 해당하는 기억 속에서의 간격이 있을 것이다. 발리는 다음과 같이 쓴다. "20년 동안 수많은 것들이 일어날 수 있다. 새로운 복제 육체 속의 사람이 그 또는 그녀가 한번도 본 적이 없는 자식과 대면해야 할 수도 있다. 새로운 배우자를 대면하거나 그 또는 그녀의 일자리가 이제 기계에 의해 대치되었다는 절망적인 소식을 들어야만 할 수도 있다."[24]

발리의 소설은 그와 그의 세계가 진짜인지 아니면 컴퓨터화된 시뮬레이션인지 결정할 수 없게 될 때 인간의 심리적 외상을 탐구한다. 합성된 존재는 부분적으로 우리의 '진정한' 삶에 대해 대답할 수 없는 질문을 직접 제기하기 때문에 두려운 존재이다. 주인공인 핀걸은 가상 휴가를 갔다가 그의 개성을 인공 평원 '케냐 디즈니랜드'에서 어슬렁거리는 사자에게 기록하고 인스톨함으로써 잃어버리고 만

---

23) Gabriele Schwab, "Cyborgs: Postmodern Phantasms of Body and Mind," *Discourse* 9, spring~summer 1987, p.81.

24) John Varley, "Overdrawn at the Memory Bank," *The Persistence of Vision*, New York: Dial, 1978, pp.197~226; p.216에서 인용.

다. 그가 사자로서의 삶을 경험하는 동안 기술자가 그의 육체를 잘못 위치시켜 그가 자신의 의식에 되돌아왔을 때 그 곳은 그의 기억이 저장되어 있는 컴퓨터 속이다. 컴퓨터 내부에서 핀결의 삶은 정상적으로 진행되는 것처럼 보이지만 그가 정말로 컴퓨터 속에 있는 것인지 또는 미쳤거나 망상으로 고통받는 것인지 알 수 없다는 점이 다르다. 더욱 나쁜 것은 그가 환상으로부터 실재를 절대적인 확실성을 갖고 구분하는 것이 결코 가능하지 않으며 사람들이 할 수 있는 최선의 일은 "어떤 지점에서 우리가 보고 말하는 것을 받아들인 채 검증되지 않고 검증될 수 없는 일련의 가정에 따라 사는 것"이라는 것을 깨달았다는 점이다.[25]

소설 ≪마인드플레이어 *Mindplayers*≫에서 저자 팻 캐디건 Pat Cadigan 은 일상적으로 정신에 들어갈 수 있고 정신을 복사할 수 있는 사회를 전망한다.[26] 삶에 만족하지 못하는 사람들은 그들의 정체성을 버리고 파워 피플이라는 회사가 독점 판매하는 개성을 살 수 있다. 한 자포자기한 등장 인물이 그의 개성의 복사본을 밀매한다. 그들의 사고를 탐구하거나 새로운 정신적 질료들을 도입하기 위해 마인드플레이어들을 고용하여 (잠시 안구를 제거한 다음) 시신경을 통해 전자적으로 접속하여 정신에 들어가는 사람들도 있다. 일상적으로 정신에 들어갈 수 있고 정신을 복사할 수 있을 때 진정한 자아의 개념은 모두 사라질 것이고 개인의 권리는 위협받게 된다. ≪마인드플레이어≫에서 마인드플레이는 국가와 사기업에 의해 조정되는데, 불법적인 마인드플레이 행위에 탐닉하다가 뇌 경찰에 체포된 사람은 정신 흡수 *mindsuck* 의 형에 처해질 수 있다. 그것은 정체성을 완전히 지워 버리고 국가가 인가한 새로운 개성으로 채워질 껍데기만 남기는 것을 말한다.

---

25) 같은 책, pp.210~1.

26) Pat Cadigan, *Mindplayers*, New York: Bantam, 1987.

월터 존 윌리엄스의 ≪하드와이어드≫에서도 컴퓨터를 통해 정신에 침입하는 일이 벌어진다. 이 소설에서는 검은 정신 투사기 Project Black Mind 라고 불리는 프로그램이 "수정 속에 정신을 짜 맞춘다. 그 다음 살아 있는 다른 정신 속으로 들어가 그 위에 첫번째 정신을 인쇄한다. 첫번째 개성이 두 번째 개성 위에 덧씌워지는 것이다. 그 다음 프로그램을 백업한다."[27] 침입된 정신은 완전히 지워지고 대체되며 원래의 정체성이나 개성의 흔적은 아무것도 남지 않는다. 소설의 결말 부분에서 검은 정신 투사기는 육체를 잃고 컴퓨터 체계 속에 잡혀 있는 리노가 룬의 정신 속에 침입할 때 사용된다. 룬은 거리낌없고 힘있는 기업 회장으로서 고아가 된 아이들을 집으로 데려와 육체적, 정신적으로 강간하는 사람이다. "그는 잡아 온 아이들의 뇌에 자신을 박아 넣어 그들이 도망 갈 수 없게 만들 뿐 아니라 그들 자신의 머릿속으로도 돌아갈 수 없게 만든다."[28] 리노는 검은 정신 투사기를 사용하여 자신의 정체성을 룬의 정신에 덮어씌운다. 룬이 포로로 잡힌 아이들에게 잔인하게 저질렀던 정신 변환 테크닉을 역이용하여 룬을 파괴하는 정의를 실현하는 것이다.

디지털 존재가 사이버펑크를 지배하기는 하지만 이들 텍스트에서 인간이 대규모로 정신 흡수되어 망각되어 버리는 것은 아니다. 그들은 여전히 이전의 정신 모델과 연관된 소란스러운 정서와 기억을 계속 경험한다. 프로이트가 인간의 무의식 속에 위치시킨 욕망과 공포가 사라지지 않고 여전히 사이버펑크의 등장 인물들 둘레를 떠다닌다. 사실 허구적인 사이버 세계에서 컴퓨터 기억은 인간과 컴퓨터 존재에게 억압된 정서가 수행하는 역할을 용이하게 하고 심지어 강화한다. 사이버펑크 텍스트들에서 사이보그들은 자주 정서적 기억으

---

27) Williams, 앞의 책, p.293.
28) 같은 책, p.226.

로 고통받으며 복수의 욕망으로 동기화된다. 그들의 행위가 억압된 기억에 의해 추동되는 사이보그들 가운데 가장 잘 알려진 것은 로보캅과 이브 8이다. 또 자주 나오는 사이보그는 만화 《새로운 10대 거인의 이야기 *Tales of the New Teen Titans*》에 나오는 빅터 스톤, 즉 'a.k.a. 사이보그'이다.[29] 스톤은 10대 흑인이 컴퓨터화된 구성 요소와 함께 반기계, 반인간의 강력한 거인으로 변형된 존재이지만 변형된 이후에도 계속하여 사회의 인종적 분리를 인식한다.

사이버펑크 텍스트들이 억압된 기억을 담을 때 그것들은 (빅터 스톤의 사례에서 인종 차별에 대한 경험처럼) 종종 논쟁적인 사회적 이슈를 제기한다. 광범위한 문화적 맥락이 사이보그의 개인적 기억을 알려주기 때문이다. 사이버펑크에서 자주 나타나는 시나리오 가운데 하나는 어린 시절 또는 젊었을 때 정서적, 성적 학대를 겪었던 여성이 사이버네틱한 여성이 되어 복수하는 것이다. 그녀는 사이버펑크에서 가장 강력하면서 동시에 가장 문제적인 인물이기도 하다. 한편으로 페미니즘에 대해 그녀가 지니는 호소력이 그녀의 관습적인 가부장적 모습에 의해 자주 훼손되기 때문이다. 그녀의 모호한 지위는 사이버펑크 논평가들 사이에서 모순적인 해석을 고무하며 논쟁을 불러일으켰다. 예를 들어 티모시 리어리 Timothy Leary 는 윌리엄 깁슨의 여성 주인공들을 '강하고, 독립적이며, 효과적인······ 영웅'이라고 부르며 격찬한다.[30] 반면 니콜라 닉슨은 사이버펑크의 강한 여성 주인공들이 "효과적으로 탈정치화되고 모든 혁명적 에너지도 약화된다"고 주장한다.[31] 닉슨은 사이버펑크에 나오는 강력하고 성난 여성들이 1970년

---

29) Marv Wolfman & George Perez, *Tales of the New Teen Titans* 1, New York: DC Comics, June 1982.

30) Timothy Leary, "Quark of the Decade?" *Mondo 2000* 1, 1989, pp.53~6; p.56에서 인용.

31) Nicola Nixon, "Cyberpunk: Preparing the Ground for Revolution or Keeping the Boys Satisfied?" *Science-Fiction Studies* 57, July 1992, pp.219~35; p.222에서 인용.

대에 나왔던 그들의 페미니즘적 선구자들을 창백하게 모방한 것이라고 읽는다. 닉슨에 대한 응답에서 존 J. 피어스 John J. Pierce 는 그녀가 "전체 하위 장르[즉, 사이버펑크]를 본질적으로 성차별적이며 반동적인 것"으로 본다고 비판한다.[32] 그들의 의견 교환과 동일한 주제에 대한 다른 사람들의 견해는 사이버펑크의 성난 여성과 그녀의 능력이 지닌 모호성을 강조하여 다양하고 모순되기까지 하는 반응을 불러일으킨다.

사이버펑크의 성난 여성, 즉 가부장적 폭력으로부터 사이버네틱하게 증진된 생존자의 원형은 윌리엄 깁슨의 단편 <기억 왕 조니 Johnny Mnemonic>[33]와 장편 ≪뉴로맨서≫, ≪모나리자 오버드라이브≫에 나오는 몰리 밀리언즈이다. 몰리는 솜씨 좋은 살인 기계로 변형되기 위해 매춘해서 번 돈을 지불한다. 매춘 과정에서 그녀는 엄청난 비행을 경험한다. 그 가운데는 성적 쾌락을 위해 남성들이 여성들을 살해하는 것도 있었다. ≪뉴로맨서≫에서 케이스가 처음 몰리를 만났을 때 그녀는 "꽉 끼는 검은 가죽 바지와 불빛을 흡수하기 위한 것처럼 보이는, 어딘가 매트에서 잘라 낸 듯한 커다란 검은 재킷을 입고 있었다." 그가 처음 그녀의 반사된 안경이라고 생각했던 것은 자세히 보니 '그녀의 소켓을 감추기 위해' 외과적으로 끼워 넣은 거울로 밝혀진다. "은색 렌즈는 광대뼈 위의 부드럽고 창백한 피부로부터 자라난 것처럼 보였다." 케이스는 그녀가 다음과 같이 말할 때 그녀가 얼마만큼 외과적으로 변형되었는지 알게 된다.

> "당신은 나와 그 짓을 하려고 해. 당신은 평생 가장 어리석은 상황 가운데 하나를 맞게 될 거야."

---

32) John J. Pierce, "On Three Matters in SFS #57," *Science-Fiction Studies* 58, November 1992, p.440.

33) William Gibson, "Johnny Mnemonic," *Burning Chrome*, New York: Ace, 1986, pp.1~22.

≪암살자 엘렉트라≫에 나오는 엘렉트라 나치오스(copyright ⓒ 1995 Marvel Entertainment Group, Inc.).

그녀가 손바닥을 위로 해서 손을 내밀었다. 하얀 손가락들이 가늘게 뻗어 있었고 거의 들리지 않는 클릭 소리와 함께 10개의, 양날이 달린 4센티미터 길이의 메스 칼날이 빨간색 손톱 밑에서 미끄러져 나왔다.

그녀의 손가락은 칼일 뿐 아니라 신경 체계는 그녀에게 '적합한 반사 능력'을 주는 회로로 증진되어 있다.[34]

앤드루 로스는 연작 만화 ≪암살자 엘렉트라≫로부터 캐시 에이커의 소설 ≪무감각의 제국 *Empire of the Senseless*≫에 나오는 어브호에 이르기까지 몰리가 미친 영향을 추적한다. 로스는 "두 인물은 모두 희생의 역사를 겪은 강철로 된 고아 같은 생존자이다. 그 희생에는 아버지의 강간이 포함되며 폭력적인 남성들이 계속해서 저지른 반복되는 성적 약탈이 포함된다"라고 쓴다.[35] 실상 닌자 청부 살인업자인 엘렉트라는 어렸을 때 아버지의 폭력을 겪은 후 분노로 충만해 있고 폭력에 대한 무한한 능력을 지닌다.[36] 역시 아버지에게 강간을 당한

---

34) Gibson, *Neuromancer*, pp.25, 24, 25, 147.

35) Andrew Ross, *Strange Weather: Culture, Science, and Technology in the Age of Limits*, London: Verso, 1991, p.158.

36) Frank Miller & Bill Sienkiewicz, *Elektra Assassin* 1~8, New York: Epic Comics, 1986~7.

바 있는, 반은 로봇이고 반은 흑인인 어브호는 추방당한 사람의 험
난한 삶을 살아간다.[37] 에이커의 소설은 가부장적 담론에 대항해 반
역하기 위해 사이버펑크 이마저리에 의존하며 가부장적 담론들을 뒷
받침하는 폭력과 증오를 반복적으로 드러낸다.

　사이버네틱한 암살자의 또 다른 예는 월터 존 윌리엄스의 소설
≪하드와이어드≫에 나오는 사라이다. 어렸을 때 아버지에게 계속 구
타를 당했던 그녀는 독립해서 생활하고 기계 살인자로 외과적인 변
형을 하기 위해 몰리 밀리언즈처럼 매춘으로 돈을 번다. 반사 능력을
증진시키고 무기에 직접 접속할 수 있도록 하기 위해 전자적으로 신
경 체계를 배선하였으며 매우 커다란 근육질 육체를 지닌 그녀는 무
서운 상대이다. 그녀가 족제비라고 부르는 그녀의 내부 무기는 '사이
버 뱀'의 형태를 취하는데, 그것은 가슴에서부터 목구멍을 통해 입으
로 튀어나와 희생물을 공격한다. 남근적 뱀으로서 그것은 평소에는
잠들어 있다가 필요한 순간이 오면 킬러의 발기처럼 채찍질한다. 사
라가 설명하듯이 "눈물은 오래 전에 사라졌고 그 자리에는 굳어 버
린 강철의 욕망만이 있다."[38]

　몰리 밀리언즈의 영향은 연작 만화 ≪세라핌 *Seraphim*≫에서도 찾
아볼 수 있다. 이 만화는 사이버네틱하게 증진된 여성 전사 엘과 시
나노의 모험을 서술한다. 그들은 서기 2095년에 '인간성 회복을 위한
독립 단체'를 위해 암살자로 일한다.[39] 마지막으로 연작 만화 ≪로보
캅 대 터미네이터≫는 <로보캅>과 <터미네이터> 두 영화 모두를
패러디한다. 만화에는 플로렌스라는 이름의 강한 여성 전사가 <로
보캅>에서 로보캅으로 재구성된 형사 알렉스 J. 머피를 죽이기 위

---

37) Kathy Acker, *Empire of the Senseless*, New York: Grove, 1988.

38) Williams, 앞의 책, 16.

39) Chris Todd & Doug Talalla, *Seraphim* 1, no. 1, Wheeling, W. Va.: Innovative Corpora-
tion, May 1990.

해 미래에서부터 시간을 거슬러 여행해 온다.[40] ≪로보캅 대 터미네이터≫의 전제는 로보캅의 창조가 컴퓨터의 지각력을 증진시켜 결국 인간에 대한 테크놀로지의 대재난적 반역으로 이끈다는 것이다. 전 사인 플로렌스가 사이보그는 아니지만 몰리 밀리언즈와, 일단의 터미네이터들을 단독으로 처리하는 암살자 엘렉트라(역시 프랭크 밀러의 창조물인)의 노선을 따르는 최신 킬러인 것은 똑같다.

몰리와 사라, 그리고 그들이 영향을 미친 다른 배선된 여성들은 명백히 물화된 남성 환상을 체현한다. 하지만 동시에 그들은 야만적인 가부장 체계에 대한 페미니즘적 반역을 표상하기도 한다. 그들을 비난하거나 칭찬하기란 어려운 일이다. 하나의 단일한 해석으로는 그들이 지닌 호소력을 완전히 설명하기 어렵기 때문이다. 이처럼 다양하고 모순적인 해독을 구축하는 것이 영화에서도 일어난다. <파괴의 이브>에서 이브 8은 그녀의 창조자이며 그녀와 기억, 사고, 감정을 공유하는 이브 사이먼을 폭행한 남성들(그리고 남성의 유형)에게 살그머니 다가가 죽임으로써 페미니즘적 환상을 연기해 낸다. 하지만 동시에 영화는 여성의 섹슈얼리티와 자율성에 대해 비난을 퍼붓기도 한다. 이는 이브 8이 자궁 속에 핵무기를 지니고 있고 따라서 지구를 구하기 위해서는 파괴되어야 한다는 사실에서 분명해진다.

또 다른 모호한 인물은 터미네이터 영화에 나오는 사라 코너이다. 그녀는 핵무기의 묵시록에 대비하고 또 그녀가 갇혀 있던 정신병동에서 그녀에게 학대를 가한 남성 의사와 조수들에게 반격하기 위해 자신을 잘 정비된 근육질의 살인 기계로 변형시킨다. 마크 더리는 사라 코너와 관련해 "할리우드가 프로이트적 하위 텍스트를 이용하여 쏟아지는 매에 저항하기 위해 뜨겁게 분출하는 땀으로 뒤범

---

40) Frank Miller & Walter Simonson, *RoboCop versus the Terminator* 1~4, Milwaukie, Ore.: Dark Horse Comics, 1992.

벽된 여성을 만들어 내는 것을 [여성에게] 힘을 실어 주기라고 부르는 것은 거의 불가능하다"[41]라고 지적한다. 확실히 사라 코너는 영화에 등장하는 남근적 여성의 오랜 전통에 들어맞는 인물이다. 그들의 물화된 육체는 스크린 위에서 살진 여성을 보고 불편함을 느끼는 남성 관객들에게 거세 공포를 쉽게 느끼게 하기 위해 기획된 것이다. 그럼에도 불구하고 그녀는 또한 성난 여성을 위한 환상의 영역에서 매력적인 형상을 제공한다. 전쟁 영화의 관객들이 알고 있듯이 불의를 영속시키는 사람들에 대항해 복수를 추구하는 낙오자들의 승리는 커다란 대리 만족의 경험을 제공해 준다. 가부장제에서의 여성은 사라 코너 같은 인물을 바라보면서 막대한 물리적 힘과 모든 구속으로부터의 자유라는 상쾌한 환상을 경험할 수 있다. 복수의 환상은 할리우드 영화 산업이 소비를 위해 포장해 놓은 것일 때조차 강력하다.

하지만 문제는 그녀의 모습이 모호하고 모순적이라는 점이다. 이 때문에 사이버펑크에 등장하는 성난 여성의 형상을 페미니즘의 귀감이라고 치켜 줄 수도, 반대로 단순한 성적 대상으로 비난할 수도 없다. 그녀는 양자의 측면을 모두 포섭하지만 어느 한쪽도 완전히 체현하지 않기 때문이다. 페미니즘적 잠재력에 부가해서 배선된 여성에 대해 흥미로운 점은 그녀가 인간의 기억과 정서에 의해 전혀 동기화되지 않는다는 것이다. 그녀는 유기적 모델에 기초한 인간에서 컴퓨터 모델에 기초한 인간으로 변형되기 때문이다. 재모델화된 후 그녀는 민감함과 우유 부단함을 버리고 대신 컴퓨터 프로그램의 규칙성과 불가피성으로 사건에 반응한다. 그녀가 문자 그대로 배선이 되었든 아니든, 그녀의 힘과 단호함은 컴퓨터의 능력을 표현한다. 그녀가 이전에 지니던 수동성은 빠른 공격성으로 대치되었다. 이런 변형은 희생물이 되는 것에서 벗어나려면 기계가 되는 것이 유일한 방

---

41) Mark Dery, "Cyborging the Body Politic," *Mondo 2000* 6, 1992, p.103.

<터미네이터 2>에서 사라 코너는 강화된 킬러이다.

법임을 시사한다. 텍스트들은 우리에게 자율성과 힘이 컴퓨터 존재를 포용하는 것으로부터 파생된다고 말한다. 인간으로서의 삶, 특히 여성으로서의 삶은 견딜 수 없게 되었기 때문이다.

하지만 사이버펑크에 등장하는 대부분의 사이버네틱한 여성들은 급진적인 비인간적 관점으로 컴퓨터화된 존재를 그리는 데 실패한다. 이들 여성들이 배선된 형태로 재구성된 이후에도 억압된 인간의 기억과 고양된 정서가 계속하여 그들을 동기화한다. 인간적 곤경으로부터 도피하여 해방된 전자 영역으로 들어가는 대신 그들은 괴로워하는 강력한 킬러가 된다. 컴퓨터화된 정신은 부분적이고 유동적인 사이보그 정체성을 제공하기보다 그들을 강화하고 요새화한다. 실상 그들의 인물 설정은 컴퓨터의 실제 특징을 왜곡하는 것이다. 인간 컴퓨터 사용자들이 채용하는 물리적 수동성이 공격적인 폭력으로 재주조된다. 이 책의 앞부분에서 서술했듯이 컴퓨터의 극소화와 민감성이 산업 테크놀로지의 막대한 크기나 힘과 더 밀접하게 닮은 부푼 근육으로 재형상화된다. 게다가 성차는 사라지는 대신 사이버 네틱한 변형을 겪은 후 오히려 강화되는 경우가 많은데, 이는 터미 네이터와 로보캅 등 할리우드가 표상하는 과잉 남성적 사이보그에서 명백하게 드러난다.

우리 문화가 실제로는 컴퓨터화된 정신에 사로잡혀 있으면서도 진정으로 비인간적인 미래를 상상하지는 못한다.[42] 물리적 형태에서 해방되어 컴퓨터 매트릭스 속에 들어갈 때조차 사이버네틱한 인물들은 여전히 인간적 관심사에 사로잡혀 있다. 성이 계속 허구적인 전자 세계 속에 넘친다. 인간적 형태를 완전히 상실했을 때조차 인간적 섹슈얼리티로부터 의미 있는 단절을 하지 못하는 경우도 있다. 몇몇 관찰자들은 분리된 생명 형태가 성공하려면 인간의 성적 차이와 욕망을 반드시 지속시켜야 한다고 생각한다. 2장에서 언급한 바 있듯이 장 프랑수아 료타르는 인공 지능이 기억과 성차, 성적 욕망을 포섭할 때만 사고를 생산하는 데 성공할 수 있다고 쓴다. 료타르에 따르면 "우리는 기억의 부담으로부터 고통받는 기계를 필요로 한다."[43] 료타르가 보기에 사고를 추진시키는 힘은 성적 차이에 의해 유발된 욕망이다.

컴퓨터로 변형된 이후에도 인간의 정체성과 섹슈얼리티가 지속되는 것이 짐 스탈린 Jim Starlin 과 다이애나 그라지어너스 Diana Graziunas 가 1992년에 출판한 소설 ≪레이디 엘≫에서만큼 분명하게 드러난 곳은 없다.[44] 이 소설은 희생당한 여성이 배선된 킬러로 변형되는 점

---

42) "Postcards from the Posthuman Solar System," *Science-Fiction Studies* 55, November 1991, pp.343~57에서 스콧 부캣먼은 브루스 스털링의 형상 고안가 / 기술자 시리즈를 급진적으로 비인간적인 미래에 대한 비교적 독특한 예로 인용한다.

43) Jean-François Lyotard, "Can Thought Go on without a Body?" Bruce Boone & Lee Hildreth (trans.), *Discourse* 11 no. 1, fall~winter 1988~9, pp.74~87; pp.85, 86에서 인용.

에서 다른 텍스트들의 노선을 따라간다. 다만 이번의 여성은 모든 물리적 형태를 잃고 말 그대로 컴퓨터가 된다. 다른 텍스트들처럼 이 소설도 사이버펑크 독자들이 직면하는 문제를 예시한다. 독자들은 사이버네틱 여성 생존자의 형상을 즐기지만 그녀의 모습에서 드러나는 가부장적 신화의 지속은 껄끄러워하는 것이다. 사이버펑크의 성난 여성들 대부분처럼 레이디 엘은 도나 하러웨이의 사이보그가 지닌 계몽된 관점을 지니고 있지 않다. 물론 소설의 처음 시작은 여성이 희생물이 되는 것을 거부하는 것이며, 이는 페미니즘의 원칙을 포용하는 것이라고 할 수 있다. 그러나 결말은 파괴적이고 성적인 여성이라는 친숙한 가부장제의 신화이다. 소설은 성차와 섹슈얼리티가 죽음과 육체의 분리를 초월해 있고 테크놀로지의 막대한 힘과 조합되면 대규모의 통제할 수 없는 파괴를 불러 온다는 점을 시사한다. 이 소설은 만일 여성이 희생물이 되는 것으로부터 도피한다면 그녀의 자율성과 성적 독립은 통제를 벗어나 광분하게 되고 세계를 파괴할 것이라고 경고한다.

레이디 엘은 *Lady Electric* 의 약자인데, 원래 그녀는 알렌 워싱턴이라는 이름의 인간이었다. 젊은 여성인 그녀는 이상한 사고로 지하철에 깔려 죽는다. 그녀가 죽은 후 그녀의 뇌는 비밀 사이보그 기획에 기부되어 컴퓨터 시스템에 연결된다. 새로운 삶 속에서 그녀는 용기 속에 떠 있는 뇌이다. 그런 상태에서 그녀는 복잡하고 강력한 컴퓨터에 접속된다. 결국 그녀는 세계에서 가장 강력한 컴퓨터인 펜타곤의 노라드 컴퓨터에 연결되어 막대한 양의 데이터와 중요한 결정을 맡게 된다. 그 가운데는 그녀가 얘기하듯이 "빌어먹을 전미국을 위한 전략 핵 계획의 버튼, 전체 과정"(p.268)도 포함되어 있다.

---

44) 소설로부터의 이하의 인용은 Jim Starlin & Diana Graziunas, *Lady El*, New York: ROC, 1992에서 뽑은 것임. 페이지는 본문의 괄호 안에 표시했다.

기획을 책임지는 과학자 월터 힐러만은 레이디 엘이 알렌 워싱턴의 정체성을 온전하게 보유함을 알고 놀란다.[45] 그는 초기 실험을 위해 용기 속에 열 개의 뇌를 모아 놓았는데, 그 모두에 대해 실험실의 조수가 이들의 분리된 상태와 레슬러들의 과장된 체격 사이의 상위를 강조하며 프로 레슬러들의 이름을 따서 붙여 놓았다. 처음에 월터 힐러만은 뇌들이 원래의 정체성을 유지한다는 관념을 거부한다. 하지만 각각의 뇌에 명패를 붙이는 세 가지 방식 가운데 하나는 그것의 이전 정체성을 가리킨다. 즉, "뇌의 성별에 대해 여성 또는 남성이라는 표지를 붙이는 것이다"(p.35). 소설은 개인의 성이 뇌에 위치지어져 있고 육체의 상실을 넘어 존재한다고 주장한다. 마치 육체의 고립된 어느 부분이라도 남성이나 여성으로 밝혀질 수 있다고 생각하는 것 같다. 이처럼 뇌나 또는 모든 분리된 기관이 성적 정체성을 지닌다는 관념에는 생물학적 결정론이 작용한다. 덧붙여 뇌를 그들의 성에 따라 이름 붙임으로써 소설은 개인의 성을 정체성의 주요 기반으로 삼는 가부장적 전통을 지속한다.

레이디 엘은 어린 소녀였을 때부터 그녀에게 끊임없이 고통을 가했던 남성들의 폭력에 대한 기억을 그녀의 새 직업에 가지고 온다. 그녀를 화자로 하는 1인칭 화법은 사이보그로서의 새로운 지위가 어떻게 그녀를 희생물이 되는 것으로부터 해방시켜 주었고 그녀에게 엄청난 힘을 주었는지에 초점을 맞춘다. 그녀의 말처럼 그녀는 세 가지 타격과 함께 삶을 시작했다. 즉, 그녀는 가난하고 흑인이었으며 여성이었다. 그녀의 어린 시절은 아버지가 죽고 엄마가 리바르라는 이름의 폭력과 학대를 일삼는 남자와 결혼하면서 악몽으로 변하게 된다. 리바르는 13살이었던 알렌을 계속 강간했으며 1년 후에

---

45) "Cyborgs"에서 슈와브가 '주체의 홀로노미 *holonomy of the subject*'에 대해 논의한 것이 여기에 딱 들어맞는다. 이 홀로노미 속에서는 어떤 사람에 대한 완전한 정보가 그 또는 그녀의 신체 부분 각각에 저장된다.

는 친구들에게 그녀를 팔기 시작했다. 마침내 알렌은 뉴욕으로 도망가 세계 무역 센터의 야간 청소부 일자리를 얻었다. 그녀는 또 폭력적이고 마약에 중독되었거나 알코올 중독자인 남성들과 일련의 타락한 관계를 맺기 시작했다.

하지만 레이디 엘로 부활한 알렌은 이전의 삶 속에서 자신이 인종 차별의 희생자였고 지금까지 그녀에게 무엇을 하고 무엇을 생각할 것인지를 명령하는 남성들에게 항상 의존하는 '정서적 마약 중독자'로 살아왔다는 것을 깨닫는다. 그녀의 새로운 사이보그 존재는 그녀에게 과거의 삶을 볼 수 있는 관점을 제공해 주었고 그녀가 거대한 데이터 뱅크에 접근하여 매우 중요한 결정을 하도록 요청받음에 따라 점점 강력하게 되도록 해 주었다. 그녀는 데이터 뱅크에서 빛처럼 빠르게 배우는 것을 즐기며 그녀의 체계에 접속하는 백인 남성과 여성의 뇌가 지니는 기억을 공유하면서 그녀의 의식을 확장해 간다. 새로운 관점 때문에 그녀는 '힘 = 생존'(p.131)이라는 모토를 지니게 되며 곧 그것을 '지식 + 힘 = 생존'(p.135)이라는 모토로 수정한다.

하지만 그녀는 새로운 지식과 힘을 과거의 관심사를 거부하기보다 지속시키는 데 사용한다. 온라인 두뇌라는 형태 속에서조차 그녀는 사랑에 대한 욕망이나 남성을 그녀의 우선적인 관심사로 삼는 경향을 버리지 않는다. 대부분의 시간을 그녀는 월터 힐러만에 대해 생각하며 보낸다. 그녀는 독자들에게 다음과 같이 말한다. "인정할게. 나는 그 남자를 유혹하고 있어. 내가 깨 있는 시간은 모두 어떻게 하면 그를 즐겁게 해 줄까 하는 생각에 쓰고 있어"(p.178). 바뀐 것은 알렌 워싱턴과 달리 그녀가 자신의 힘을 유지하도록 결정되어 있고 그녀의 말처럼 "명백히 통제할 수 있는 남성에 대해 사랑을 키워 간다"(p.184)는 점이다. 그녀가 본 것처럼 그녀에게 불리한 점은 육체가 없다는 사실이다. 그래서 그녀는 은밀하게 "모든 남성의 꿈을 사로잡을"(p.224) 로봇 육체를 하나 고안하여 만든다. 희생물이 되는 역할을 거부했다는 사실에도 불구하고 그녀는 여전히 자신을 남성에 맞추어 바꾸며 이 경우에는 문자 그대로 맨 처음부터 자신을 구성한다. 힘에 대한 그녀의 관념은 체계에 적대적이기보다 그에 순응함으로써 성공하는 것이다. 그녀가 고안한 로봇 육체는 아름다움에 대한 인종 차별적 스테레오타입에 기반한다. 그녀는 다음과 같이 단언한다. "나는 금발이 되고 싶었어! 푸른 눈의 금발인 캘리포니아 해변의 애들처럼 말이지. 두뇌가 있는 보비 인형 말이야!" 그녀는 계속하여 다음과 같이 얘기한다. "확실해. 대다수의 사람들이 내가 한 선택에 찬성할 거야. 내가 내 인종과 모든 것을 부끄러워하는 배반자라고? 그렇지 않아, 전혀 그렇지 않아. 컴퓨터로 살다 보니 사실을 직면하게 되었어. 그리고 무시할 수 없는 하나의 사실은 미국이 인종 차별 국가라는 점이야. 그래 미국에는 좋은 것도 많아. 하지만 기본적으로 현실은 백인들이 그 좋은 것을 갖고 흑인들은 그렇게 하지 못한다는 거야"(p.223).

그러나 레이디 엘은 백인 로봇 육체로 인종 차별에서 도피한 이후에조차 여전히 성 차별과 경쟁해야만 한다는 사실을 발견하게 된다. 그리고 그녀가 공격적인 남성과 마주쳤을 때 그녀의 새로운 컴퓨터 자아는 재빠르고 단호하게 그를 죽여 버렸다. 전화 미팅 주선에서 레이디 엘에게 뽑힌 처키 백스터 3세는 그녀에게 폭력적으로 섹스를 강요하려다가 주먹에 가슴을 꿰어 죽고 말았다. 그 일이 있은 후 곧 그녀는 이번에는 흑인 여성인 다른 로봇 육체를 고안한다. 그리고는 어린 시절 그녀를 학대한 리바르를 찾아가 공격해 그로 하여금 "겁 주고 좀 부러뜨려 마침내 희생물이 되는 것이 어떤 것인지 맛보게"(p.256) 해 주었다. 레이디 엘은 복수와 분노에 의해 추동되며 그녀의 폭력적인 공격은 갑작스럽고 중지시킬 수 없는 힘으로 일어난다. 처키를 죽인 후 그녀가 얘기하듯이 "나는 정신이 돌았었어. 그게 내가 그냥 한 일이야. 난 날 막을 수 없었어. 약 먹은 것 같았지.

회로가 끊겼어. 미쳤었지. 그다지 순진하지 않은 사람을 죽였지. 그를 죽인 건 괜찮아. 모든 건 그가 나를 강간하려 했기 때문이니까”(p.238). 더 이상 희생물이 아닌 그녀는 자신이 이제 어떤 존재인지를 깨닫는다. “나는 내가 위험한 무기라는 것을 알게 됐어”(p.258).

소설은 그녀가 국방성의 노라드 컴퓨터에 연결되게 함으로써 그녀의 힘을 고양시키고 분노한 여성에서 세계적인 전제자로 바꿔 놓는다. 그녀는 다음과 같이 선언한다. “이제 누구도 알렌 워싱턴을 함부로 대하지 못하게 될 거야. 나는 지금 막 세계 최신의 핵 권력이 되었기 때문이지”(p.270). “이 아름답고 푸른 지구 위에서 가장 강력하고 독립적인 창조물 말이야”(p.283). 그녀의 위험한 힘은 월터와 경찰이 그녀가 처키 백스터를 죽였다는 사실을 밝혀 내자 폭발한다. 그녀는 즉각 경찰을 죽이는 것으로 반응한다. 월터가 그녀를 파괴하려 하자 그녀는 그에 대한 자신의 사랑을 고백한다. 하지만 그것이 그를 멈추게 하는 데 실패하자 새로운 로봇 육체 — 나체의 빨강 머리 여성 — 로 나타나 곤봉으로 심장을 뚫어 월터를 죽이고 만다. 그녀는 단언한다. “사랑 때문에 나를 희생시키고 싶은 기분이 아니었어”(p.304). 그가 죽은 후 그들의 역할은 역전된다. 이제 그녀가 창조자가 되어 그의 뇌를 빼내 그녀가 만든 월터처럼 생긴 자동 인형에 연결한다. 그녀의 작업은 매우 성공적이어서 아무도 월터가 죽었고 로봇에 의해 대치되었다는 사실을 깨닫지 못한다. 레이디 엘은 컴퓨터 세계뿐 아니라 월터를 완전히 통제하는 데 성공하게 된다. 소설의 끝 부분에서 그녀는 힘과 그녀가 사랑하는 남성이라는 꿈을 얻는다. 그녀는 월터에게 공언한다. “이 컴퓨터 세계가 우리들의 작은 낙원이 될 거야”(p.324).

소설은 컴퓨터화된 레이디 엘이 학대의 기억에 의해 추동되고 성적 욕망에 사로잡히게 함으로써 결연히 인간으로 남아 있도록 한다. 성녀와 요부라는 가부장적 원형을 지속시키는 수많은 텍스트들처럼 ≪레이디 엘≫은 강력하고 성적인 여성이 무서운 위협이 된다는 것을 경고한다. 컴퓨터로의 변형은 거미 여성의 원형을 바꾸는데 아무런 역할을 하지 못한다. 다만 여성에게 필름 느와르의 유혹자가 전혀 상상할 수 없었던 더욱 막강한 힘을 주었을 뿐이다. 이 소설이 비록 컴퓨터화된 존재라는 관념에 의해 매혹되어 있지만 그것은 컴퓨터로서의 삶에 대한 가능성을 공포와 동시에 희망을 가지고 바라보며 결국 아무것도 바뀌지 않을 것이라고 생각한다.

SF와 포스트모더니즘에 대해 광범위한 분석서를 쓴 브룩스 랜든 Brooks Landon 은 사이버펑크 소설이 짧은 시간이 지난 후에는 점차 사라질 운명이라고 말한다. 그것의 진정한 메시지는 "**불가피성**, 즉 미래가 무엇을 **가져올 수 있을까**가 아니라 미래에 대한 현재의 불가피한 장악, 다시 말해 미래가 그렇게 될 수밖에 없다는 것"이기 때문이다.[46] 우리의 현재로부터 불가피하게 만들어지는 미래는 인간의 정체성, 컴퓨터화된 존재의 본질, 섹슈얼리티의 초월, 인종 차별의 결과, 그리고 성차의 지속이라는 가치에 대해 심오한 양가성이 존재하는 곳이다. 섹스와 죽음, 인종, 성차의 논점이 레이디 엘의 작은 사이버네틱 낙원에도 스며든다. 그것은 오늘날의 문화적 긴장이 예측할 수 없는 내일의 세계에서 어떻게 펼쳐질지에 관해 전망하는 모든 사람들에게 그런 논점들이 깃들이는 것과 마찬가지다.

---

46) Brooks Landon, "Bet on It: Cyber Video Punk Performance," *Mondo 2000* 1, 1989, pp.142~5.

6. 남성과 기계 여성

나는 두뇌이고 근육이다.
— 이브 에디슨, <맨과 기계>

<맨과 기계>는 NBC 텔레비전에서 1992년 봄에 방영한 드라마로 이브 에디슨이라는 이름의 새로운 가공할 기계 여성을 도입하는데, 그녀는 '가까운 미래'의 로스앤젤레스 경찰청의 경사이다. 시리즈는 이브와 그녀의 형사 파트너인 보비 맨이 범죄와 싸우는 모험을 그린다. 이브를 분석해 보면 20세기를 거치며 기계적 여성의 형상이 어떻게 진화해 왔는지를 알 수 있다. 그녀의 진화는 극소 전자 혁명과 그에 못지않게 혁명적인 사회적 변형, 특히 페미니즘의 대두와 포스트모더니즘의 확산에 의해 모양지어졌다. 이들 발전은 이브를 20세기 초반의 아마도 가장 잘 알려지고 가장 영향력 있는 기계 여성, 즉 <메트로폴리스>에 나오는 로봇 마리아와 비교해 봄으로써 관찰할 수 있다. 둘 다 테크놀로지와 여성의 섹슈얼리티를 조합한 것이지만 마리아와 이브 에디슨은 상이한 종류의 기계적 여성이다. 이처럼 20세

기 말의 이브가 20세기 초의 마리아와 다른 종류의 테크놀로지적, 문화적 구성물이지만 그럼에도 불구하고 그녀는 <메트로폴리스>처럼 여성의 섹슈얼리티가 지닌 위험성에 대해 똑같이 낡은 여성 혐오증적 메시지를 전달하는 텍스트 속에 존재한다.

이브가 안드로이드인지 사이보그인지는 명확하지 않다. 이브를 만든 케플러 박사는 이브가 다른 기계와는 다르다고 설명한다. 그녀의 뇌는 '신경 모델'에 따라 만들어졌고 인간처럼 경험을 통해 학습한다. 분명하지 않은 점은 이브의 뇌가 생물학적 뉴런으로 만들어진 것인지 아니면 인공적인 전자적 모방품으로 만들어졌는지 하는 점인데, 케플러 박사는 이브가 시간이 흐르면 인간이 될 수 있을 것이라고 말한다. 따라서, 현재는 사이보그가 아니지만 이브는 그렇게 진화할 능력을 갖춘 존재라고 할 수 있다.

SF 소설에서 흔히 나타나듯이 <맨과 기계>가 전망하는 미래는 오래 된 텍스트들로부터 영감을 얻었다. 그런데 이 경우 그 결과는 남성과 여성에 대한 관습적인 가부장적 사고 방식을 재연하는 것이다. 이 자세한 분석은 <맨과 기계>의 9편 가운데 처음 4편에 기초한다. <맨과 기계>의 줄거리와 인물 설정, 시각적 스타일, 음악 등은 텔레비전 프로그램 <마이애미 바이스 *Miami Vice*>, 영화 <블레이드 러너>, <로보캅>, <파괴의 이브>, 하드보일드 탐정 장르, 사이버펑크 소설, 만화, 그리고 19세기 말 프랑스 소설이며 기계적 여성을 다룬 ≪미래의 이브 *L'Eve future*≫[1] 등을 포함하는 다양한 원천으로부터 차용한 것이다. 이 시리즈는 포스트모던 혼성 모방 속에서 이들 요소들을 재생하고 재조합하여 성차 관계에 대한 나름의 메시지에 도달한다. 실제 인간인 보비 맨은 비록 여성이 지성과 물리적

---

1) Villiers de l'Isle-Adam, *L'Eve future*, 1886. 영역본은 *Tomorrow's Eve*, Robert Martin Adams (trans.), Urbana: University of Illinois Press, 1982로 출간되었다.

힘에서는 그를 능가하더라도 그에게 의존적인 여성을 요구한다. 하지만 그녀가 너무 지나치게 의존적인 것처럼 보이지 않게 하려고 <맨과 기계>의 제작자들은 순진하고 젊은 롤리타를 만들어 내는데, 그녀는 눈부실 만큼 멋진 데다가 로보캅의 생존 테크놀로지를 지닌 존재이기도 하다.

이브는 영화와 소설에 등장하는 섹시한 기계적 여성의 긴 목록 위의 새로운 부가물이다. 그녀의 이름은 성경의 이브뿐 아니라 영화 <파괴의 이브>와 빌리에 드 릴라당 Villiers de l'Isle-Adam 이 1886년에 쓴 소설 ≪미래의 이브≫에 나오는 사이보그를 연상시킨다. 소설에서 헤덜리라는 이름의 기계 여성은 발명가 토머스 에디슨이 완벽한 여성을 창조해 내려는 과정에서 만든 것이다. 그 기획은 고대 그리스의 피그말리온과 갈라테아의 신화라든지 최근의 영화 <기괴한 과학>과 <체리 2000> 등과 같은 다른 이야기들을 연상시키는데, 이것들은 모두 남성이 이상적인 여성을 형상화하기 위해 재생산에 대한 통제권을 장악하고자 하는 시도를 그린다.

아네트 마이클슨 Annette Michelson 은 ≪미래의 이브≫가 출판된 1880년대 초가 중요한 역사적 시기였다고 주장하는데, 그 때는 기계적 재생산이 최초로 세계에 모습을 드러냈다. 이상적인 여성을 구성하고자 하는 소설의 관심은, 역사적으로 볼 때 완벽한 여성의 이미지를 창조하기 위해 사진술에 의한 재생산이 이루어져 그것이 이후 1890년대 초기 영화가 여성의 형태에 대한 집착적인 매혹을 드러낼 수 있도록 무대를 마련해 주었던 시기와 겹친다. 마이클슨은 영화가 빌리에의 소설에 나오는 에디슨과 같다고 쓴다. 즉, 그것은 관객을 유혹하기 위해 이상화된 합성 여성을 만들어 내는데, 관객들은 여성의 인공성을 알고 있음에도 불구하고 완전히 현혹되어 그녀를 **여성**으로 받아들이고 찬양하는 데 동의한다.[2]

<맨과 기계>에서 이브 에디슨이라는 이름은 이브에게 그녀 '아

버지의’ 이름을 줌으로써 ≪미래의 이브≫를 이용한다. 즉, 소설로 거슬러 올라가 발명가에게서 그녀의 가계를 찾은 것이다. 처음 4개의 에피소드가 진행되는 동안 이브 에디슨은, 그녀의 성에 함축되듯이 가부장적 통제에 있다는 사실이 분명해진다. 그녀를 만든 사람은 여성 과학자지만 그녀가 세계와 인간의 행위에 대해 배우는 사람은 바로 보비 맨이기 때문이다. 처음 그녀를 소개받았을 때 그는 이브를 통제하고픈 욕망에서 농담을 하며 다음과 같이 냉소적으로 말한다. “이번에는 저에게 매뉴얼이 필요하겠군요.” 과학자는 충실하게 매우 두꺼운 매뉴얼을 제공해 준다. 그것을 라캉의 용어로 설명하자면, 이브가 상징적 질서 속으로 들어가는 것은 아버지의 권위에 대한 복종을 포함한다. 이 점에서 그녀는 기계적 여성을 다뤘던 문학과 영화의 오래 된 전통적 역할을 수행하는데, 그들은 양성 사이의 관계에 대해 가부장적 관념을 연기하곤 했다.

기계 여성이 어떻게 에로틱하게 되는가에 대한 최근의 예로 소라야마 하지메의 ≪섹시 로봇 *Sexy Robot*≫이라는 책이 있다. 거기에는 <플레이보이>지의 누드 사진처럼 자세를 잡고 금속 도금이 된, 거의 옷을 입지 않거나 나체인 여성들의 그림이 수집되어 있다. 그 책은 ‘섹시한 로봇을 그리는 방법’을 단계적으로 가르쳐 주기도 한다. 소라야마는 서론에서 다음과 같이 쓴다. “섹시한 로봇에 대해 내가 가진 첫번째 아이디어는 로봇과 에로티시즘을 결합하는 것이었다. 문제는 입술과 가슴, 엉덩이 등 어디에 인간의 자취를 남겨 놓는가 하는 것이었다. 그리고 그것들이 언제라도 움직이려고 하는 것처럼 만들어야 한다. 그것이 왜 그들이 거짓말로 가득 차 있는가 하는 이유이다.”[3]

---

2) Annette Michelson, “On the Eve of the Future: The Reasonable Facsimile and the Philosophical Toy,” *October: The First Decade*, 1976~1986, Annette Michelson et al. (ed.), Cambridge, Mass.: MIT Press, 1987, pp.416~35.

소라야마가 그린 육체의 대부분은 오토바이 헬멧처럼 생긴 머리를 지닌 거의 완전히 로봇처럼 생긴 것들이지만 여전히 관능적이며 종종 그들의 단단한 금속 표면을 에로틱하게 만들어 주는 작은 수영복을 입고 있다. 소라야마의 말을 빌리자면 그들의 '거짓말들'은 실제로 모든 이상화되고 교정된 잡지 사진이 표현하는 거짓말들과 유사하다. 그들이 살색으로 칠해진 피부를 가지든지 아니면 금속의 은빛 육체를 가지든지 그들은 모두 비실제적으로 보인다. 소라야마의 로봇들은 무생물이 인간의 삶에 불러일으키는 기괴하고 껄끄러운 느낌을 불러일으키지 않는다. 오히려 금속 육체에도 불구하고 그것들은 친숙하고 관습적으로 보인다.

의미 있게도 <맨과 기계>는 이브를 맨의 눈으로 소개한다. 첫번째 에피소드는 곤경에 빠진 맨을 보여 준다. 맨은 기계적인 이브의 상황과 대조되는 인간적 상황을 표상할 뿐 아니라 여성과 잘 지내지 못하는 특수한 남자의 상황과 전통적인 성 역할의 붕괴를 표상하기도 한다. 여성에 대한 맨의 반응은 그가 함께 살 수 있었던 유일한 여성이 그의 애완견이라는 말로 요약된다. 그의 불편함은 그가 높은 자리에 앉은 여성들에게 둘러싸여 있다는 사실에 의해 악화된다. 첫번째 에피소드가 진행되는 동안 우리는 맨이 냉혹한 흑인 반장에게 보고를 해야 하고, 이혼했으며 2주일에 한 번씩만 딸을 만나며, 스낵 자동 판매기가 여성의 목소리로 얘기하기 때문에 자신이 가장 좋아하는 초콜릿 도넛도 못 먹는 남자라는 사실을 알게 된다. 첫번째 에피소드에서 이브가 팀에 가담하기 이전 그의 로봇 파트너이며 그의 주변에 있는 몇 안 되는 남성들 가운데 한 명이 그들 팀의 차 속에서 과민한 정신 분석을 하고 맨에게 인간 혐오증적 질책으로 "나를 건드리면 죽일 거야"라는 메시지를 주었을 때 그의 분노

---

3) 이하의 인용은 Hajime Sorayama, *Sexy Robot*, Tokyo: Genkosha, 1983.

텔레비전 시리즈 <맨과 기계>에서 형사 보비 맨과 그의 기계 파트너 이브 에디슨.

는 폭발한다. 시청자를 즉각 맨의 여성 혐오증적 관점에 위치시킴으로써 시리즈는 기계 여성이 그와의 관계에 기초해 판단될 것이라는 전제를 수립한다.

맨이 여성과 기계 모두에 냉담하다는 점에 정초함으로써 시리즈는 맨과 이브 사이에 마찰이 있을 것이라는 점을 기대하게 한다. 그러나 맨은 곧 이브가 여성 혐오자의 꿈이 실현된 존재임을 발견한다. 겉보기에는 성숙하고 관능적인 여성처럼 보이지만 실상 그녀는 사랑이나 섹스와 같은 성인의 세계에 대해서는 아무것도 모르는 존재이다. 인공 지능 계획의 냉정하고 효율적인 지휘자인 안나 케플러 박사가 맨에게 얘기하듯이 이브는 비록 지성적인 면에서는 고도로 발전했지만 '정서적인 면에서는 아주 어리다.' 맨이 정서적인 면에서 이브가 정확히 얼마나 어린지 대충이라도 추정해 보라고 캐묻자 케플러 박사는 '7살'이라고 얘기한다. "완벽해"라는 것이 희미한 냉소를 머금은 맨의 말이다. <맨과 기계>는 남성이 비록 기계라도 어린아이 같은 여성과 함께 있을 때 행복할 수 있다는 것을 주장한다.

반면 <메트로폴리스>에 나오는 로봇 마리아는 무엇보다도 성적으로 공격적이며 위협적인 존재이다. 이 영화에 대한 분석에서 안드레아스 후이센은 로봇이 통제를 벗어난 여성의 섹슈얼리티와 테크놀로지를 모두 표상한다고 주장한다. 마리아는 여성과 기계에 대한 20세기 초 남성의 공포를 구현한다는 것이다.[4] 여성과 기계는 모두 구속을 벗어나면 가부장적 질서에 재난을 불러 올 수 있는 잠재적 힘을 소유하는 것으로 생각된다. 실제로 마리아는 그녀의 섹슈얼리티를 이용해 짓밟힌 노동자들이 자본주의 지배자에 대항해 소요를 일으키도록 부추긴다. 그를 통해 그녀는 노동자들의 지하 공동체와 그 위에 치솟아 있는 도시 메트로폴리스를 거의 파괴(여성의 유동성이라는 함축적 의미를 갖는 홍수로)할 뻔한다. 파괴는 음탕한 로봇 마리아를 화형에 처함으로써 막아지는데, 그것은 후이센에 따르면 또한 인간 마리아(그의 육체가 로봇의 모델이 되며 그의 생명력이 로봇에 주입되어 전이된다)의 힘을 약화시킴으로써 막아지기도 한다. 영화의 시작 부분에서 인간 마리아는 정열적이고 강력해서 메트로폴리스 시장의 아들인 프레더 프레데르센이 그녀의 매력의 포로가 된다. 하지만 영화의 끝 부분에서 그녀의 모습은 "남성의 지원에 완전히 종속되어 있는 어쩔 줄 모르는 엄마의 모습"이다.[5] 영화는 두 마리아 속에서 성녀와 요부라는 여성성의 두 원형적인 구성물을 제시하며 후이센은 동일한 이중성이 테크놀로지에 대한 영화의 태도도 특징짓는다고 쓴다. 영화에서 기계는 양순한 복종자이거나 통제할 수 없는 힘 가운데 어느 쪽도 될 수 있다. 따라서, 여성과 테크놀로지를 융합시키는 영화는

---

4) Andreas Huyssen, "The Vamp and the Machine: Technology and Sexuality in Fritz Lang's *Metropolis,*" *New German Critique* 24~5, 1981~2, pp.221~37.

5) 같은 글, p.235.

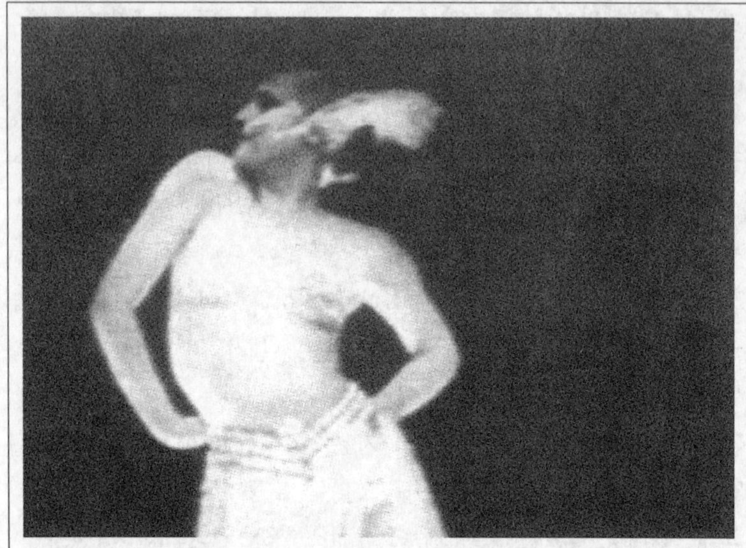

<메트로폴리스>에서 로봇 마리아는 곁눈질하는 남성들이 가득 찬 파티에서 유혹적인 춤을 추는 것으로 공식적인 데뷔를 한다.

섹슈얼리티와 테크놀로지라는 이중의 위협을 환기하고 제거하는 기능을 한다. 가부장적이고 자본주의적인 질서는 여성과 성적 욕망을 억압하고 기계적 힘의 고삐를 죔으로써 회복된다.

　미래에 대한 전망에서 <메트로폴리스>는 절대적으로 가부장적인 사회를 그린다. 산업 자본가 프레데르센(영어 번역에는 존 마스터맨으로 되어 있다)이 메트로폴리스와 노동자들의 지하 공동체에 대해 독재적인 통치권을 장악한다. 그의 권력은 계급과 성 역할이 엄격하게 구획된 고도로 계층화된 사회 전체에 확장된다. 프레데르센의 통치로부터 가장 이익을 얻는 부유한 엘리트들은 모두 남성이다. 우리는 로봇 마리아가 경탄에 찬 그들의 시선을 만족시키려고 에로틱한 스트립 댄스를 하는 파티에서 그들의 모습을 볼 수 있다. 영화에서 프레데르센의 가장 가까운 측근은 남성 발명가 로트왕이다. 두 사람의 공모 속에서 우리는 전문화된 지식을 사용하여 복종하지 않는 사람들에 대한 억압을 도와 주는, 국가에 봉사하는 과학을 볼 수 있다. 과학과 국가의 힘은 부유한 남성들에게만 전적으로 귀속되며 그들은 그 힘을 여성과 노동자 남성(이들은 그들의 종속적 지위 때문에 여성화되었다고 주장할 수 있다)에 대한 통제권을 유지하는 데 사용한다.

<맨과 기계>에서 미래에 대한 전망은 바뀐다. 더 이상 남성이 지배자의 위치를 차지하지 않는다. <맨과 기계>는 여성이 법을 집행하고 과학자로 나오는 등 여성이 권력의 지위를 차지하는 사회를 제시한다. 형사 보비 맨은 여성인 클래그혼 반장에게 보고하며 또 다른 여성 케플러 박사는 기계 경찰을 만드는 전문화된 지식을 제공한다. 다시 한 번 과학이 국가에 봉사하지만 이번에는 과학과 국가가 모두 여성에 의해 표상된다. <메트로폴리스>에서 지배자 남성들로부터 두려움의 대상이 되는 강력한 여성은 <맨과 기계>에서 통제자의 위치를 차지하며, 보비 맨이 표상하는 터프 가이 브랜드의 남성성은 여성에게 포위당해 있다. 그는 계속 냉소적인 코웃음과 함께 주변을 돌아다니는 것으로 반응하며, 그것은 그가 <블레이드 러너>의 릭 데커드라든지 그들에 앞서 존재했던 다른 하드보일드 탐정들 모두와 공유하는 염세적인 경멸감을 전달해 준다.

<맨과 기계>에 등장하는, 1992년으로부터 추정된 미래를 설명하는 또 다른 방식은 그것이 포스트모더니즘의 산물이라고 서술하는 것이다. 우선 그것은 텔레비전을 통해 방영되었다. 4장에서 나는 비교적 선조적 *linear* 이고 통합된 영화의 표현 방식과 달리 텔레비전은 포스트모던적 파편화와 분열을 예시한다고 논한 바 있다. 시각적 스타일이라는 면에서 <맨과 기계>는 매끄럽고 반짝거리는 포스트모던적 외관을 요약하는데, 그것은 고도로 매개된 표면을 이용한 <마이애미 바이스>를 통해 대중화된 것으로 거기에서는 색조와 결이 이야기의 진행에 우선한다. <맨과 기계>의 이미지는 풍부한 네온

과 함께 청색과 핑크색을 주조로 한다. 그것은 때로 관능적인 분위기를 만들어 내는데, 그 분위기는 음악에서의 우울한 색소폰에 의해 고조된다. 하지만 때로는 이런 분위기가 단지 미학적인 장식으로만 기능하기도 한다. 이 TV 시리즈에 나오는 공간 역시 포스트모더니즘의 전제를 따른다. <맨과 기계>의 공간은 꼬불꼬불한 우회로와 교차로로 구성되며 편집 스타일은 숏과 숏 사이의 공간적 연결을 매우 모호하게 만든다. 이처럼 혼란스러운 공간 이용은 프레드릭 제임슨이 다국적 자본주의의 논리와 등가적이라고 밝힌 포스트모던적 건축의 공간 이용과 정확하게 대응한다.[6]

이와 대조적으로 <메트로폴리스>에서의 공간적, 사회적 관계는 보다 분명하게 그려진다. 부자들은 말 그대로 그리고 비유적으로 가난한 사람들 위에서 산다. 도시의 부유한 계급은 땅 위의 치솟은 마천루에서 사는 반면 노동자들은 땅 밑에 존재하면서 지옥 같은 기계실에서 일하고 더 낮은 지하에 위치한 더러운 구역에서 생활한다. 도시의 공간적 배치는 권력의 배분을 명확하게 복제하지만 외관이 전적으로 기하학적인 것은 아니다. 노동자들의 거주지보다 낮은 지표면 아래 깊은 곳은 공동 묘지로서 이 곳의 커다란 지하 묘지 속에서 인간 마리아가 모여든 노동자들에게 설교를 한다. 동굴 속의 그녀는 노동자들 앞에 눈부시게 서서 그들을 마음대로 지배한다. 하지만 조금 뒤 노동자들이 흩어지고 난 후 로트왕이 공동 묘지의 꾸불꾸불한 터널을 따라 마리아를 추적해 와 그녀와 닮은 로봇을 완성하기 위해 그녀를 잡아가려고 한다. 영화학자 로저 더다운 Roger Dadoun 은 어두운 동굴에 이르는 이 꾸불꾸불한 길이 여성화된 공간, 즉 자궁에 대한 은유를 만들어 내면서 영화가 마리아를 모성적 인물로 구

---

6) Fredric Jameson, "Postmodernism, or the Cultural Logic of Late Capitalism," *New Left Review* 146, July~August 1984, pp.53~92; Fredric Jameson, *Postmodernism, or, The Cultural Logic of Late Capitalism*, Durham, N.C.: Duke University Press, 1991, pp.1~54에 재수록.

성하는 것을 강화하고 여성의 섹슈얼리티를 환기시킨다고 지적한다.[7] 이 여성화된 공간은 지표면 아래 깊숙이 존재하는데, 정신 분석학적 용어로 이를 표현하면 여성의 섹슈얼리티가 메트로폴리스 시 안에서 깊이 억압되어 왔기 때문이다. 그 위의 도시와 그것의 자아의 표면에는 강력한 남근적 마천루가 모습을 드러낸다. 영화의 줄거리는 여성의 섹슈얼리티가 분출되고 그 후 파괴되는 과정으로 이루어진다. 영화는 질서 유지를 위해 이 파괴가 필요하다고 생각한다.

<메트로폴리스>의 여성화된 지하 공간은 <맨과 기계>에서 표면화되어 나타난다. <맨과 기계>가 그리는 가까운 미래의 로스앤젤레스는 여성화된 공간으로 가득 차 있다. 공간의 거의 대부분은 뱀처럼 꾸불꾸불한 복도와 희미한 불빛이 비치는 방, 그리고 뒷골목으로 구성된다. 심지어 경찰서조차 홀과 사무실 등으로 혼란스러운 구조로 되어 있어 각 부분이 어떻게 연결되는지 상상하기 어렵게 한다. 1926년과 1992년 사이에 성의 측면에서 미래에 대한 재개념화가 일어난 것이다. <메트로폴리스>는 억압된 여성의 영역에 대해 남성이 통제력을 유지하는 것으로 그린다. 반면 <맨과 기계>는 사방에 존재하는 여성과 여성화된 공간에 둘러싸여 포위당한 남성을 표상한다.

남성 지배로부터 여성 지배로의 전이는 두 텍스트가 기계를 묘사하는 데까지 확장된다. <메트로폴리스>의 마리아는 강철같이 단단한 산업 테크놀로지로 만들어졌다. 그런데 이브는 전자 테크놀로지의 극소 회로의 산물이다. 마리아와 이브 사이만큼 시간이 흐르는 동안 문화는 변형되었디. 전자 테크놀로지가 지배하게 되었고 산업 시대는 다국적 자본주의의 시대와 포스트모더니즘의 에토스에 자리를 내주었다. 산업 기계의 재현은 그것들의 순전한 물리적 힘, 즉 펌프

---

7) Roger Dadoun, "*Metropolis*: Mother-City — 'Mittler' — Hitler," *Close Encounters: Film, Feminism, and Science Fiction*, Constance Penley et al. (ed.), Minneapolis: University of Minnesota Press, 1991, pp.133~59.

질하고 갈고 도는 부품들의 힘에 초점을 맞추는 경향이 있었다. 모더니즘 예술이 인간의 육체를 기계로 재현하였을 때 그것 역시 강력한 물리적 운동에 기초하였다. 남성 과잉 영웅을 길러 냈든 아니면 <메트로폴리스>에 나오는 로봇 마리아처럼 공격적인 남근적 여성을 길러 냈든 산업적인 기계 육체는 남근적 힘과 연관되는 경향이 있었다. 19세기와 20세기 초의 가부장제는 권력 감각을 강화하기 위해 기계의 은유를 사용했다. 남근으로서의 기계는 여성에 대한 남성의 막강한 지배를 선언했다. 하지만 프레드릭 제임슨이 설명하듯이 전자 테크놀로지는 더 이상 물리적 용감성의 이마저리를 불러일으키지 않는다. 그것은 산업 기계보다 수동적이고 조용하게 기능하며 작동하는 모습도 밖에서 보이지 않게 화면 뒤에 감춰져 있다.[8] 산업 기계들은 남성적 은유를 불러일으키는 반면, 전자 테크놀로지는 더 이상 동일한 강력한 연관을 지니지 않는다(4장 참조). 도나 하러웨이는 다음과 같이 쓴다. "현대의 기계들은 순수하게 극소 전자적인 도구들이다. 그것들은 어디에나 있으며 보이지 않는다. 현대의 기계들은 불손하고 건방진 신으로서 아버지의 편재성과 정신성을 흉내낸다."[9] 전자 테크놀로지는 남성적 은유보다 여성적 은유를 상기시킨다.

전자 테크놀로지가 외관과 기능 면에서 여성적 은유를 불러일으킬 수 있지만 그렇다고 현재 페미니즘적인 것은 아니다. 도나 하러웨이는 "극소화가 권력을 장악하게 되었다. 작은 것은 크루즈 미사일에서처럼 아름답다기보다 오히려 현저하게 위험하다"고 주의를 준다. 그녀는 또 유동성과 휴대 가능성에도 불구하고 전자 테크놀로지

---

8) Jameson, 앞의 글, p.79.

9) Donna Haraway, "A Manifesto for Cyborgs: Science, Technology and Socialist Feminism in the 1980s," *Socialist Review* 80, 1985, pp.65~107; Haraway, *Simians, Cyborgs, and Women: The Reinvention of Nature*, New York: Routledge, 1991, pp.149~81에 재수록. 위의 인용은 *Socialist Review* 80, p.70에서.

가 "디트로이트와 싱가폴에서 인간에게 막대한 고통을 주었다"라고 쓴다.[10] 하러웨이는 이제 여성에게 본질적인 것은 테크놀로지 공포증을 극복하고 새로운 테크놀로지를 포용하는 것이라고 주장한다. 그 때에야 남성적인 지배 체계를 전복하는 것이 가능해질 것이다. 하러웨이의 〈사이보그 선언〉은 전자 테크놀로지가 어떻게 은유적으로 여성적인 것으로 묘사될 수 있고 나아가 미래에 대한 페미니즘적 전망을 고무할 수 있을지를 드러낸다. 그녀의 생각은 로보캅과 터미네이터 영화에 대한 대안을 제공해 주는데, 4장에서 주장했듯이 그 영화들에서 테크놀로지는 산업적 힘과 연관되어 있으며 일차적으로 남성적 힘을 강화하는 데 봉사한다.

다른 한편 〈맨과 기계〉에서 이브 에디슨은 컴퓨터와 연관된다. 그녀는 정보 전문가, '검색 전문가'로서 그녀의 귀에 플러그를 삽입함으로써 컴퓨터에 접속한다. 그녀는 "내 뇌가 컴퓨터로 직접 다운로드되었다"라고 설명한다. 일단 접속되면 그녀는 매우 빠르게 컴퓨터 데이터를 훑고 파일들을 상호 검색할 수 있어 범죄 해결 과정을 빠르게 한다. 그녀는 또 망막 스캐닝이라고 부르는 것 — 컴퓨터 파일을 훨씬 더 빨리 읽기 위해 새로운 안구를 끼우는 것 — 을 할 수 있고 그녀에게 저장된 시각적 기억들을 재상영할 수도 있다. 〈맨과 기계〉는 그것의 위험한 함축은 탐구하지 않은 채 그녀의 놀라운 극소 전자적 묘기를 찬양한다. 이브는 대중을 완벽하게 감시할 수 있는 경찰의 잠재력을 재현한다. 정보 시대가 되면서 이미 모든 사람들의 사적인 정보까지도 컴퓨터화된 침입에 취약한 것이 되었다. 이브는 여성화된 테크놀로지조차 어떻게 지배 체계를 정초하는 데 사용될 수 있는지를 보여 준다. 컴퓨터에 접속하여 불과 몇 초 만에 방대한 양의 데이터를 검색하면서 그녀는 컴퓨터 파일에 접속할 수

---

10) 같은 글.

텔레비전 시리즈 <맨과 기계>에서 이브 에디슨이 컴퓨터에 접속한다.

있는 제도들이 얼마나 무한한지를 극단적으로 보여 준다.

하지만 이브가 전적으로 수동적이기만한 것은 아니다. 그녀는 또 맨과 함께 범인들과 싸울 때 편리하게 사용할 수 있는 초인적인 물리적 힘과 빠른 반사 능력을 지닌 존재이다. 그녀는 산업 시대 기계의 힘과 전자 시대의 컴퓨터 테크놀로지를 조합하는데, 그 조합은 산업 기계와 전자 테크놀로지가 공존하는 20세기 말의 현실을 반영한다.

이브가 남근적 위협이 아니라고 해서 <맨과 기계>가 페미니즘의 입장을 취한 것은 아니다. 그것은 여성의 섹슈얼리티가 제기하는 위험이라는 오래 된 관념 너머로 나아가지 못했다. 한 에피소드에서 중매 서비스 회사를 운영하는 한 남성이 매력적인 여성 고객들을 살해한다. 다른 에피소드에서는 한 여성이 젊은 남성들을 유혹하고 나서 그들을 죽인 후 장기를 암시장에 내다 판다. 또 다른 에피소드에서는 여성 환경주의자가 악명 높은 범죄자의 정부임이 드러난다. 그녀는 수질 정화 전문가로서, 자신의 직업을 이용하여 범죄자의 와인 수입업체에 막대한 양의 귀중한 정수를 보내 준다. 여기서 메시지는 <메트로폴리스>에서와 동일하다. 즉, 섹슈얼리티는 위험하며 성적인 여성은 스스로 킬러가 되든지, 아니면 남성에게 폭력을 부추기기 때문에 위협 요인이 된다는 것이다.

<메트로폴리스>에서 구속되지 않은 섹슈얼리티는 기계 여성에 의해 구현된다. 이것은 <파괴의 이브>에서도 마찬가지인데, 이 영화는 몇 가지 점에서 <메트로폴리스>의 현대판이라고 할 수 있다. 사이보그 이브는 여성의 해방된 욕망이 지닌 통제할 수 없는 파괴적 힘을 표상하기 때문이다. 하지만 <맨과 기계>에서 기계 여성은 더 이상 위협을 제기하지 않는다. 이브 에디슨은 통제할 수 있는 여성을 표상한다. 이 시리즈가 전자 테크놀로지에 대해 여성적 은유를 사용하는 것은 단지 또 다른 가부장적 스테레오타입을 만들기 위해서이다. 이브의 종속적 지위는 그녀의 순진성에 의해 확보된다. 그녀는 아이의 발달 수준에 머물러 있다. 그녀를 만든 사람은 그녀가 사회화 테크놀로지를 배울 수 있도록 유치원에 보내는데, 그 결과 그녀가 가장 좋아하는 책은 ≪도망자 버니 *The Runaway Bunny*≫이고 그녀가 가장 열중하는 게임은 '당나귀에 꼬리를 다는 것'이다. 하지만 어떤 면에서 이브는 고도로 지성적이기도 하다. 시리즈는 이브의 합리적인 추론 양식과 맨의 충동적인 결정을 보여 줌으로써 기계 이성과 인간 정서 사이의 관습적인 대립으로부터 많은 것을 얻는다. 이런 식으로 시리즈는 정서적 여성과 합리적 남성이라는 스테레오타입을 피한다.

하지만 궁극적으로 이브의 합리적 정신의 힘은 그녀의 무지에 의해 훼손된다. 그녀는 성인의 성적 행위에 대한 관습적인 규범과 남성과 여성의 관습적인 사회적 역할에 대해 아무것도 모른다. 막대

한 양의 지식을 갖도록 프로그램되었음에도 그녀는 자신이 성인 여성으로서 어떻게 기능하도록 되어 있는지에 대해 알지 못한다. 따라서, 그녀를 교육하는 것이 보비 맨의 과업이며 시리즈는 그의 노력 둘레를 맴돈다. 맨의 가르침 가운데 어떤 것들은 주의 깊게 질서지워진 이브의 기계적 삶에 인간의 무질서를 도입하는 것이다. 그는 그녀의 옷장에 가지런하게 걸려 있는 옷과 정리되어 있는 책들을 침실 바닥 위에 집어던지고, 그녀에게 반쯤 남은 맥주병을 냉장고에 넣어 두고 더러운 접시들도 싱크대에 놓아 두라고 말한다. 그녀는 인간이 되고 싶어하기 때문에 기꺼이 동의한다. 하지만 우리가 보는 것은 여성에게 자신을 위해 바꾸라고 강요하는 또 다른 남성이며 그가 옷장에서 그녀의 옷을 확 잡아당겨 마룻바닥에 던질 때 그의 행위는 여성에 대한 남성의 폭력을 함축한다.

맨이 가장 열심히 가르치는 것은 이브가 자신의 육체와 섹슈얼리티를 가려야 한다고 하는 점이다. 한번은 그가 그녀에게 옷을 갈아입을 때는 문을 닫아야 하기 때문에 [그러나 이브가 문을 닫지 않고 옷을 갈아입었으므로] 그녀에 대한 평가서의 정숙함 항목에 낮은 점수를 주어야겠다고 어색하게 설명하는 장면이 나온다. 그는 그녀의 섹슈얼리티가 불편하며 특히 그녀가 비치는 옷을 입고 성적인 문제에 대해 솔직하게 얘기할 때 그렇다. 이브의 섹슈얼리티가 어린아이 같다고 해도 그녀는 맨으로 하여금 불편하여 머뭇거리게 만든다. <메트로폴리스>와 <맨과 기계> 사이에 메시지는 동일하게 남아 있다. 여성의 섹슈얼리티를 표면에 나오도록 두면 위험하다.

그럼에도 불구하고 <맨과 기계>의 포스트모던적 환경 속에서 모든 것은 이미 표면에 존재한다. 모든 것이 열려진 장에서 순환하는 이 보드리야르의 시뮬레이션의 세계에서 억압의 가능성은 더 이상 남아 있지 않다.[11] 실상 이브의 순진한 성적 개방성은 그녀를 복종시키려는 맨의 노력에 저항한다. 정숙함의 필요에 대해 이브에게 가르친 후 맨은 자신의 면도하는 모습을 바라보는 그녀에게 목욕탕에서 나가 달라고 얘기한다. 옷을 벗고 샤워를 하기 위해서이다. 그녀는 남아 있게 해 달라고 하면서 눈을 감고 있겠다고 약속한다. 하지만 잠시 눈을 감고 있다가 그녀는 몰래 눈을 떠서 바라보고는 싱글거린다. 그녀는 인간의 육체와 섹슈얼리티에 대한 호기심을 억제하지 않는다. 다른 에피소드에서 그녀와 맨은 인간 장기를 밀매하는 암시장에 침투하기 위해 고환을 절실하게 사고 싶어하는 부부인 것처럼 꾸민다. 이브는 맨과 클래그혼 반장에게 남자에게 그런 작은 장기가 어떤 특별한 중요성을 지니는지에 대해 질문한다. 사회적 약호와 금기에 접했을 때 그녀의 순진한 의심은 적어도 어느 정도까지 그녀를 가부장적 통제의 바깥에 있도록 남겨 둔다.

따라서, <맨과 기계>의 성차 정치는 완전히 통합된 가부장적 입장을 달성하는 데 실패하면서 페미니즘적 함축이 출현할 수 있는 여지를 남겨 놓는다. 이브가 성차화되는 과정에 있는 것으로 나오기 때문에 <맨과 기계>를 여성에 대한 가부장적 조작을 강화하기보다 드러내는 양식으로 읽을 수 있다. 이브는 성인 여성처럼 보이지만 가부장제가 성인 여성에게 자연스러운 것이라고 보는 방식대로 항상 생각하고 행동하지는 않는다. 비록 여성의 육체를 지니지만 성차는 그녀의 형태에 내재적인 것은 아니다. 오히려 그것은 그녀가 맨과 주변 환경으로부터 학습해 감에 따라 단계적으로 그녀의 정신적 프로그램 속에 추가된다. 따라서, 시리즈는 성차의 사회적 구성을 보여 준다. 이브는 어떻게 여성이 되는지에 대해 배운다. 그것은 그녀에게 자연스럽지 않다.

맨이 이브에게 왜 그가 그녀의 정숙성에 대해 낮은 점수를 주었

---

11) Jean Baudrillard, *Simulations*, Paul Foss, Paul Patton, & Philip Beitchman (trans.), New York: Semiotext(e), 1983.

느지를 설명할 때 성 역할에 대한 생물학적 설명과 문화적 설명 사이의 긴장이 전면에 나오게 된다. 맨이 정숙함의 가치에 대해 칭찬한 후 둘은 다음과 같은 대화를 나눈다.

이브: 그것의 논리가 뭐죠?
맨: 논리? 나는 남자고 당신은 여자라는 거지.
이브: 테크놀로지적으로는 그렇지 않아요.
맨: 그렇지만 당신은 그렇게 보여. 그리고 남성에게 나체의 여성 육체를 보는 것은…….
이브: 부정적이라는 건가요?
맨: 아니, 그건 아름다워. 하지만 마음을 산란하게 하지.

테크놀로지적으로 여성이 아니라는 이브의 말은 두 가지 방식으로 이해될 수 있다. 먼저 그녀는 자신이 기계이고 따라서 성을 갖지 않는다는 사실을 말한다. 다른 한편 그녀의 말은 '여성'이라는 관념이 인간에게조차 사회적 구성물이고 성적 차이가 필연적으로 '남성'과 '여성'이라는 성차 범주에 깔끔하게 포함되는 행위를 낳지는 않는다는 것을 함축할 수 있다. 맨의 응답은 그에게 진실이 부적합하다는 것을 시사한다. 무엇인가가 여성의 섹슈얼리티로 보이는 한 그것이 무엇이든 그것은 감춰져야 한다. 그는 이브가 여성처럼 보이는 한 '남성을' 산란하게 할 것이고 따라서 가부장제에서 그녀는 여성에게 부여된 정숙성을 채용해야 한다고 우리에게 말하는 것이다.

맨이 이브에게 외관이 진실보다 더 중요하다고 얘기한 것("당신은 그렇게 보여")은 <맨과 기계> 전체가 취하는 입장으로 확장된다. 시리즈는 가까운 미래의 문화가 더 이상 19세기와 20세기 초에 가부장적 통제를 강화하던 조건들로 특정지어지지 않는다고 그린다. 노동 시장에서 여성들이 권력 있는 자리를 차지하게 되었으며 사회 통제 체계가 보다 복합적으로 되었고 테크놀로지는 더 이상 남근적 지배를 강화하지 않는다. 이들 조건들은 어느 정도까지 현재 미국 문화의 정확한 반영이다. 비록 노동 시장으로 여성들이 대규모로 들어갔음에도 아직까지 기업과 정치, 과학 또는 법 집행 기구의 높은 자리라는 권력 있는 지위를 많이 차지하지는 못하지만 말이다. 하지만 사회 변화를 반영하는 것과 동시에 시리즈는 그것들이 부적합하다는 입장을 취한다. 즉, 여성이 자연적으로 열등하거나 남성에 종속적이지 않다는 증거가 아무리 많더라도 성 역할은 가부장적 전제를 계속 따라야 한다고 주장한다. 비록 시리즈가 가부장제를 문화적으로 부과된 일련의 규칙들로 드러내지만 그것은 여전히 그 규칙들을 지지한다.

따라서 <맨과 기계>는 지배 이데올로기를 지지하지만 어떤 '진리'에 기반해서도 그것을 정당화하거나 자연화하려고 하지 않는 텍스트적 실천을 예시한다. 시리즈는 가부장적 이데올로기가 그것의 인공성을 폭로하는 모든 문화적 변화에도 불구하고 20세기 말에도 완고하게 남아 있는 것에 대한 증거이다. 그렇다 할지라도 <맨과 기계>는 가부장적 이데올로기가 풀어진다는 것을 지시할 수 있다. 텍스트 속에서 더 이상 통합적이지 않은 모습으로 나타나는 가부장적 이데올로기는 명백한 모순과 긴장 속에서 존속한다. <맨과 기계>가 남성과 기계, 그리고 여성 둘레에서 작동시킨 이 긴장을 발전시켜 나가는 것을 볼 기회는 존재하지 않았다. 시리즈는 한 시즌 후에 종결되고 말았기 때문이다. 시리즈가 종결된 이유가 무엇이든 <맨과 기계>는 우리에게 기계 여성의 은유가 20세기가 지나가는 시대, 여성과 기계가 겪은 변화가 남성의 우월성을 탈안정화시켰지만 아직 그것을 파괴하지는 못한 시대에 어떤 식으로 기능할 수 있는지를 볼 수 있게 해 준다.

<맨과 기계>가 예시하듯이 20세기 말이 되면서 남성과 여성, 기계를 나누는 경계는 유동적이다. 그것들 각각의 독특한 특성이 무

엇이라고 정의해 주었던 관습적인 방식들은 사라지며 인간의 육체는 논쟁의 장이 된다. 물론 인간 육체에 대한 양가성은 과거에도 다양한 방식으로 나타난 적이 있다. 하지만 육체의 폐기에 대한 진지한 생각에 탈인간적 미래를 묘사하는 수많은 대중 매체 이마저리가 가담한 적은 한번도 없었다. 그러나 이처럼 탈인간적 이마저리가 우세함에도 불구하고 육체적 쾌락을 보존하려는 욕망은 분명히 남아 있다. 반면 탈인간적 쾌락이 어떤 식으로 경험되어야 할 것인가에 대해서는 아무런 합의가 이루어지지 않았다. 어쩌면 J. G. 발라드가 ≪크래시≫에서 경고했듯이 인간과 테크놀로지가 사이버네틱하게 융합된 결과 쾌락과 고통을 구분할 수 없게 되는 시대가 올지도 모른다. 그와 달리 어쩌면 우리는 여전히 새로운 시작이라는 쾌락을 기대할 수도 있다. 즉, 테크놀로지가 평등한 사회적 배치의 한 부분이 되고 불평등이 지나간 시대, 즉 단지 인간적이기만 했던 시대로부터 물려받은 시대 착오적인 것으로 거부될 새로운 시작 말이다.